U0908641

高职高专旅游及餐饮管理类专业规划教材

导游实务与技巧

主　编　周　柳

副主编　陈　菲

参　编　黄咏柔　凌莉丽

机 械 工 业 出 版 社

本书依据旅行社典型导游岗位工作过程和工作内容来设计，采用项目导向、任务驱动的体例进行编写，充分考虑每个工作任务的关联性和相对独立性，通过真实案例带领读者进入到工作情境中，在工作任务的驱动下，循序渐进、有目的地学习相关知识和技能，有针对性地解决实际工作问题。全书共分为8个项目，分别是导游认知、导游基础准备、地陪导游服务程序与内容、全陪导游服务程序与内容、出境领队规范服务程序与内容、导游讲解技法、导游应变技能、典型旅游景观导游讲解。每个项目又分为若干个任务。本书体现出鲜明的实践特色与时代气息，突出职业性、实用性和针对性。

本书可作为高职高专和应用型本科院校旅游管理及相关专业教学用书，也可作为旅游管理、导游、酒店管理等相关专业的参考用书，还可作为导游人员培训用书及等级考试复习参考用书。

为方便教学，本书配备电子课件等教学资源。凡选用本书作为教材的教师均可登录机械工业出版社教材服务网 www.cmpedu.com 免费下载。如有问题请致信 cmpgaozhi@sina.com，或致电 010-88379375 联系营销人员。

图书在版编目（CIP）数据

导游实务与技巧/周柳主编．—北京：机械工业出版社，2011.1
高职高专旅游及餐饮管理类专业规划教材
ISBN 978-7-111-33224-4

Ⅰ．①导… Ⅱ．①周… Ⅲ．①导游—高等学校：技术学校—教材
Ⅳ．①F590.63

中国版本图书馆 CIP 数据核字（2011）第 013239 号

机械工业出版社（北京市百万庄大街22号 邮政编码100037）
策划编辑：徐春涛 责任编辑：徐春涛
封面设计：马精明 责任印制：杨 曦
保定市中画美凯印刷有限公司印刷
2011年2月第1版第1次印刷
184mm×260mm·15.25印张·371千字
0 001—4 000册
标准书号：ISBN 978-7-111-33224-4
定价：28.00元

凡购本书，如有缺页、倒页、脱页，由本社发行部调换

电话服务
社服务中心：（010）88361066
销售一部：（010）68326294
销售二部：（010）88379649
读者服务部：（010）68993821

网络服务
门户网：http://www.cmpbook.com
教材网：http://www.cmpedu.com
封面无防伪标均为盗版

前　言

随着我国经济的快速发展和社会的全面进步，旅游已经成为现代人类社会一种不可或缺的生活方式。2009 年 12 月 1 日，国务院办公厅发布了《国务院关于加快发展旅游业的意见》，明确指出“要把旅游业培育成国民经济的战略性支柱产业和人民群众更加满意的现代服务业。”这标志着我国旅游业又进入了一个新的发展时期。

导游人员是旅游接待第一线的关键人员，在旅游者实现其旅游目的方面有着不可替代的作用。改革开放以来，我国导游人员数量出现了快速增长，至 2009 年底，全国导游人员总数达到 52.87 万人。虽然在庞大的导游队伍中不乏爱岗敬业、舍身为客的优秀导游员，但导游人员整体素质还普遍偏低。高质量的导游服务需要高质量的导游人才，培养高质量导游人才是各类旅游院校迫在眉睫的重要任务，有效的教学和高质量的教材是培养高质量导游人才的有力保障。这本《导游实务与技巧》是编者结合多年教学经验，在长年深入旅行社和导游一线工作岗位，并亲身体验、跟踪、调查研究的基础上写成的，是校企合作和高职教材改革的重要成果之一。

本书完全依据旅行社典型导游岗位工作过程和工作内容来设计，采用项目导向、任务驱动的体例进行编写，充分考虑每个工作任务的关联性和相对独立性，通过真实案例带领读者进入到工作情境中，在工作任务的驱动下，循序渐进、有目的地学习相关知识和技能，有针对性地解决实际工作问题。本书体现出鲜明的实践特色与时代气息，突出职业性、实用性和针对性。

本书由广州城市职业学院周柳担任主编，负责大纲设计和统稿工作。具体编写分工如下：周柳负责项目 1、2、3、4、5、8 的编写；陈菲负责项目 6、7 的编写；黄咏柔和凌莉丽参与了部分项目的编写工作。

广东省旅游局培训中心、广之旅对本书的编写给予了大力支持，为本书提供了大量源自行业一线的真实案例，同时本书还借鉴与采纳了同行的许多成果，无法一一列举，在此一并表示诚挚的谢意！

本书的编写获得了广州城市职业学院的教研项目资助，学院领导给予了高度关注和大力支持，在此谨致感谢！

由于旅游业是一个不断变化的行业，导游服务是一个值得深入研究与探讨的课题，虽然我们力求反映最新的行业动态和理论成果，但书中疏漏和不当之处在所难免，恳请同行专家、学者、广大师生和旅游界的朋友批评指正。

编　者

目　录

前言

项目 1　导游认知……1

任务 1　走进导游业……1

任务 2　如何成为一名导游……16

项目 2　导游基础准备……27

任务 1　导游语言准备……27

任务 2　导游形象与常用工具使用……43

任务 3　导游心理准备……49

项目 3　地陪导游服务程序与内容……55

任务 1　地陪服务准备……55

任务 2　地陪迎接服务……63

任务 3　入住饭店服务……72

任务 4　核对商定日程服务……78

任务 5　参观游览服务……81

任务 6　导餐服务……87

任务 7　导购服务……94

任务 8　送站服务……97

任务 9　善后工作……102

项目 4　全陪导游服务程序与内容……105

任务 1　全陪服务准备……105

任务 2　首站接团服务……109

任务 3　进驻饭店服务与核对商定旅游活动日程……112

任务 4　各站服务……114

任务 5　途中服务……117

任务 6　离站与末站服务……121

任务 7　后续工作……123

项目 5　出境领队规范服务程序与内容……126

任务 1　出团前的工作准备……126

任务 2　出入境知识与技巧……134

任务 3　境外游览服务……141

任务 4　散团后的善后工作……149

项目 6 导游讲解技法 153
任务 1 导游讲解的常用方法 153
任务 2 导游讲解风格的培养 167
项目 7 导游应变技能 172
任务 1 漏接、空接、错接事故的预防与处理 172
任务 2 误机（车、船）事故的预防与处理 176
任务 3 旅游安全事故的预防与处理 178
任务 4 旅游者遗失证件、钱物、行李的预防与处理 181
任务 5 旅游者走失的预防与处理 186
任务 6 旅途中常见急救护理知识的运用 189
项目 8 典型旅游景观导游讲解 197
任务 1 地质地貌景观导游 197
任务 2 水域景观导游 206
任务 3 古建筑导游 211
任务 4 佛寺道观导游 220
任务 5 民族文化与民俗风情导游 228
参考文献 235

项目1 导游认知

任务1 走进导游业

任务目标

- 了解导游服务的产生和发展趋势。
- 熟悉导游服务的概念、性质、特点、地位。
- 掌握提供导游服务的原则和导游人员应具备的素质要求。
- 具备运用基本的导游服务知识进行导游事件分析的能力。

任务引入

➲ 任务 1-1

2005 年 8 月 28 日下午，湖南省湘潭市 23 岁的女导游员文花枝带领某旅游团一行 28 人赴延安旅游，乘坐的旅游大巴车在陕西洛川县境内发生严重交通事故，造成 6 人死亡，14 人重伤，8 人轻伤。事故发生时，文花枝左腿严重受伤，九处骨折，胫骨断裂，腰部以下被卡在座位里，不能动弹。危急关头，文花枝从容镇定，一边报警求救，一边安慰惊慌的游客。当救援人员到达后，她对施救人员说："我是导游，后面都是我的游客，请你们先救游客。"就这样，文花枝强忍剧痛近两个小时，直到最后一名游客被送上救护车，她才接受救援。由于耽误了最佳救治时机，最终导致左腿高位截肢。如今，坐在轮椅上的文花枝虽然身处逆境，但她依然笑对人生，以积极乐观的心态感染着周围每一个人。

➲ 任务 1-2

周家文，一名从事导游工作 25 年的资深导游员，2005 年，他参与组建九江龙之旅旅行社，并出任副总经理，同时兼任导游部经理，还担任九江市导游协会副会长。

20 世纪 80 年代，周家文辞掉原来的工作，当上了导游。1994 年，周家文成为九江中国旅行社的一名专职导游员。当导游后，周家文将自己曾学习到的评书艺术与导游讲解相结合，自创了独特的“周式评书体导游词”，深受游客喜爱。很多听过他讲解的游客评价说：“周导的讲解，娓娓道来、朗朗上口，抑扬顿挫、韵味十足，跟听评书一样，真是一种享受。”周家文对自己有一个特别的要求：“讲庐山，客人不捧腹大笑我不甘心；讲井冈山，客人不流泪我不下山。”他始终奉行一个宗旨，那就是全心全意为游客服务，不计较个人得失，用他的话来说，就是“不管口袋有没有，只要客人笑着走”。

多年来，周导细心了解全国各地人们的生活习惯、性格特点、兴趣爱好等，巧妙地运用于导游活动中。在带北方团队的时候，有些景区没有面食供应，他经常从市区购买馒头、包子带到景点，当客人用餐时看到热腾腾的面食时，无不惊喜万分。

25 年的导游之路，周家文越走越精神，越走越欢畅。他深情地说道：“虽然我已快 60 岁了，但我还是愿意把导游这碗‘青春饭’吃到老！”

➲ 任务 1-3

2007 年 4 月 1 日，吉林导游徐某带领某旅游团队一行 40 人到丽江旅游，因地陪彭某改变行程领客人游览古城四方街，途中客人走散，徐某与彭某发生争执。当彭某离开后，徐某走进四方街一家商店，抢到一把匕首，在刺伤店主之后又持刀刺伤游客及路人 19 人。20 名受害人中，重伤 1 人，轻伤 3 人，轻微伤 15 人，未达轻微伤 1 人。这起震惊全国的导游丽江杀人案在丽江市中级人民法院公开开庭审理时，徐某是否有精神病成为控辩双方争论的焦点，法院委托权威机构对徐某进行了重新鉴定，鉴定结论显示其患有旅行性精神病。

通过以上三个案例，请讨论导游服务的特点、原则与导游人员应具备的素质。

任务分析

通过对以上三个案例的分析讨论，要让学生明白什么是导游服务，导游服务的性质、特点、地位，导游服务在整个旅游接待中的作用，以及做一名合格导游人员所必须掌握的服务原则和应具备的素质要求。

相关知识

一、导游服务的概念

导游服务是指导游人员受旅行社委派，代表旅行社按计划组织协调旅游活动，包括提供接待、咨询服务，陪同旅游者参观游览，讲解旅游景点及其相关知识，安排旅游者生活及活动等工作。导游服务的目的是满足旅游者求新、求奇、求知的愿望和旅游生活的相关需要，从而带给旅游者一次完美的旅游历程。

导游服务概念的内涵包括以下几个方面：

（1）导游人员是旅行社委派的，可以是专职的，也可以是兼职的。未受旅行社委派的导游人员即使取得导游证，也不得私自接待旅游者。

（2）导游人员的主要业务是接待旅游者，既包括在旅游者出游前向其提供接待、咨询服务，也包括在陪同旅游者旅行、游览过程中向其提供讲解服务和旅途生活服务。

（3）导游人员向旅游者提供的接待服务，对于团体游客必须按组团合同的规定和导游服务质量标准实施，对于散客必须按事前约定的内容和标准实施。导游人员不得擅自增加或减少甚至取消旅游项目，也不得降低导游服务质量标准。

导游服务是整个旅游过程中的灵魂，导游人员在旅游过程中的服务艺术、服务技能、服务效果和组织能力，不仅会对游客综合的旅游感受形成最直接的影响，还会直接影响到整个旅游行业的信誉，对旅游经济的发展产生直接或间接的影响。

二、导游服务的产生和发展

随着经济的发展、现代交通工具的出现以及人类社会层次的不断提高，产生了商业性旅游活动。人们从一地到另一地旅游有诸多不便，导游这一职业便应运而生，进而出现了专门为人们出游服务的旅行社。可以说，导游服务是随着消遣型旅游活动的出现而产生的，并随着旅游业的不断兴旺发达而日趋成熟。

1. 古代旅游活动

人类社会由原始社会进入奴隶社会，生产力的发展所带来的劳动剩余物归奴隶主所有，他们已不再满足生活起居上的享乐，而开始了以巡视、巡游为名义的享乐旅行。在旅行中，其臣仆簇拥前后，除随时侍奉外，实际上也起着旅行向导的作用。到了封建社会，经济的进一步发展和交通条件的改善，除帝王将相巡游外，士人、学子也开始漫游，特别是在封建社会的中后期，以求学为目的的教育旅行、以保健为目的的疗养旅行、以探险为目的的航海旅行、以经商为目的的跨国旅行等发展了起来。在这些旅行活动中，往往配有熟悉路途的人做向导，他们不仅引路，还能介绍沿途的名胜、景点和当地的风俗民情，所提供的服务在某些方面已有些类似于现代的导游服务。但由于参加旅行活动的人数不多，旅行活动的规模不大，当向导的机会很少，所以那些当向导的人不可能以此为生，他们收受的只不过是游客赏赐的“盘缠”和“酒钱”（类似于现代的“小费”），最多只够作家庭补贴之用。总之，在古代的旅行活动中，虽然产生了向导，提供了初期的导游服务，但是其偶然性的成分很大，难以产生向导队伍。

2. 商业性导游服务的产生

资本主义生产关系的建立，特别是18世纪60年代英国开始的产业革命以及随后美、法、德、日在19世纪完成的产业革命，大大促进了生产力的发展和经济的繁荣。产业革命一方面带来了阶级关系的变化，产生了一批新兴的、富有的资产阶级，使大量农村人口流入城市成为雇工；另一方面加速了科学技术在工业中的应用，特别是蒸汽机技术在交通运输中的应用，出现了速度快、运载量大的火车和轮船，从而使这个时期的旅游活动获得了突破性的发展。

世界公认的第一次商业性旅游是由英国人托马斯·库克（Thomas Cook）组织的。1841年7月5日，托马斯·库克包租了一列火车，成功运送了570人从莱斯特前往拉夫巴勒参加禁酒大会，往返行程22英里，团体收费每人1先令，免费提供带火腿肉的午餐及小吃，还有一个唱赞美歌的乐队跟随。这次旅行成为公认的近代旅游活动的开端。在这次旅游活动中，库克自始至终随团陪同照顾，可以说是现代旅行社全程陪同的最早体现。

1845年，托马斯·库克正式开始从事旅行代理业务，并在当年夏季组织了350人从莱斯特到利物浦的包价旅游。为了这次去利物浦的旅游活动，托马斯·库克亲自考察了旅游线路，确定沿途的游览点，与各地客栈老板商定旅客的吃住等事宜，回来后，整理出版了《利物浦之行手册》，一路上亲自随团陪同导游并在多处雇用了地方导游。在这次旅游活动中出现了商业性的导游人员。

在成功组织前往利物浦的团体消遣旅游后不久，"托马斯·库克旅游公司"在莱斯特问世，一开始就以"为一切旅游公众服务"为宗旨——近代旅游业从此诞生。

托马斯·库克旅游公司于1855年组团前往法国旅游，全程活动一次性包价（不包括餐饮费），开创了国际包价旅游的先河。1872年，托马斯·库克组织了环球旅游，使他和他的旅游公司名声大噪，托马斯·库克的名字在欧美地区家喻户晓，成了旅游的代名词。后来，欧洲及北美诸国和日本纷纷效仿库克组织旅游活动的成功模式，先后组建了旅行社或类似的旅游组织，招募陪同或导游，带团在国内外参观游览。这样，在世界上逐渐形成了导游队伍。第二次世界大战后，大规模的群众性旅游活动崛起并得到发展，使导游队伍迅速扩大。到目前为止，几乎世界各国都拥有一大批优秀的专职和兼职导游队伍。由此可见，专业导游队伍是在旅行社产生之后逐步形成和发展起来的。

3．我国导游队伍状况

我国的导游人员队伍是在20世纪80年代以后，随着现代旅游事业的发展而从小到大逐步建立起来的，并在近年来呈现出快速增长的趋势。至2009年底，全国拥有导游资格证书的人数已达52.87万人，其中30岁以下者占80%，大专及以下学历者占80%。我国导游人员队伍呈现年轻化，平均学历偏低，与世界旅游发达国家相比较，我国导游人员在素质上尚存在很大的差距，还不能适应和满足当前我国现代旅游事业持续、快速、健康发展的形势和需要。

目前，我国导游人员的薪酬机制、激励机制和劳动保障制度等尚不健全，部分导游人员有工作却没有工资，致使其没有基本的生活保障；一些旅行社除不给导游工资外，还向导游人员收取人头费转卖游客，导致"零团费"和"负团费"现象屡见不鲜。不少导游人员在无工资等相应保障的情况下，为了生存，只能采取降低服务标准、强制顾客购物等"非常"手段，从而大大损害了导游人员在人们心目中的形象。这也说明我国导游人员整体素质的确尚不尽如人意。

三、导游服务的类型

导游服务的类型，是指导游人员向游客介绍所游地区或地点情况的方式。现代导游服务方式大致可分为两大类：实地口语导游方式和物化导游方式（其中包括多媒体导游方式）。

1．实地口语导游方式

实地口语导游方式，亦称讲解导游方式，是指导游人员在游客旅行、游览途中所作的介绍、交谈和问题解答等导游活动。实地讲解导游是目前主要的导游方式，不仅不会被其他导游方式所替代，而且在导游服务中将永远处于主导地位，这是因为：

（1）有利于旅游活动中的人际交往和情感交流　游客在旅游过程中除了观赏、愉悦身心外，还参加了寻求异域文化的社会活动，需要交往和交流，而导游人员在讲解和服务过程中，不仅使游客对当地风俗和居民情况产生了直观印象，而且还增进了人们直接的了解和情感交流。

（2）有利于提供个性化导游服务 导游人员在服务中会遇到各种各样的旅游者，他们的社会背景不同，知识层次不同，旅游动机也不相同。导游讲解贵在灵活、妙在变化，单纯依靠图文声像一类千篇一律的固定模式介绍旅游景点，是不可能满足不同游客需求的。导游人员通过与游客面对面的沟通，了解不同游客的想法和出游目的，然后根据游客的不同需求，在对参观游览的景物进行必要介绍的同时，有针对性、有重点地进行讲解，使每位游客在旅游活动中都有所收获。

（3）有利于及时解决各种问题 现场导游情况纷繁复杂，旅游过程中，随时有游客提出各自感兴趣的，甚至稀奇古怪的问题和要求，随时都可能发生无法预料的事件。这些情况都需要导游人员沉着应对，妥善处理。通过实地讲解导游服务，可以及时解决和处理各种突发事件，这是物化导游方式所无法替代的。

2. 物化导游方式

物化导游方式分图文导游方式、声像导游方式和多媒体导游方式三种。

（1）图文导游方式 图文导游方式包括各种导游图、交通图、各种旅游指南（如宣传册、画册、产品介绍、路标指南等）。这种方式简明、方便、图文并茂、制作价廉快捷，能起到良好的导游作用。一些文学诗词作品也会起到指导出行游览的作用。

（2）声像导游方式 声像导游方式包括影片、录像、幻灯片等，可通过声音、影像给游客以深刻的印象，帮助游客了解旅游目的地的概况，起到导游的效果。声像导游的影片、录像一般多采取音乐伴随解说的方式，用画面和画外音来达到导游的效果。声像导游方式在重大参观项目、旅游博览会和大型旅游活动中常用。

在旅游业发达的国家和地区，人们极为重视图文声像导游。在各大中城市中的旅游景点以及机场、火车站、码头等处都有旅游服务中心或旅游问询处，那里摆满了各种印刷精美的旅游宣传资料，方便游人参观游览并帮助他们比较深刻、全面地理解和欣赏重要景观，从而获得更多美的享受。

（3）多媒体导游方式 这是一种利用计算机和现代通信技术开发的导游方式，发展非常迅速。多媒体导游方式的特点是充分利用各种传输媒体，与旅游者进行双向交流。例如，游客可以利用旅游咨询处或公共场所的多媒体信息查询系统，根据自己的喜好、闲暇时间、经济状况，通过计算机键盘、触摸屏等在旅游信息数据库中进行查询、交流、组合以及购买旅游产品。从广义上说，互联网上的旅游网站就是很不错的多媒体导游系统。

概括起来，物化导游方式由于充分利用了高科技手段，使得导游信息既多又快，对旅游者来说十分方便。它还可以解决许多以往无法解决的问题，比如游客出游前，可以通过互联网在家里事先安排好线路、食宿和机票等事宜，并在网上预先详细了解目的地的风俗民情和注意事项等。尽管如此，同实地口语导游方式相比，物化导游方式仍然处于从属地位，只能起着减轻导游人员负担、辅助实地口语导游方式的作用。

四、导游服务的性质

由于社会制度、经济发展水平、思想意识、民族文化及旅游业发展阶段的差异，世界各国对旅游业的认识不尽相同，因而对导游服务性质的看法也有较大差异，但是，世界各国的导游服务还是具有以下共同属性。

1. 服务性

导游服务是一项服务性很强的工作，与第三产业的其他服务一样，属于非生产劳动，它通过提供一定的劳务活动，如翻译、导游讲解、旅行生活服务等，来满足游客游览、审美的愿望和安全、舒适的旅行需求。由于导游服务是旅游产品的组成部分，其服务性更加重要和特殊。第一，导游的服务对象是大众旅游者，包括不同国籍、民族、年龄、性别和社会不同层次、文化程度、性格习惯的旅游者。第二，导游的服务时间较长，地域空间广大。导游服务的范围包括吃、住、行、游、购、娱等方面，涉及面之广是其他行业所比不上的。第三，导游服务的知识和技能要求很高、很宽，不同于其他的旅游业务。导游员陪同游客从一个景区到另一个景区，要具备渊博的知识，要有熟练的语言表达能力，要有一定的组织、协调和控制能力，还要有良好的心理承受能力和应变能力。此外，导游人员还要充当各种不同角色，如在外宾面前，作为中国人，导游员是主人；作为旅游团的一分子，导游员是游客利益的代表；作为导游员，他又要引导好、服务好整个团队，即扮演着服务员的角色。所以，导游服务是复杂的高技能服务。

2. 经济性

导游服务是导游人员通过向游客提供劳务而创造特殊使用价值的劳动。在商品经济条件下，这种劳动通过交换而具有交换价值，在市场上表现为价格，通过引导游客，照料游客，满足游客相应的旅游需求，实现旅游企业的经济目标，获取相应的个人经济收入，体现个人价值和社会价值。因此，导游工作具有经济性。导游服务的经济性主要表现在以下几个方面：

（1）直接创收　导游人员直接为游客服务，为他们提供语言翻译服务、导游讲解服务、旅行生活服务以及各种代办服务，收取服务费和手续费。由此可见，导游工作本身就可为国家创收外汇、回笼货币、积累资金。

（2）间接创收　旅游者是旅游业生存和发展的先决条件之一，没有旅游者，旅游业的发展就无从谈起。一段旅游生活结束后，享受到优质服务而满意归去的旅游者一般都会向亲朋好友介绍自己在异国他乡的经历，从而在一定程度上影响着潜在旅游者的流向。旅游者现身说法的宣传是最好、最有效，也是最经济的旅游宣传。导游工作在招徕回头客、扩大客源、提高旅游企业信誉和竞争力方面起着重要作用。

（3）促销商品　世界各国都十分重视旅游商品和纪念品的开发、生产和促销，并将其视为争夺游客的魅力因素、增加旅游收入的重要手段。据统计，在世界国际旅游总消费中，用于购物的部分约占50%，在新加坡和中国香港等地，该项收入在旅游总收入中的比例则更大。

在导游员提供导游服务的过程中，游客对导游员已产生了信赖，导游员直接参与了旅游商品的销售。在旅游商品的介绍、参谋、销售过程中，导游员所起的作用是不可或缺的。

（4）促进经济交流　在来我国旅游的海外人士及国内游客中，不乏科学家、教授及方方面面的专家和经济界人士，他们中有人希望借旅游直接与各地的同行接触，相互交流信息，或想通过参观访问，了解合作的可能性以及投资的环境。因此，导游人员在与游客交往过程中要做一个有心人，设法了解他们的愿望，并不失时机地向旅行社报告，在有关领导的指示下积极牵线搭桥，促进中外及地区间的科技、经济交流与合作，为国家和本地区的现代化建设做出应有的贡献。

3．社会性

旅游活动是一种社会现象，在促进社会物质文明和精神文明建设中起着十分重要的作用。在旅游活动中，导游人员处于旅游接待工作的中心位置，接待着四海宾朋、八方游客，导游员服务的优劣直接或间接地影响社会的各个层面，因此导游服务具有社会性。

4．文化性

导游服务是一项文化含量很高的工作，导游员必须具备多方面的文化素养，才能当好文化使者。一方面，导游人员通过生动、精彩的讲解给游客以知识、乐趣和美的享受，同时还在传播着一个国家（或地区）、民族的传统文化和现代文明；另一方面，导游人员在与游客的日常交流与相处过程中，还在吸收和学习各国、各民族的传统文化与现代文明，丰富着自己的文化内涵。因此，导游服务起着沟通和传播文化、为人类创造精神财富的作用，具有文化性。

5．涉外性

导游人员为外国游客提供的导游服务具有明显的涉外性。导游人员不仅是被委派旅行社的代表，而且是旅游目的地国家或地区形象的代表。因此，导游人员在向外国游客提供导游服务的过程中，不仅担负着向他们介绍社会主义中国物质文明和精神文明的职责，使之对我国的历史、文化、社会制度和建设成就有较深入的了解，消除他们中某些人的无知、误解和疑虑，而且起着促进他们同我国人民之间相互了解和友好交往的桥梁作用。导游人员应该充分利用接触外国游客面广、机会多、时间长、无语言障碍等有利条件，同他们进行广泛的交流，并帮助他们与我国人民之间进行有效的沟通，以实现相互理解和感情上的交流。从这个意义上说，导游人员向外国游客提供导游服务的同时又肩负着“民间大使”的重任。

五、导游服务的特点

导游服务是旅游服务中最具代表性的一项工作，它贯穿于旅游活动的全过程，是一种高智能、高技能的工作。导游服务与服务行业中其他工作相比，其特点如下：

1．独立性强

导游服务是独立性很强的工作。导游人员作为旅行社的全权代表，独自带团外出旅游，要独立地宣传、执行国家政策，独立地执行旅游计划、提供各项服务，与游客朝夕相处，时刻照顾他们食、住、行、游、购、娱等方面的需求，尤其是在出现问题时，导游人员还需独立决策，合情合理地进行处理。同时，导游人员要根据不同游客的文化层次和审美情趣进行有针对性的导游讲解，以满足他们的精神需求。这是导游人员的主要任务，每位导游人员都应独立完成，其他人无法替代。

2．工作复杂

由于导游服务的社会性，其工作的涉及面很广，工作关系繁多，人际关系复杂。导游服务要接待来自海内外的各方游客，除必须按服务规程行事，安排旅游者食、住、行、游、购、娱等方面工作外，还要随时应付各种不同的需求，做好服务工作，还要做好沟通上下、联系内外等方方面面的工作。例如，协调领队、地陪、司机以及其他有关人员的关系，及时处理旅游发生的各种各样的问题等。导游服务的复杂性主要体现在：

（1）服务对象复杂　导游服务的对象是游客，他们来自于世界各地，思想意识、宗教仪式、宗教信仰、文化程度、审美情趣各不相同，至于性格、习惯、爱好更是千差万别，在迎来送往中，导游人员总是在面对不断变化着的复杂群体。

（2）旅游中出现的问题多种多样　导游人员除按接待计划安排和落实游客旅游过程中的食、住、行、游、购、娱基本活动外，还有责任满足或帮助满足游客随时提出的个别要求，以及解决或处理旅游中随时出现的问题。由于对象不同、时间长短不同、客观条件不同，同样的要求或问题也会出现不同的情况，需要导游人员审时度势、准确判断并妥善处理。

（3）人际关系复杂　导游人员除天天接触游客之外，在安排和组织游客活动的同时还要同饭店、餐馆、旅游点、商店、娱乐、交通等部门和单位的人员接洽，而且也要处理导游人员中全陪、地陪与领队的关系。每一种关系的背后都有各自的利益，落实到具体人员身上，情况可能更为复杂。导游人员一方面代表委派的旅行社，要维护旅行社的信誉和利益，另一方面又代表游客，要维护游客的合法权益，还要以双重代表的身份与有关各方交涉。导游人员正是处在这种复杂的人际关系网的中心。

（4）讲解内容庞杂　导游员除了具备有关旅游专业知识，还需掌握政治、经济、文化、历史、天文、地理、宗教、民族、心理学、审美学、计算机技术等方面的基本知识，以及有关政策法规，同时还要根据不同旅游客的状况，有针对性地进行讲解。因此，导游员必须不断学习，开拓知识面，掌握新知识、新信息。

3．直接面对各种诱惑

导游人员常年接触各方游客，直接面对各式各样的意识形态、文化观点、价值观念和生活方式，有时还会面临金钱、美色、利益、地位的不断诱惑，直接面对精神污染的机会大大多于常人。正像瑞士导游专家汉斯·乔治·戈根海姆曾指出的："我们面前还有各种各样的诱惑，金钱、美女、佳酿。并不是导游人员比别人坏些或意志薄弱些，而是由于摆在我们面前的诱饵更芳香一些，机会更多一些"。常言道"近朱者赤，近墨者黑"，导游人员如果缺乏高度的自觉性和抵抗力，往往容易受到这些影响，甚至沦为俘虏。所以，身处这种氛围中的导游人员需要有较高的政治思想水平、坚强的意志和高度的政治警惕性，始终保持头脑清醒，防微杜渐，自觉抵制各种诱惑和污染。

4．脑体高度结合

导游服务是一项脑力劳动与体力劳动高度结合的服务性工作。一方面，导游人员要具有丰富而广博的知识，如此才能使导游服务工作做到精益求精，尽善尽美。除了掌握导游工作程序外，导游人员必须具有一定的政治、经济、历史、地理、天文、宗教、民俗、建筑、心理学、美学等方面的基本知识；了解我国当前旅游业的发展状况及其有关的政策法规；掌握旅游目的地主要游览点、旅游线路的基本知识；了解客源国（或地区）的政治倾向、社会经济、风土人情、宗教信仰和禁忌等；具有敏捷的思维能力和很强的语言表达能力，能够运用知识、语言和智慧灵活地向旅游者导游讲解，回答他们的提问，处理各种问题，这是一种艰苦而复杂的脑力劳动。另一方面，导游人员的工作量大、工作的地域空间大、时间跨度长，除了在旅行游览过程中进行介绍、讲解，还要随时随地地应游客的要求，帮助解决问题，事无巨细，也无分内与分外之分。尤其是旅游旺季时，导游人员往往会连轴转，整日、整月陪同游客，无论严寒酷暑长期在外工作，体力消耗大，又常常无法正常休息。因此，导游人员必须具备高度的事业心和良好的体质。

六、导游服务的地位与作用

1. 导游服务的地位

旅行社、饭店和交通是现代旅游业的三大支柱，其中旅行社处于核心地位。因为旅行社是旅游经营的重要环节，它担负着生产和销售旅游产品的职能，旅行社招徕游客的多少直接关系到饭店、交通部门接待游客的数量和其经济效益。在构成旅游活动的六要素“吃、住、行、游、购、娱”中，最重要的就是“游”。在旅游接待服务中，导游人员的导游讲解帮助旅游者增长知识、加深阅历、获得美的享受；导游人员提供的生活服务帮助旅游者身心愉快地投入游览活动，满足其求新、求异、求美的需求；导游人员为旅游者提供的口译服务有助于不同文化的沟通，促进了不同民族之间的交流。在旅游接待服务中，导游服务贯穿旅游活动的始终，它将涉及旅游活动的其他部门的服务串联起来，使之相互配合，这样不仅旅游企业的产品得以销售，游客在旅游过程中的种种需求也得以满足。总之，导游人员的服务在旅游者实现其主要旅游目的方面起着举足轻重的作用。国际旅游界人士说：“没有导游员的旅行，是不完美的旅行，甚至是没有灵魂的旅行。”一个优秀的导游员会带来一次愉快、成功的旅行；反之，肯定是不成功的旅行。导游服务是旅游服务中最为根本的服务，与旅游接待服务中的其他服务相比，它处于主导的地位。

2. 导游服务的作用

（1）纽带作用　导游服务是旅行社与旅游者之间、旅行社与其他旅游企业之间联系的纽带和桥梁，它使旅游接待服务中的各项服务有机联系起来，协同完成旅游接待任务。其纽带作用表现如下：

1）承上启下。导游人员是国家方针政策的宣传者和具体执行者，他代表旅行社执行旅游计划，为旅游者安排和落实食、住、行、游、购、娱等各项服务，并处理旅游期间出现的各种问题。同时，旅游者的意见、要求、建议乃至投诉，其他旅游服务部门在接待工作中出现的问题及他们的建议和要求，一般也通过导游人员向旅行社传递直至上达国家最高旅游管理部门。

2）连接内外。导游人员既代表接待旅行社的利益，履行合同、落实旅游计划，又肩负着维护旅游者合法权益的责任，他代表旅游者与各有关部门进行交涉，提出合理要求，对违反合同的行为进行干预，为旅游者争取应该享受的正当权益。导游人员有责任帮助旅游者尽可能多地了解我们的国家、人民、文化和风俗民情以及国家的有关政策、法令等，同时也要进行调查研究，从旅游者那里了解世界。

3）协调左右。导游服务与其他各项旅游服务的服务对象是共同的，因而在目标上、在根本利益上是一致的，然而在服务内容上又各有区别，各部门、各单位又有各自的利益。这就决定了他们之间既相互依存、相互合作，又相互制约、相互牵制。导游人员作为旅行社派出的代表，对饭店、餐馆、游览点、交通部门、商店、娱乐场所等企业提供的服务在时间上、质量上起着重要的协调作用，因为旅游服务中任何一个环节出了问题，都会影响到整个旅游服务质量。导游人员既有义务协助有关旅游服务的提供者，同时也有责任对这些部门的服务提出意见和建议，以使旅游者与旅行社签订的旅游合同得到落实，旅游者的愿望得以实现。

（2）标志作用　导游服务是旅游服务质量高低最敏感的标志。导游服务质量包括导游讲解质量、为旅游者提供生活服务的质量以及各项旅游活动安排落实的质量。导游人员与旅游者陪伴始终、朝夕相处，因此，旅游者对导游人员服务的接触最直接，感受最深切，对其服务质量的反应最敏感。一般而言，如果导游服务质量高，可以弥补其他旅游服务质量的某些欠缺，而导游服务质量低劣却是无法弥补的。因此，旅游活动的成败更多地取决于导游服务质量。导游服务质量的好坏不仅关系到整个旅游服务质量的高低，甚至关系到国家或地区旅游业的声誉。

（3）宣传作用　导游服务质量的高低会影响旅游产品的销售，因为导游服务质量的高低在很大程度上决定着旅游产品的使用价值，游客往往通过导游人员带领游客进行旅游活动的情况来判断旅游产品的使用价值。如果导游服务质量高，令游客感到满意，游客会认为该旅游产品物有所值，而且在满载而归后，以其亲身体验向亲朋好友进行义务宣传，从而扩大了旅游产品的销路。反之，若导游服务质量不高，则会导致游客的抱怨和不满，并间接影响其周围的人，从而阻碍了旅游产品的销路。

（4）反馈作用　导游人员在向旅客提供导游服务过程中，由于处在接待游客的第一线，同游客交往和接触的时间最长，对游客关于旅游产品方面的意见和需求最了解。游客会根据自己的需要对旅游产品的类型、规格、质量、标准等做出这样或那样的反映。导游人员可充分利用这种有利条件，根据自己的接待实践，综合游客的意见，反馈到旅行社有关部门，促使旅游产品的设计、包装、质量得到不断改进、完善，更好地满足旅客的需要。

应当指出的是，导游服务虽然在旅游接待服务中具有重要的地位和作用，但旅游服务是一项综合服务，没有其他各项旅游服务的配合，导游服务也不可能做好，所以导游人员不可轻视其他服务工作的作用。

七、导游服务的原则

导游人员在向旅游者提供导游服务时，既要热情周到，又要不违背原则，对待游客一视同仁，处理问题合情合理；既要圆满完成旅行社交给的任务，又要满足旅游者的需求。导游必须遵守游客至上、维护旅游者合法权益、履行合同、平等待客和合理而可能的原则。

1. 游客至上的原则

在服务业中，有一句座右铭是“宾客至上”，它是每一位服务人员的行动指南，是整个服务业的宗旨，也是服务工作中处理问题的出发点。在旅游服务中，它具体体现为“游客至上”。

“游客至上”意味着在游客与旅行社的关系中，游客始终是第一位的。客源是旅行社赖以生存和发展的生命线，没有游客，导游员服务的价值就无从体现，导游服务就是一句空话。

“游客至上”要求维护游客的合法权益。自觉地维护游客的合法权益是旅游业必须遵守的准则，更是导游人员必须遵守的天职。世界旅游组织及我国国家旅游局都对维护游客的合法权益做出了明确规定，每个导游员都应该自觉地将维护游客的合法权益当做自己的服务准则。

“游客至上”表现在导游人员处理问题时应以旅游者的利益为重，尽可能地满足旅游者的正当需求，不能过多地强调自己的困难，更不能以个人的情绪来随心所欲地对待旅游者，这是对游客的不尊重。

2. 维护旅游者合法权益的原则

世界旅游组织颁布的《旅游权利法案》和中华人民共和国国家旅游局颁布的《旅行社管理条例》中都对旅游者的权益保护做出了明确规定：

（1）旅行社应为旅游者提供保障旅游者人身、财物安全需要的服务。

（2）旅行社所提供的服务项目应该明码标价，质价相符，不得有价格欺诈行为。

（3）旅行社在组织旅游者旅游之前应与其签订合同，合同应就下列内容做出明确的约定：①旅游行程（包括乘坐的交通工具、游览景点、住宿标准、餐饮标准、购物次数等）安排；②旅游价格；③违约责任。

（4）旅游者的合法权益受到损失时，旅游者有权向旅游行政管理部门或其委托的旅游质量监督机构投诉；证实是因旅行社的过错使旅游者的合法权益受到损害时，旅行社应视情节依法给予赔偿。

导游人员作为旅行社的全权代表，在旅游接待服务中，必须不折不扣地按照有关规定向旅游者提供导游服务，将维护旅游者的合法权益作为自己的服务准则，并根据这一准则监督其他旅游服务的供给，处理旅游过程中的有关问题，维护旅游者的合法权益。

3. 履行合同的原则

导游人员带团要以契约为基础，根据旅行社与游客签订的合同或约定，按照接待计划安排和组织游客参观、游览。是否不折不扣地履行旅游合同的内容是评估导游人员是否履行职责的基本尺度。这一标准涉及两个方面：一是受企业内部制定的相关成本、责任等方面的约束；二是按合同规定的相关的服务内容与等级要求。导游人员凡事要满足内外两种要求，设身处地地为公司着想，也要为旅游者着想。擅自更改合同内容或随意增减旅游景点等都是违背合同的行为，应予以杜绝。

4. 平等待客的原则

不论旅游者国籍、种族、宗教信仰、消费水平如何，导游人员都应一视同仁，为全体宾客服务，为每一位旅游者而存在。“为大家服务”原则的一个基本点是：导游人员必须对旅游团的每一个成员保持同等距离，一视同仁，对每一个旅游者都同样热情、友好、礼貌，提供同样的服务。只有坚持“为大家服务”的原则，公平公正地处理问题，才能赢得游客的尊重和信赖。

5. 合理而可能的原则

满足旅游者的正当要求，使他们愉快地度过旅游生活是导游人员的主要任务。旅游环境复杂多变，旅游者的要求往往也会多种多样。有些旅游者对可能享受的旅游服务理想化，经常会提出一些不合理的要求，甚至对旅行社的安排、导游人员的服务横加指责和挑剔。即使在这种情况下，导游人员也要耐心倾听、认真对待，分析其中是否有合理的成分，绝不能置之不理。如果有合理的成分，又有可能办到，导游人员应想方设法满足他们，弥补导游服务中的不足；对不合理或无法实现的要求，要实事求是、合情合理地耐心解释。导游人员若能做到这一点，他的工作必然会得到旅游者的高度评价。实行合理而可能的原则，不仅能最大限度地满足游客的要求，还能使客人心悦诚服，更加相信导游员，有利于导游服务工作的顺利进行。

“合理而可能”原则既是导游服务的原则，也是导游人员处理问题、满足旅游者要求的依据和准绳。

八、导游服务的发展趋势

21 世纪，世界旅游业将步入快速发展时期。远程旅游、休闲旅游、商务旅游增长快速，散客旅游成为人们出游的主要形式，旅游者对生态与文化知识更加青睐，我国国内及出境旅游持续稳定增长。未来旅游活动的发展趋势将会对导游服务产生影响并提出新的要求。导游服务在未来将出现如下几种发展趋势：

1．导游知识现代化

导游服务是一种知识密集型的服务，即通过导游人员的讲解来传播文化知识，促进世界各国、地区间的文化交流。在未来社会，人们的文化修养更高，对知识的更新更加重视，文化旅游、专业旅游、科研考察的发展，对导游服务将会提出更高的知识要求。

根据这一趋向，导游人员必须提高自身的文化修养，不仅能同游客讨论一般问题，还能较深入地谈论某些专业问题；不仅掌握国内外的经济政治态势，还要全面了解本国的文明史；不仅能讲解和讨论，还能掌握和使用先进的科学技术设备。总之，在知识方面，导游人员不仅要成为“杂家”，具备尽可能广博的现代科学文化知识，还要成为某一领域、某些方面的专家。

2．服务内容扩大化

古代的向导主要是为旅游者引路；后来，向导除了引路，还进行讲解并照料旅游者的生活；现在，为了提高经济效益，旅行社全权委托导游人员处理旅游过程中旅游者的各种正当需求。于是，导游员逐渐将向导、讲解、旅途生活服务和交通服务集于一身。随着旅游活动的发展，导游服务的内容还将继续扩大，不断变化。寻亲访友、故地重游、翻译、陪同、寻找合作伙伴、组织会议、布置展台等都将成为导游员的服务内容。

3．导游方法多样化

近年来，旅游活动趋于多样化，尤其是参与性旅游活动的兴起和发展，要求导游人员随之改变其导游方法。参与性旅游活动的发展，意味着人们追求自我价值不仅体现在工作中，还将其转移到了娱乐活动之中。人们参加各种竞赛，参与各类节庆活动，与当地居民一起活动、生活，还在旅游目的地学习语言、各种手艺和技能，甚至参加探险活动。这一发展趋势将对导游人员提出更高的要求。未来的导游人员不仅是一位能说会道、能唱、能跳、多才多艺的人，还要有强壮的体魄、勇敢的精神，与游客一起回归大自然，参与旅游活动、各种竞赛，甚至去探险。总之，今后的导游方式将越来越多，导游人员不仅要熟练地运用各种导游讲解方法，还要掌握参与各种旅游活动时的方式方法。只有这样，导游人员才能胜任未来的导游工作，才有可能将导游服务做得不同凡响。

4．导游服务方式个性化

随着团队旅游比重下降，散客旅游、家庭旅游需求的增长，旅游者根据自身的喜好和经济能力，选择组合旅游产品。面对越来越成熟的旅游者，导游服务将趋于个性化、定制化，即导游人员可能只受雇于某个人或某个家庭，像朋友一样结伴而行，与众不同，更显品位。这就要求导游人员具备完善的知识结构、随和的性情、时刻准备与任何人融洽相处，提供周到、体贴的服务。

5．导游语言国际化

随着大众旅游普及世界各地，一个国家、一个地区的导游人员不仅要掌握本国、本民族的语言和本地区的方言，而且要能熟练运用世界上的主要语言，特别是各主要旅游客源国的语言，以便为来自不同国家、不同地区的旅游者提供令他们满意的导游服务。

6．导游职业自由化

导游队伍中的大部分人至少在一段较长时期内以导游工作为其主要职业。目前这一职业呈自由化趋势，即导游人员可同时受聘于数家旅行社，自主选择所接团队。

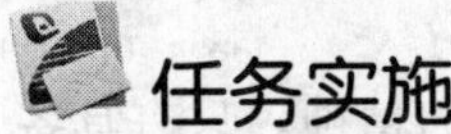

任务实施

【步骤一】分组讨论任务 1-1 中导游员文花枝的可贵之处。

提示：学习优秀导游忠于职守的职业道德精神。在社会上，当人们将“回扣”与导游联系在一起时，文花枝在关键时刻能够将集体的利益看得比生命还重，不仅鼓励团友用精神的力量支撑下去，而且以自己的生命为代价，为他人的生命赢得时间。她在危急时刻把游客利益摆在第一位，让我们看到了一个导游员优秀的职业素质和道德品质。

学习优秀导游应对突发事件的能力。作为旅游团队中的服务员、安全员、翻译员、宣传员，导游员集多项职责于一身，这不仅仅体现了行业的复杂性，对导游人员的能力也是一种考验。在危险面前，年轻的导游，没有被突发的灾难惊呆吓倒，而是及时采取自己力所能及的方式来帮助幸存者，鼓励着每个人在逆境中坚持下去，以坚强的意志力和高尚的道德品质感动着每个人。

【步骤二】分组讨论任务 1-2 中周家文的优秀品质。

提示：全国优秀导游周家文在平凡的导游岗位中用点滴的小事铸就了导游不平凡的优秀品质。

（1）勇于创新，显现自己的导游特色。创立“评书体导游词”使周家文的导游讲解在众多导游中脱颖而出，将游客的利益摆在第一位，为游客提供细心、贴心的服务使他获得了游客的肯定与赞誉，从而确立了周家文与众不同的导游风格。

（2）通过带团过程中的点滴小事，周家文用自己的实际行动阐释“爱国爱家，爱岗敬业”的导游职业道德，也影响和感动着游客。

（3）导游可以终身制。我们常常会认为导游是吃青春饭的，实际上这一说法有误区。导游这个行业除了需要充沛的体力和良好的服务意识外，同样需要阅历丰富、容易沟通的中老年导游。相对于年轻导游，中老年导游对景点内在的东西领悟得更深刻，更懂得当地的风土人情，能洞察客人的需求和兴趣点，是导游队伍的宝贵资源。

【步骤三】分组讨论任务 1-3 中导致导游砍人的原因。

提示：导游工作是一项体脑劳动高度结合的工作，工作纷繁，量大面广，流动性强，体力消耗大，要处理方方面面的问题，因此，导游人员必须是一个身心健康的人。在任务 1-3 中，导游砍人的原因主要在：

（1）导游本身心理脆弱不健康，曾有精神病史。

（2）导游带团在外，连续多日的高强度体脑劳动，使导游身心疲惫，成为精神崩溃的诱因。

（3）全陪缺乏与地陪的有效沟通，致使事态极端化。

【步骤四】总结作为导游应具备的职业素质。

在20世纪，旅游已经成为人们生活中的一项重要休闲活动。导游人员提供的导游服务要以游客的满足为目标，这就要求导游人员在观念上、角色上和所起的作用上适应新的要求。首先，在观念上，导游人员应具有市场观念和产品质量意识；其次，在角色上，导游人员是导游服务的供给者，以满足游客的正当需要为目标；最后，导游人员所起的作用是实现旅游产品的消费功能，即实现旅游产品价值和使用价值的功能。因此，现代导游既是一种服务，又是一门专业和艺术。

导游工作的特殊性在于其直接为人服务，最需要体现“以人为本”的精神。只有具备良好的整体素质才能高质量地完成导游服务。一名合格的导游人员应该具备良好的思想品质、广博的知识、较高的导游技能、健康的心理与身体和规范的行为。导游人员的素质要求如图1-1所示。

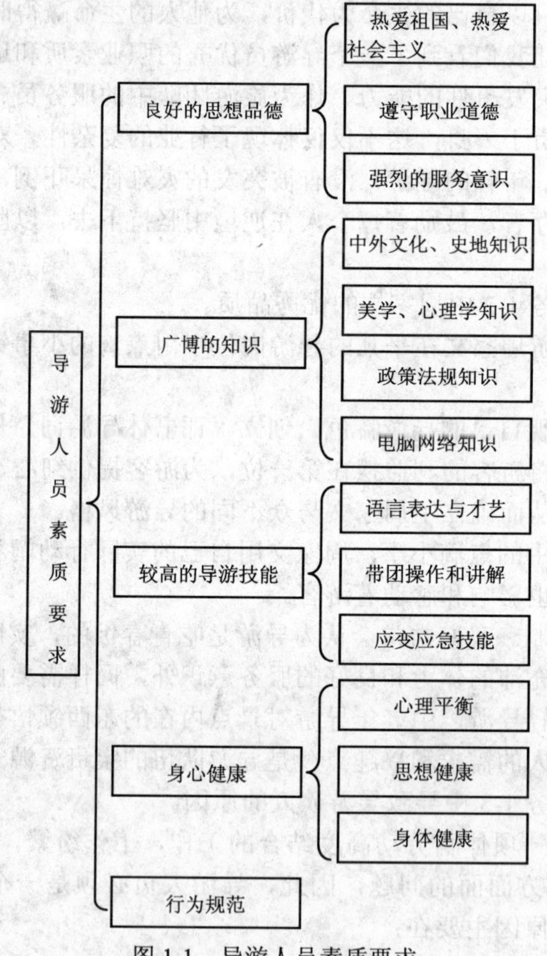

图1-1 导游人员素质要求

课堂训练与测评

（1）导游员要丰富自己的知识结构，你认为采取哪些方法比较好？

（2）为什么说导游服务是“脑力劳动和体力劳动高度结合”的工作？

（3）案例分析：

某自然风景区位于城郊地带，被称为城市的森林氧吧，每天都吸引着不少游客到这里参观游览。导游员小黄的家就住在风景区附近。一次，小黄无意中发现景区的栅栏局部破损，足够一个人进入。几天后，小黄恰好带团参观，游客要自费参观该景点，为了牟取私利，小黄和游客协商，他想办法让游客进入景区里，为游客节省40元的门票钱。但是，每人付给他20元的小费，游客感觉这样可行，就答应了黄导的建议。让大家没想到的是，小黄竟是利用景区护栏损坏、无人看管这一漏洞，让游客“钻”进景区。虽然，游客们有些不情愿，可是为了省钱也只好听从小黄的安排。

实际上，该景区的工作人员早就知道这个区域的栅栏破损，正在组织人员进行维修。为了防范游客不购票进入景区，经常有人在此巡逻。恰巧，当游客由此进入时，正好被巡逻人员发现。这时，游客们非常懊悔刚才的选择，而小黄也因为蓄谋逃票而受到景区处罚和上级旅游行政机关的通报批评。

问题：

1）在本案例中，导致导游员小黄被罚的原因是什么？从这个案例中，我们还可看出景区、游客、导游员都存在哪些问题？

2）导游小黄的行为说明我国导游人员在哪些方面缺乏意识，需要加强自身修养？

课外阅读

会八国语言的农民导游

我国旅游名县阳朔有座月亮山，月亮山下有个“月亮妈妈”。“月亮妈妈”真名徐秀珍，只有小学三年级文化程度的她可以用八国语言与外国游客谈笑风生。她和蔼的笑容和热情的服务给外国人留下了深刻的印象，大家都亲切地称她为“月亮妈妈”。

如今，这位普通农家妇女已经成为颇受中外游客欢迎的“金牌导游”，不论是在村里还是在县里，都算得上是一位响当当的名人。

徐秀珍住在阳朔县高田镇的历村，村口就是著名的月亮山，月亮山公园开发后，为了挣点儿钱贴补家用，从没做过生意的她，背着箱子在月亮山公园里卖起了饮料。因为外国游客多，为了争取生意，徐秀珍决定让会英语的媳妇给自己扫盲，可毕竟是上了年纪的人，记忆力不太好，学习进度很慢。

一天，徐秀珍上山，一个外国人问她：“How much?”她听懂了意思，便伸出三根手指表示：3元钱1瓶。外国人又问：“是3美元还是3元人民币？”这时徐秀珍已听不懂了，结果，到手的生意被旁边的年轻人接走了。徐秀珍心里着急了：看来在阳朔这地方，外语就是财富啊。随着与外国人交往的次数越来越多，她萌发了向“老外”学外语的兴趣。

经过几年坚持不懈地向各国游客请教，徐秀珍不仅学会了英语，还学会了德语、法语、意大利语、韩语等八国语言。

随着越来越多的村民加入卖饮料的行列，徐秀珍发觉光卖饮料已收益甚微，就充分发挥自己会外语的特长，自告奋勇当起“老外”的导游。她带领“老外”们在最佳的时机，选最好的角度看当地的风景，走村串巷领略农村的生活情趣，邀请他们到家中吃农家饭。吃惯了西餐的“老外”们，吃着农民炒的家常菜，赞不绝口。虽然徐秀珍每次给他们当导游都不讲报酬，可每次告别时，对方都主动给她劳务费。最后她只好给自己定出一个标准：每次导游一名游客只收 5～10 元钱，客人多给就主动退还。

1997 年夏天的一个中午，两个来自加拿大的年轻人在月亮山旅游，爬上山后，其中一个人的肚子疼痛难忍，徐秀珍就给他刮痧，给他擦风油精，还是没好，后来又给他喝了一点自己熬的草药，终于把他的病治好了。临走的时候，加拿大青年对徐秀珍说：“我真想叫你一声妈妈，你真是月亮山下一位善良的月亮妈妈。”他还在徐秀珍的留言簿上写了满满一页对“月亮妈妈”的赞语。

从此，“月亮妈妈”的名声不胫而走，“老外”们到了阳朔就找这位“月亮妈妈”。

1998 年 9 月，“月亮妈妈”走进了阳朔旅游局，要求参加外语导游考试，旅游局的负责人热情地接待了她，并叫来几个外国游人与她对话。旅游局根据徐秀珍的特殊情况，免去了她的笔试，破格给她发放了当地的导游证，这时的徐秀珍早就超过了国家规定的导游证颁发年龄，成为我国年龄最大的农民导游员。

如今，徐秀珍靠做导游，盖起了一幢二层的小洋楼。在她的带动下，只有 400 多人口的小村子，从事旅游业的达 100 多人。一位游客还免费给她设立了网页。如今“月亮妈妈”的名字，正通过互联网传向世界各地。

（摘选自《中国妇女报》2005 年 7 月 26 日）

任务 2 如何成为一名导游

任务目标

- 掌握导游人员资格获取的基本途径和方法。
- 熟悉导游人员培训考核与管理的主要内容。
- 能有步骤、有计划完成导游资格证考试和领证、导游年审等工作。

任务引入

王兰是广东省某高职院校旅游专业的一名新生，她想成为一名中文导游员，今后从事导游服务工作。请你告诉她如何才能成为一名合格的导游。

任务分析

成为一名合格导游是每一位立志从事导游服务工作的人员进入导游行业的第一步。首先我们需要先了解成为一名合格导游的途径和要求。只有考取了导游资格证书，与旅行社签订合同或在导游服务公司登记，领取导游证 IC 卡，在旅行社的委派下从事导游服务工作才是合格的导游员。

相关知识

一、导游人员与导游活动

在中华人民共和国国家标准《导游服务质量》中，导游员的定义是："持有中华人民共和国导游资格证书、受旅行社委派、按照接待计划，从事陪同旅游团（者）参观、游览等工作的人员。"导游人员是实施导游服务的工作人员，也就是为旅游者在旅行游览活动中提供向导、讲解服务和生活照料服务的工作人员，人称"旅行者之友"、"旅行者之师"和"民间大使"。

导游活动是指导游人员受旅行社委派，陪同旅游者旅行、游览，为旅游者提供向导、讲解和其他旅途服务。未经旅行社委派，导游人员不得从事导游活动。导游人员进行导游活动时，应当佩戴导游证。

二、导游员的资格获取

在我国，导游员资格的获取有严格的条件和考核程序。符合导游员条件并通过导游资格考试者，才能获取导游资格。1999 年国务院颁布的《导游人员管理条例》规定了导游人员资格的条件，即"具有高级中学、中等专业学校或者以上学历，身体健康，具有适应导游需要的基本知识和语言表达能力的中华人民共和国公民，可以参加导游人员资格考试"。国家实行统一的导游人员资格考试制度，由各省、自治区、直辖市旅游行政管理部门具体负责本行政区全国导游人员资格考试的实施。考试课程包括"政策与法规"、"导游基础知识"、"导游业务"、相关语言语种，以及"现场导游"等。经考试合格的，颁发导游人员资格证书。

需要注意的是，各地导游人员资格考试时间和次数不同，大部分省份导游人员资格考试是一年一次，个别省份是一年两次，如广东省考试时间是每年的 3 月和 9 月，黑龙江省考试时间是每年的 7 月和 12 月前后。具体报名和考试时间应留意各地的报名通知。

取得导游人员资格证书的人员，经与旅行社订立劳动合同或者在导游服务公司登记，方可持所订立的劳动合同或者登记证明材料，向省、自治区、直辖市人民政府旅游行政部门申请领取导游证。取得了导游证，导游人员才有资格从事导游活动。

具有特定语种语言的人员，虽未取得导游人员资格证书，旅行社需要聘请这类人员临时从事导游活动的，由旅行社向省、自治区、直辖市人民政府旅游行政部门申请领取临时导游证。

有下列情形之一的人员，不得颁发导游证：

（1）无民事行为能力或者限制民事行为能力的。

（2）患有传染性疾病的。

（3）受过刑事处罚的，但过失犯罪的除外。

（4）被吊销导游证的。

导游证有效期限为三年。导游证持有人需要在有效期满后继续从事导游活动的，应当在有效期限届满三个月前，向省、自治区、直辖市人民政府旅游行政部门申请办理换发导游证手续。临时导游证的有效期限最长不超过三个月，并不得延期。

三、导游人员的分类

由于业务范围、业务内容不同，服务对象及使用的语言各异，导游人员的业务性质和服务方式也不尽相同。即使是同一个导游人员，由于从事的业务性质不同，所扮演的社会角色也随之变换。并且，世界各国对导游人员类型的划分也不尽相同，因而很难用一个世界公认的统一标准对导游人员进行分类。下面从我国的实际情况出发，分别从不同角度对我国导游人员进行分类。

（一）按业务范围划分

1．海外领队

海外领队（Tour Escort）是指受经国家旅游行政主管部门批准可以经营出境旅游业务的旅行社的委派，全权代表该旅行社带领旅游团从事旅游活动的工作人员。其主要职责是：

（1）全程服务，旅途向导　领队行前应向旅游团介绍旅游目的国（地）概况及注意事项，陪同旅游团的全程参观游览活动，积极提供必要的旅途导游和生活服务。

（2）落实旅游合同　领队要监督但更要配合旅游目的国（地）的全陪、地陪安排好旅行计划，组织好游览活动，全面落实旅游合同。

（3）做好组织和团结工作　领队应积极关注并听取游客的要求和意见，做好旅游团的组织工作，维护旅游团内部的团结，调动游客的积极性，保证旅游活动顺利进行。

（4）协调联络，维护权益，解决难题　领队应负责旅游团与接待方旅行社的联络工作，转达游客的建议、要求、意见乃至投诉，维护游客的正当权益，遇到问题时出面解决。

2．全程陪同导游人员

全程陪同导游人员（National Guide）简称“全陪”，是指受组团旅行社委派，作为组团社的代表，在领队和地方陪同导游人员的配合下实施接待计划，为旅游团（者）提供全程陪同服务的工作人员。

全陪在整个旅游活动中起着主导作用，主要职责是：

（1）实施旅游接待计划　按照旅游合同或约定实施组团旅行社的接待计划；监督各地接待单位的执行情况和接待质量。

（2）联络工作　负责旅游过程中同组团旅行社和各地接待旅行社的联络，做好旅行各站的衔接工作，掌握旅游活动的连贯性、一致性和多样性。

（3）组织协调工作　协调旅游团与地方接待旅行社及地方陪同导游人员之间，领队与地方陪同导游人员、司机等各方面接待人员之间的合作关系；协调旅游团在各地的旅游活动，听取游客的意见。

（4）维护安全，处理问题 维护游客旅游过程中的人身和财产安全，处理好各类突发事件；转达游客的意见和要求，力所能及地处理游客的意见、要求乃至投诉。

（5）宣传、调研工作 耐心解答游客的问询，介绍我国（地方）文化和旅游资源，开展市场调研，协助开发旅游产品，改进旅游产品的设计，进行市场促销。

3．地方陪同导游人员

地方陪同导游人员（Local Guide）简称“地陪”，是指受接待旅行社的委派，代表接待社实施接待计划，为旅游团（者）提供当地旅游活动安排、讲解、翻译等服务的工作人员。

地陪是典型的、完全意义上的导游人员，他的工作责任最大，处理的事务最多，工作最辛苦，所起的作用最关键。其主要职责是：

（1）安排旅游活动 严格按照旅游接待计划，合理安排旅游团（游客）在当地的旅游活动。

（2）做好接待工作 认真落实旅游团（游客）在当地的接送服务和食、住、行、游、购、娱等服务；与全陪、领队密切合作，按照旅游接待协议做好当地旅游接待工作。

（3）导游讲解 负责旅游团（游客）在当地参观游览中的导游讲解，解答游客的问题，积极介绍和传播中国（地方）文化和旅游资源。

（4）维护安全 维护游客在当地旅游过程中的人身和财产安全，做好事故防范和安全提示工作。

（5）处理问题 妥善处理旅游相关服务各方面的协作关系，以及游客在当地旅游过程中发生的各种问题。

4．景点景区导游人员

景点景区导游人员，亦称讲解员，是指在旅游景区景点，如博物馆、自然保护区等为旅游者进行导游讲解的工作人员。其主要职责是：

（1）导游讲解 负责所在景区（点）的导游讲解，解答游客的问询。

（2）安全提示 提醒游客在参观游览过程中注意安全，并给以必要的协助。

（3）结合景物向游客宣讲环境、生态和文物保护知识

从业务范围看，领队和全陪不以导游讲解为主要任务，所以在西方大多数国家称他们为“陪同”，地陪被称为“导游翻译员”，而景点景区导游人员则被称为“讲解员”，是西方级别最高的导游人员。对这三类导游人员的培养及考试的内容和方式各不相同。

（二）从劳动就业方式划分

1．专职导游人员

专职导游人员指在一定时期内以导游工作为其主要职业的导游人员。目前，这类导游人员一般是旅行社的正式职员，他们是我国导游队伍的主体。

2．兼职导游人员

兼职导游人员，亦称业余导游人员，是指具备导游资格、持有导游证，不以导游工作为其主要职业，而利用业余时间从事导游工作的人员。

从当前我国旅游业发展状况、导游服务及其监管需要看，有必要恢复兼职导游。一方面，这些导游具备外语或特定的知识、技能等，是我国旅游接待服务和提高导游服务水平

所必需的，他们所具备的一些专业知识和专门技能是专职导游短期甚至永远也不可能具备的，这些知识和技能对深度观光、度假休闲、康体健身和各种专项旅游的导游接待服务非常必要。另一方面，这些人有自己的职业，且很多不能或不愿意离开、放弃自己的职业身份，只是利用业余时间从事导游服务，既可增加收入，更可以丰富阅历、学习知识和扩大交流交往，对其职业工作水平的提高和生活内容的丰富有利。此外，兼职导游的管理和劳动社会保障等，主要由其所在单位负责，不存在企业管理缺位问题。

3．临时导游

临时导游是具有特定语种语言能力，受聘于国际旅行社，由省级旅游行政管理部门或其授权的地市级旅游行政管理部门审核并颁发临时导游证，短期从事导游服务的人员。

4．实习导游

实习导游制度是为适应高等院校旅游及相关专业教学和培养导游后备人才的需要而建立的。实习导游由省级旅游行政管理部门考核发证，以高等院校旅游及相关专业在校学生为对象，可以按照教学计划进入旅行社和景区景点观摩、学习和协助导游从事服务，不得独立承担导游服务，由所在学校负责监督管理和权益保障，毕业离校实习导游证自动失效。

（三）按导游使用的语言划分

1．中文导游人员

中文导游人员是指能够使用普通话、地方方言或者少数民族语言，从事导游业务的人员。目前，这类导游人员的主要服务对象是在国内旅游的内地游客和入境旅游的港、澳、台同胞。

2．外语导游人员

外语导游人员是指能够运用外语从事导游业务的人员。目前，这类导游人员的主要服务对象是入境旅游的外国游客和出境旅游的中国公民。

（四）按技术等级划分

1．初级导游人员

获导游人员资格证书 1 年后，就技能、业绩和资力对其进行考核，合格者自动成为初级导游人员。

2．中级导游人员

取得初级导游证满 3 年，或具有大专以上学历的取得初级导游证满 2 年，申报前实际带团不少于 90 个工作日，带团工作期间表现出良好的职业道德，经全国统一笔试合格者晋升为中级导游人员。

3．高级导游人员

根据最新的《全国高级导游员等级考试工作意见》，要求取得中级导游证满 3 年，具有本科及以上学历（旅游类、外语类大专学历自意见实施之日起 3 年内允许报考），在申请前三年内以中级导游员身份带团至少 90 个工作日以上，职业道德和基本素质良好，业绩水平突出，经笔试和面试成绩全部合格者晋升为高级导游人员。

4．特级导游人员

取得高级导游证满 3 年，具有大学本科或以上学历，取得高级导游证后实际带团不少于50个工作日，带团工作期间表现出良好的职业道德，有较强的业务研究水平，有正式出版的导游业务方面的专著，或在公开发行的省级以上报刊独立发表过2篇以上（含2篇）、不少于3000字的导游业务方面的论文，经论文答辩方式考核合格者晋升为特级导游人员。

四、导游人员的培训考核与管理

培训与考核是提高导游人员素质和业务技能的必要手段。根据导游人员层次的不同，可以有针对性地制定不同内容的培训与考核。培训的方式主要有在职培训和脱产培训。由于我国导游人员大多数工作于旅游接待服务的第一线，极少数可以脱产培训，所以目前主要依靠在职培训方式。

（一）导游人员的培训

导游培训内容的确定必须结合导游服务工作的范围与特点，结合导游人员类别的特殊性，注重普遍性与特殊性的结合，注重内容的针对性和现时性，同时要根据旅游业发展趋势，注重培训内容的超前性。具体来说，导游人员的培训内容包括职业道德、专业基础知识和导游技能的培训三部分。

（1）职业道德的培训　主要进行理念、价值观和职业道德的教育，以期端正导游员的职业动机，培养、树立起正确的服务理念及价值观。导游员培训必须以职业道德培训为先导，这是各项培训的核心，是重中之重，因为这样的培训可以帮助导游员树立起正确的行业与职业意识，如宾客至上意识、产品质量意识、服务意识等。

（2）专业基础知识的培训　导游角色的特殊性要求导游人员必须掌握多方面的知识，如旅游学概论、旅游心理学、旅游地理、导游业务、汉语言文学知识、中国历史、中外风俗、美学基础、中国艺术史、宗教、建筑、考古、中国的诗词歌赋欣赏以及法律基础和旅游法规等，博学而多识。培训内容的确定可结合旅行社的性质、经营范围、导游类别作重点选择。

（3）导游技能的培训　主要对智力技能（带团、讲解、应急、语言、才艺等）进行培训。导游员的智力技能高低，一方面取决于他的知识结构，另一方面取决于他的实践经验。此项培训可以选择直观教学或实践培训等方法，此外还要注重导游人员观察力、记忆力、应变能力、自控能力和推销能力等的培训。

（二）导游人员的考核

导游人员的考核是指对导游人员政治思想素质、业务素质和身体素质进行的全面考察和审核。由于导游服务工作强调实践性，所以考核不是一般考试能完成的。导游人员考核的另一个特点是长期性，它不是一次能完成的。由于旅游业是知识密集型的行业，所以要经常对导游人员进行考核以适应旅游业日新月异的变化。

一般来讲，考核包括三个方面：笔试、口试以及实践工作能力。导游人员的考核包括新进导游人员的录用考核、专职导游人员的考核和兼职导游人员的考核。

1．新进导游人员的录用考核（导游资格的取得）

由国家旅游局颁布，于2002年1月1日开始实施的《导游人员管理实施办法》明确规定，国家实行统一的导游人员资格考试制度，经考试合格者，方可取得导游资格证。

（1）全面考核　全面考核是根据旅行社招聘导游员的条件，对求职者进行职业适应性的考查。它一般分四个层次进行：第一层次是报名时的初试，考核求职者的文化程度、身体素质、口语表达能力和其他基本情况，淘汰明显不符合招聘条件的人；第二层次是笔试，主要测试求职者的文化水平及外语水平、思维能力和文字表达能力等；第三层次为面试，即通过与求职者面对面交谈，观察求职者的脸部表情、动作姿态、谈话态度、思维广度、反应速度以及个性需要、择业动机等心理素质和各种能力；第四个层次是体检和政审，了解求职者有无不适合从事旅游服务工作的疾病或阅历背景。

（2）择优录用　择优录用就是把上述四个层次考核和测验的结果归纳起来，对求职者进行综合评估，然后进行严格挑选，确定录用名单。

2．专职导游人员的考核

专职导游人员的考核分为考试和年审两种形式。考核的目的是为了全面了解和掌握每个导游员的德、能、勤、绩状况，并建立导游员档案，作为导游员培训、奖惩和晋级的主要依据。

根据《导游人员管理实施办法》的规定，国家对导游人员实行等级考核制度，初级导游和中级导游考核由省级旅游行政管理部门或其委托的地市级旅游行政管理部门组织评定；高级导游和特级导游由国务院旅游行政管理部门组织评定。旅行社为加强对导游员的考核，也可按照不同等级导游员的职业标准，对导游员的语言、业务知识、专业知识和时事政策进行综合考试或分科考试，以了解和掌握每个导游员的专业水平，作为安排其培训的依据。

导游员的考核方式主要是年审，年审主要按照省、自治区、直辖市旅游行政主管部门的规定和要求进行。考核的内容包括全年工作量、业务能力、旅游者投诉、表扬与反馈情况、学习与进修情况等，以此对导游员进行综合评价。

3．兼职导游人员的考核

兼职导游人员虽不属于旅行社正式工作人员，但旅行社临时聘用他们接待旅游者，其导游服务质量如何，对旅行社的声誉也会产生影响。因此，旅行社也应对兼职导游人员认真加以管理，对其工作情况进行考核。

旅行社在同兼职导游人员签订劳动合同时，应对其所在单位的证明、导游资格证书、思想品质、身体状况、有无民事行为能力、有无犯罪记录等情况进行审核、登记，以确定是否与其签订劳动合同。此外，为便于考核，旅行社应建立兼职导游人员业务档案，收录其导游天数统计、旅游者评价、表扬或投诉信函、事故记录等，同时对兼职导游人员也要进行年审，以确定是否需要对他们进行培训或延期聘用。

（三）导游人员的管理

由于导游员的导游服务质量关系到旅行社乃至我国旅游业的声誉，旅游行政主管部门和旅行社必须加强对导游员的管理。

导游人员管理的内容包括：

（1）加强培训与考核，提高导游员素质　导游员素质的高低是决定导游服务质量高低的关键因素，因此，旅游行政主管部门和旅行社应不遗余力地提高导游员的素质。不仅要对导游员开展岗前培训，而且更重要的是要对他们进行继续教育。同时，规范并强化对他们的定期考核，将培训与考核作为加强导游员管理的重要内容。

（2）实行合同管理，强化导游员的责任感　劳动合同是劳动者与用人单位确立劳动关系，明确双方权利和义务的一种契约。劳动合同一经签订，就具有法律效力。旅行社对导游员实行合同管理，根据劳动合同的规定对导游员承担的义务进行检查、监督，这是促使导游员依法为旅游者提供优质导游服务的保证，是提高导游服务质量的重要措施，同时也可促使导游增强责任感，自觉地为旅游者提供优质服务。

（3）强化对导游员的监督、检查机制　由于导游员通常是独立工作，大部分时间是在办公室以外的地方，因而旅行社采取措施，强化对导游员的检查和监督是必要的，这不仅有利于加强对导游员的管理，而且也有助于促进导游员工作自觉性的提高。除国家旅游行政主管部门制定的《海外旅游意见表》和由导游员填写的陪同日志外，旅行社可采用的其他管理措施，如发放旅游团领队评价表，现场监督检查，定期到有关接待单位听取意见或不定期地走访客户，了解客户对导游员的评价意见。

（4）落实导游员等级评定制度　按照国家旅游行政主管部门制定的导游员等级考核标准，即初级导游员、中级导游员、高级导游员和特级导游员的标准，认真做好导游员的等级评定与晋升。导游员等级考核标准及等级评定，对促进导游员努力提高自己的业务水平和导游服务质量具有重要的意义。

（四）导游人员管理的办法

从2002年1月1日起，我国旅游局对导游人员主要实施年度审核制度和计分管理制度。

1．年度审核

根据《导游人员管理实施办法》的规定，年度审核制度的要点如下：

（1）国家对导游人员实行年度审核制度。导游人员必须参加年审。

（2）年审以考评为主，考评的内容应包括：当年从事导游业务情况、扣分情况、接受行政处罚情况、游客反映情况等。考评等级为通过年审、暂缓通过年审和不予通过年审三种。

（3）一次扣分达到10分，不予通过年审。累计扣分达到10分的，暂缓通过年审。一次被扣8分的，全行业通报。一次被扣6分的，警告批评。暂缓通过年审的，通过培训和整改后，方可重新上岗。

（4）导游人员必须参加所在地旅游行政管理部门举办的年审培训。培训时间应根据导游业务需要灵活安排。每年累计培训时间不得少于56小时。

（5）旅行社或导游管理服务机构应为注册的导游人员建立档案，对导游人员进行工作培训和指导，建立对导游人员工作情况的检查、考核和奖惩的内部管理机制，接受并处理对导游人员的投诉，负责对导游人员年审的初评。

2．计分管理

新版导游证（2002年版）为IC卡形式，可借助读卡机查阅卡中储存的导游基本情况和违规计分情况等内容。

国家对导游人员实行计分管理，实施年度10分制，并就有关扣分的具体情况做了规定。导游人员10分分值被扣完后，由最后扣分的旅游行政执法单位暂时保留其导游证，并出具保留导游证证明，并于10日内通报导游人员所在地旅游行政管理部门和登记注册单位。正在带团过程中的导游人员，可持旅游执法单位出具的保留证明完成团队剩余行程。

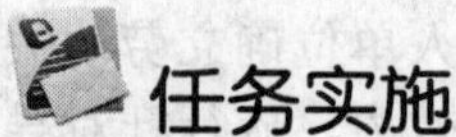

任务实施

在广东，王兰想成为一名中文导游员，必须要通过以下几个步骤：

【步骤一】王兰要申报并通过全国导游人员资格考试。

1. 报考程序

认真填写《广东省全国导游人员资格考试报名表》，报名时（每年春秋两季，一般在每年6月、7月和12月、1月左右）向报名机构出示身份证、学历证明、县（区）级（二级甲等）以上医院出具的近期健康状况证明原件，并随报名表提供以上证件的复印件和四张大一寸近期红底免冠照片。

2. 考试内容

广东省全国导游人员资格考试包括笔试"导游综合知识"和口试"导游服务能力"两个部分。考试内容为从事导游工作应掌握的基本知识和技能。

（1）笔试部分（导游综合知识）涵盖8个科目：

1）时事政策：邓小平理论、"三个代表"重要思想、科学发展观、国际国内形势（参考教材外的内容）、对外政策（参考教材外的内容）等。

2）旅游法规：旅游合同、旅行社管理、导游管理、安全管理、旅游保险、旅游交通管理、旅游住宿管理、旅游资源管理、旅游投诉管理等方面的旅游法规。

3）导游实务：导游的服务规范、应变处理等。

4）导游技能：导游员的带团技能、讲解技能及业务知识等。

5）广东历史概况：广东的历史发展、历史事件、历史人物、历史典故和历史文化。

6）广东旅游资源：广东的自然和人文旅游资源。

7）导游基础知识：以全国内容为主，包括我国的民族民俗、宗教、建筑、饮食、风味特产和世界遗产、自然保护区等。

8）文史常识：历史文化常识，与旅游景点相关的文艺常识等。

"时事政策"、"旅游法规"、"导游实务"、"导游技能"四科的考试时间为2.5小时；"广东历史概况"、"广东旅游资源"、"导游基础知识"、"文史常识"四科的考试时间为2.5小时。

（2）口试部分（导游服务能力）中文考生涵盖5个科目：

1）语言技巧：语言的准确性、逻辑性、严谨性，普通话的语音、语调、语速以及表情运用等。

2）景点知识：对景点知识的掌握及导游讲解的艺术。

3）常规服务：对导游服务程序与标准的掌握，以及运用能力。

4）应变知识：旅游活动中特殊事故的预防、处理的规范要求。

5）接待礼仪：导游接待过程中的仪表仪容、礼节礼貌要求和实际的公关接待能力。

3. 考试时间

广东省全国导游人员资格考试自2003年以来每年春秋两季各组织一次，考试时间一般在每年的3月份和9月份。

【步骤二】办理并领取导游证（IC卡）。

王兰在领取导游人员资格证书后，持相关资料前往旅行社订立劳动合同或导游服务公司登记，申请领取导游证，成为兼职导游人员。

办理导游证（IC卡）所需资料如下：

（1）填写《申请导游证（IC卡）登记表》，一式四份。

（2）最高学历证明原件（备查）及复印件。

（3）四张大一寸红底彩照（档案用）及一张小一寸红底彩照（IC卡用），附上本人姓名。

（4）中华人民共和国导游资格证书原件及复印件。

（5）身份证原件及复印件。

【步骤三】王兰在不违反学校规定和不影响正常学习的前提下，可利用课余时间接受旅行社委派外出带团，从事导游活动。

课堂训练与测评

（1）要具备导游资格应通过哪些程序？请以图示之。

（2）什么是地陪？什么是全陪？二者的职责各是什么？

（3）为什么要进行导游年审？导游年审有哪些内容？

课外阅读

海外导游许可证书和资格考试

美国华盛顿哥伦比亚特区 华盛顿、纽约和新奥尔良是美国要求导游员有许可证的三个城市，实际上也是对导游员的标准要求最高的城市。在华盛顿获得许可证的第一步是向消费者事务管理部门（Department of Consumer and Regulatory Affairs）申请。消费者事务管理部门是给出租车司机、街边小贩和导游员颁发许可证的城市代理机构。在办理了一系列官方手续之后——包括填写相关表格，留指纹，通过体检，呈交推荐信——可能成为导游员的人将被告知考试的时间。考试为笔试，有100个问题——写短文、辨认图片和判断对错。考试成绩在70分以上的申请人就可以成为华盛顿的导游员了。若要持有许可证，导游员必须每年花28美元更新证书。除了每年都要体检以确定导游员的身体状况外，导游员不用再参加其他测试了。但如果许可证过期，导游员就必须重新履行一遍上述程序。

奥地利维也纳 在维也纳，有兴趣做导游员的候选人要先与商会联系，商会通过赞助某个学院来负责促进行业的企业发展。面试和最初的谈话是要知道申请人是否了解导游工作并确认他是否符合基本要求：至少要能流利地说两种语言；对这个城市有基本的了解；身体健康。面试之后就可以决定是拒绝申请还是吸收候选人为组织的新成员。最近几年，每150个人当中有85个被接受为导游员。接着就要由专家给新成员上课，课程涉及许多学科，有维也纳历史、欧洲历史、世界历史、建筑、音乐史、美术史、戏剧史、奥地利文学史、政治、医药、工业、地理以及说话的技巧等，每周一、三、五晚上各上三个小时课。每个月有一个周末进行实地旅行。该组织最近把课程从两年改成了三年。

导游员每六个月就必须通过一次考试——通常是口试——以便继续参加教育课程。导游员要面对由各个领域的专家和高级导游员组成的评审委员会。此外，他们还需要参加一门外语考试。外语加试对想要用这种语言带团的导游员是很必要的。

英国 英国的导游员拥有世界上最古老、最严格、最受人尊敬的导游考核体系。在英国各地，导游员经官方许可可佩带深受人们尊敬的“蓝色徽章”，代表他们是导游员演讲协会（Guild of Guide Lecturers）的成员，并经地区旅游者委员会官方授权才可以做导游员。要想得到蓝色徽章需要学习很多课程，这些课程的范围和持续的时间在不列颠群岛各地都不相同。比如在伦敦，导游员需要完成大约320个小时的课程，或28个星期的课程。所有的导游员都必须修完这些课程，然后通过笔试和口试才能得到蓝色徽章。

加勒比海地区 最近几年，在美洲中部和南部的国家对导游员的教育和资格考试的问题给予了很大的重视。1983年，在加勒比海的圣文森特岛、格林纳丁群岛、巴哈马群岛和圣卢西亚岛的要求下，美洲国家组织（Organization of American States）的地区发展部（Department of Regional Development）为导游员培训课程制作了一本“如何做”的手册，内容涉及导游员的角色、如何更自信、交流和社交技巧以及声音训练这样的话题。

加拿大 加拿大也在致力于建立旅游各个方面的高标准，既有国家级的也有省一级的，主要由加拿大旅游部拨款筹建的太平洋沿岸旅游学院负责提供教育课程、出版物和有关旅游业各方面的信息。作为旅游业标准和资格认证委员会（Tourism Industry Standards and Certification Committee）（由加拿大旅游局赞助）的成员，太平洋沿岸旅游学院正从国家的角度关注旅游业的从业标准和资格考试。阿尔伯达旅游教育委员会现在正在开展导游员的省级资格考试制度。主要由导游员组成的加拿大英属哥伦比亚导游员协会正积极实施资格考试制度并为培训设立了更高的标准。

（摘自《职业导游员：导游职业发展动态》，凯思琳·林格·庞德著）

项目2 导游基础准备

任务1 导游语言准备

任务目标

- 掌握普通话语音语调的标准发音，具备用标准普通话进行导游日常会话和导游讲解的能力。
- 掌握导游在不同场合的音量控制技巧，学会控制自己的音色，能根据不同导游情况灵活运用音量。
- 熟悉态势语的不同表达方式所带来的不同效果，掌握导游服务中各种态势语的操作规范。

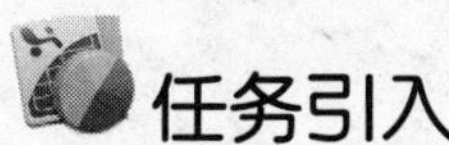

任务引入

➲ 任务 1-1

小张是广州人，平日里常说粤语。他参加全国导游人员资格考试，笔试顺利通过，可口试却总过不了，主要原因是他的普通话不标准，发音生硬，方言太重，影响了口试成绩。现在请你帮他纠正不标准的口语发音，提高普通话水平。

➲ 任务 1-2

杨霞是一名女导游，性格温柔随和。在每次的导游带团中，游客总是反映她的声音太小太柔，听不清楚，而杨霞觉得很委屈，因为每次导游带团讲解时，她总感觉费了很大力气来讲话，嗓子很疼，效果还不好。杨霞的问题出在哪里，应如何调整？

➲ 任务 1-3

任勇的性格有些内向，每次在班上开口讲话，都会紧张得手心出汗，眼睛总是直直地望着教室的天花板，不敢与观众（同学）对视，而且肢体僵硬，动作不协调。他很想能轻快自如地发表讲话，请你帮帮他。

任务分析

【任务 1-1】广东人说普通话普遍存在着发音不准的现象，不仅广东省导游普遍存在方言普通话的问题，在其他地区也都或多或少地存在类似的问题，掌握普通话语音知识，说好流利的普通话，是普通话导游必备的基本技能。

【任务 1-2】杨霞所面临的是导游口语表达中的音量音色控制与有效表达的问题。掌握正确的发音技巧，不仅能使声音洪亮，音色甜美圆润，提升导游讲解的质量，使游客获得美感，而且能减轻嗓子声带负担，享受到导游工作的愉悦。

【任务 1-3】任勇的问题出在两个方面：一是缺乏相应的演讲锻炼；二是不能灵活运用态势语言。任勇要加强相应的训练，进行心理调整。在这里，我们主要来讲一讲态势语言的运用问题。在人们的社会生活中，态势语言与有声语言一样重要。态势语言的适当运用，对导游员具有重要意义，因为与游客是面对面，同处一个语境中，在讲解、交流中，导游员的态势语就显得尤为重要。

相关知识

一、普通话的变调规律

普通话的音节在连续发出时，其中有一些音节的调值会受到后面音节声调的影响，从而发生改变。这种现象，就叫变调。

（一）上声变调

上声是个曲折调，又比较长，在快速连读时常常会挤短、扯直，不是把开头的下降部分挤掉，就是把末尾的上升部分挤掉。上声的变调规律如下：

1. 上声+上声→阳平+上声

例如：“好米”听起来像“毫米”，“马场”听起来像“麻场”

如果三个上声相连，前两个都变成近似阳平的调值，如“展览馆”、“洗脸水”。有的词语第一个音节可以变阳平，也可以变“半上”，这与词语内部语法结构有关，如“纸老虎”、“小组长”等。

2. 上声+非上声（阴平、阳平、去声）→“半上”+非上声

例如：很高　很长　很大　老张　老王　老赵

3. 上声+轻声

上声字后如果是轻声音节，这个上声字一般要根据它后面轻声字原来的声调来变化。

（1）上声+轻声（非上声字）→“半上”+轻声

例如：喜欢　你们　早上

（2）上声+轻声（上声字）

1）上声+轻声（上声字）→阳平+轻声

例如：老虎　想想　洗洗

2）上声+轻声（上声字）→“半上”+轻声

有两类“上声+轻声（上声字）”的词是按“上声+轻声（非上声字）”的规律变化的。

① 上声+“子”（轻声）→“半上”+“子”（轻声）

例如：椅子　斧子　板子

② 亲属称呼中上声字的重叠→“半上”+轻声

例如：姐姐　奶奶　姥姥

（二）轻声变调

轻声是一种特殊的变调现象，一般体现在词语和句子中。因此，轻声音节的读音不能独立存在。掌握好轻声读音，可以使话语更抑扬顿挫，富有表现力。

轻声的发音特点：一是轻；二是短，刚发出来就没了，即它的音高是一个点，而不是像四声那样是一条线；三是模糊，如果发音像四声那样清晰，就听着不自然，不像普通话。

（三）儿化音

普通话的儿化现象主要是由词尾“儿”变化而来，词尾“儿”本是一个独立的音节，由于口语中处于轻读的地位，长期与前面的音节流利地连读而产生音变，“儿”失去了独立化，“化”到前一个音节上，只保持一个卷舌动作，使两个音节融为一个音节，前面音节里的韵母或多或少地发生变化。这种语音现象就是“儿化”。

通常在人们表示“小”、“亲切”、“喜爱”等意思时，用儿化词语可以起到加强表达效果的作用，如“一点儿”、“小孩儿”、“花儿”等。在区别词义或确定词性时也常用到儿化韵。例如：头（指脑袋）——头儿（指头目、起点）；信（指信件）——信儿（指消息、信息）；调（动词）——调儿（名词）；盖（动词）——盖儿（名词）。

二、导游口语的音量音色控制

（一）音量——要随语境、内容、服务对象变换

音量是指说话时声音的强弱程度。导游员在导游讲解或同游客讲话时，要善于控制自己声音的强弱，既不能过高，也不能过低，有时需要高一些，而另一些时候又需要低一些。一般来说，导游员在控制声音强弱时要遵循三个原则。

1. 根据游客人数多少和导游地点场合来调节音量

在实际导游服务工作中，游客人数多时，导游员应适当调高音量；反之，则调低音量，音量大小应以每位游客能听清为宜。为了使每位游客都能听清，除导游员音量掌握要适度之外，导游员所站的位置也很重要。导游员应面向游客，站在半弧形游客的圆心位置上，这样导游员的声音可直达每位游客。

导游地点在室外或嘈杂的环境中，导游员的声音应适当放大；反之，在室内或环境相对宁静的地方，声音可适当放低些。

2. 根据导游讲解和言谈的内容来调节音量

对于一些重要的内容、关键词语或要予以强调的信息，导游员要加重音量，以加深游

客对这些信息的印象、感受和理解，如“我们将于八点五十分出发”，主要是强调出发时间，以提醒游客注意。有时，为了强调，除了加重音量以外，还要拖长音节或一字一顿地慢慢说出。

在某些景点讲解时，导游员需要故意压低嗓门，先抑后扬，造成一种紧张气氛，以增强感染力。例如：

(轻声)这天晚上,天黑得不见五指,庙里静得出奇,突然,一阵电闪雷鸣划破夜空……

可见，音量大小调节得当，能增强语言的表达效果。但要注意的是，音量调节要以讲解内容及情节的需要为基准，该大时大，该小时小，绝不能无缘无故地用高声（尖声）或低声，不然便有危言耸听之嫌。

3．根据服务对象来调节音量

如果服务对象为老年人，导游员讲解的音量就应该提高，但语气必须柔和；服务对象中如果有孩子，由于他们的好奇心强，又好动，导游员的讲解音量也需适当提高；而对于年轻人及中年人，他们的理解能力较强，反应也较快，因此导游员的讲解音量适中即可。

（二）音色——要明亮、甜美

音色又叫音质，就是声音的特色。一个人音色的好坏既有先天的因素，也与后天的训练有关。一般的人经过训练，都可以使自己的音色更加纯正。对导游员来说，导游工作主要是利用有声语言进行交际，所以必须要训练自己的音色。经过训练之后，也许导游员的音色不如歌唱家那么优美，但是只要明亮、柔和，声音充满热情，能够充分展现自己的个性，就能够吸引游客，也就能够胜任导游工作。

导游员必须学会控制自己的音色。控制音色主要是指导游讲解时的音色要明亮、柔和，这点也是由导游讲解中与游客面对面的语境决定的。因为游客就在导游员面前，音色太尖利会使游客神经紧张，影响讲解气氛；音色中鼻音太多，又会给游客以无精打采的感觉，甚至会使游客厌烦；而明亮、柔和的音色则会使游客感到亲切自然、轻松融洽，容易创造和谐的交际气氛。要吸引游客的“耳朵”，首先要锻炼自己的嗓音。导游员即使知识再丰富，但如果没有圆润动听的嗓音，游客还是会拒绝听其讲解，进而影响游客的游兴，使“旅游产品”的质量下降。

声音明亮指声音圆润、明朗、有弹性。这种声音显得自然，不做作，同时又刚柔自如，善于表达感情，使讲解声情并茂，还能因为气息长久而传得较远。说话时最忌讳的是无力的、没有弹性的、沙哑的、沉闷的声音。这种声音不但传不远，就是在近的地方听起来也很吃力，让人感觉不舒服。

三、导游员的态势语言运用

态势语言又叫“人体语”、“动作语”、“体态语”或“行为语”，它是用表情、动作或体态来交流思想的辅助工具，是一种伴随语言，是表露人的内心、寄托人的感情的语言。

态势语言能有效地配合有声语言传递信息，能起到补充和强化有声语言的作用，运用得好，可以大大增强有声语言的表达效果。态势语言还可以暂时离开有声语言，仅用表情、手势、体态来传递信息、交流感情。在不便说、不必说、不愿说的情况下，巧妙运用态势语言，能收到“此时无声胜有声”的表达功效。态势语言作为有声语言的辅助性信息交流工具，使用频率高、范围广，为其他辅助性语言所不及。它以立体、动态的表情、动作构成一定的人体图像来传递信息，直接诉诸人的视觉器官，因而具有很强的直观性。尽管态势语言可以暂时离开有声语言，单独使用，但我们不能忽略了它对语言环境、对有声语言的依赖性，如孤立地分析一个点头的动作，你就很难断定它是致意、承认、满意还是顺从。

下面介绍导游语言中常用的几种态势语言：

（一）表情语

1. 目光语

目光语是通过视线接触来传递信息的一种态势语言。“眼睛是心灵的窗户”，一个人的眼神是其心理情感的反映。傲慢的眼神给人居高临下的感觉，蔑视的眼神给人不屑一顾的感觉，而和蔼可亲的眼神则给人以温暖亲切之感。眼神主要通过瞳孔变化、视线接触的时间长短和视线方向反映出来。

运用目光语通常涉及目光注视的部位、时间的长短以及注视的方式三个方面。

（1）目光注视的部位。目光注视的部位有以下三种：近亲密注视、远亲密注视和社交注视。前两种注视部位是分别把视线停留在对方双眼与胸部之间和双眼与腹部之间。显然，这两种注视部位适用于亲人和恋人。第三种注视是把视线停留在对方双眼与嘴部之间。这种部位的注视，利于传递礼貌、友好的信息。

（2）目光注视时间的长短。与游客交谈或讲解时，视线接触对方面部的时间应占全部时间的 20%～60%。超过这一数值，会被误解为对谈话对象本人比谈话内容更感兴趣。而长时间目不转睛地盯着别人，就成为一种失礼行为。注视时间低于这一数值，会被人误解为心不在焉、应付差事。长时间不看对方自然也是一种失礼行为。

（3）目光注视的方式。斜视表示轻蔑，扫视显得不尊重，窥视表示鄙夷。导游活动中目光注视方式以正视和环视为宜。个别交谈时，用正视表示尊重和庄重；致辞与讲解中要用正视结合环视的方式。目光不要长时间停留在个别人或少数人身上，要照顾到处于前排、后排、左侧、右侧的所有人，让处在每个位置上的游客都不至于产生被冷落感，这样才利于造就和谐友好、服务周到的良好气氛。

2. 微笑语

微笑语是通过不出声的笑即略带笑容所传递的信息。人们把它称为“世界通用语”，也称它是无声的“交际世界语”。它无需翻译，在人类各民族文化中语义基本相同。它用途广泛，魅力无穷，除了常用来表示友好、愉悦、乐意、欢迎、欣赏、请求、领略之外，有时还可以表示歉意、拒绝、否定，即能表达口头语言所不便或难以启齿的语义。

在导游工作中，微笑是友好的使者，成功的桥梁。与游客接触，它是礼貌的表现，传递着友好的信息。尤其对初见面的游客，微笑能迅速有效地缩短双方的心理距离，使彼此消除陌生感，获取信任。微笑能帮助你克服困难，说服游客接受你的正确意见，化解不愉快的气氛。微笑还可以美化形象，不仅可以美化人的外形，而且可以陶冶一个人的心灵。因此，发自内心的微笑是一个导游员美好心灵的外现，是塑造导游员良好形象必不可少的手段。

3. 眉语

眉语即以眉目传情达意。古人将眉毛称为“七情之虹”，因为它表现出不同的情态，并使脸更加具有立体感。比如，皱眉、横眉、挤眉、扬眉、低眉、锁眉、飞眉、竖眉等，都可以构成一定的表情。眉语多与目光语一起使用。

导游员的眼睛、眉毛要保持自然而舒展，说话时不宜过多牵动眉毛，要给人以庄重、自然、典雅之感。

（二）姿态语

姿态语是指身体在一定场合中以体态所传递的信息。俗话说“站有站相，坐有坐相”、“坐如钟，站如松，行如风”，就是指人们在公众场合应有的体态。与导游活动关系密切的是坐姿与立姿。

1. 坐姿语

这是通过坐姿传递信息的语言，不同的坐姿传递不同的信息。例如，男性上身正直，微微分开双腿而坐，是“稳重、豁达”的表示；将一只腿架在另一只腿上，即“跷起二郎腿”的坐姿，是“轻松、自信”的表示。女性双膝并拢而坐，是“庄重、矜持”的表示；双脚交叉而又配合交臂的坐姿，是一种“自卫、防范”的表示。

坐姿也是一个人气质、素养和个性的表现。在导游活动中，要根据语言环境的需要，选择适当的坐姿。

2. 立姿语

这是通过站立的姿态传递信息的语言。不同的立姿，能表现出一个人的心理状态或精神面貌，如自信、谦恭、傲慢、漫不经心或意志消沉等。导游员的立姿要给游客一种谦恭、彬彬有礼的感觉，其目的也是为了表示对客人的尊重。立姿要求导游员的表情自然，双脚直立，双肩平放，胸部挺起，腹部收缩，头抬起，两臂下垂，两手相握置于腹前或臀后，两膝并拢或分开与肩平。

切忌：一腿直，一腿弯曲，歪着身子，动来动去，驼背；摇头晃脑，手插进裤袋中；两手叉腰或两手交叉于胸前。这会给游客一种懒散、傲慢或漫不经心的感觉。

导游活动中，优美的立姿配合有声语言和手势语，将能收到良好的表达效果。

（三）动作语

1. 走姿

走姿是指人行走的姿态。不同的人走路姿态不一样，给人的感觉也不同。有的人步伐轻松、敏捷，富有弹性；有的人步伐稳健、端正，给人以沉着、庄重之感；有的人步伐轻盈、迅疾，给人以轻巧、欢悦之感；也有的人走起路来摇头晃肩，给人以轻浮之感；还有的人则低头无神、步履蹒跚，给人以压抑、疲惫之感。可见，步姿不同，给人的印象也不同，所传递的信息也不一样。

导游员的走姿要轻巧、稳重、自然、大方，走路时保持上身的自然挺拔，直腰收腹，身体的重心随着步伐前移，脚步要从容轻快、干净利落，目光要平稳，用眼睛的余光（必要时可转身扭头）观察游客是否跟上。行走时，不要把手插在裤袋里。

2. 首语

首语是通过头部活动来表达语义和传递信息的一种态势语言，它分为点头和摇头。世界上多数民族都以摇头表示否定、反对、不同意，以点头表示肯定、赞成、同意。就拿点头来说，不同民族使用这种态势语言，所表示的基本意义大致相同，但具体的义项稍有区别。在我国，点头约有 11 种含义：①表示致意；②表示同意；③表示肯定；④表示承认；⑤表示赞同；⑥表示应允；⑦表示感谢；⑧表示满意；⑨表示认可；⑩表示理解；⑪表示顺从。

但也有例外，保加利亚人、尼泊尔人、泰国与印度的某些少数民族以及我国的独龙族奉行“点头不算摇头算”的原则，即摇头表示同意，点头表示反对。

导游员在充分了解不同首语的前提下，在实际工作中配合其他类语言灵活运用，能起到特殊的效果。

3．手势语

手势语是通过手的挥动和手指动作来表达语义和传递信息的一种态势语言，它也是一种重要的信息传递方式，有强化口语的作用，有时还能表达口语中难以表述的内容。

手势语有地域特点，不同国家和地区的人们有不同特色的手势语；同时，有些手势还有时代性，因此，导游员要多学习总结，灵活运用。

（1）握手语　这是交际双方互伸右手彼此相握以传递信息的手势语。它主要表示见面时的礼节，此外还有其他用途和含义，如与成功者握手表示祝贺，与失败者握手表示理解，与欢送者握手表示告别，与共事者握手表示支持，与对立者握手表示和解等。

（2）招手与挥手语　这种手势语多用于远距离打招呼或送别。手心向下前后招手，在中国表示“请人过来”，在英国表示“再见”。手心向上、向内前后招手，在英国表示“请人过来”，在中国也可以表示“请人过来”，但却显得不礼貌，而这个动作在日本则是召唤狗的。手臂向上、手心向前左右挥动，在中国表示“向众人致意”或“再见”。将手抬至肩部，手心向前四指微微伸曲几下，则用于近距离致意或告别。讲话中有力地上下挥动手臂，多表示激昂慷慨或激励、鼓励。

4．手指语

手指语是通过手指动作来表达语义和传递信息的一种态势语言。它是一种语义比较复杂的伴随语言，在双方理解的情况下，可以起到有效的信息传递和相互沟通的作用。但是，在不同的国家、不同的民族中，由于文化传统和生活习俗的不同，同样的手指动作可能表示不同的或相反的语义。因此，导游员在接待外国游客时，先要对游客所在国及民族的手指语有所了解，以避免误会和尴尬。

（四）界域语

界域语是交际者之间的空间距离所传递的信息，作为一种导游语言符号，它也主要用来表示态度，表达感情。导游活动中的界域语主要有亲热界域语、个人界域语和社交界域语三种。

亲热界域语即接触性界域语，如挽手、搂抱、亲吻等，导游员通常不用，必要时慎用。

个人界域语是接近性界域距离，一般相距1米左右，语义为“亲切、友好”，如促膝交谈、见面握手、即兴聊天等。

社交界域语指交际性界域距离，一般相距2米左右，语义为“严肃、庄重”，如商谈、导游讲解等。

导游活动中常用的是个人界域语和社交界域语，切不可滥用亲热界域语。例如，有的导游员与游客交谈，为引起对方注意，喜欢用手拍或用肘碰人家身体；天气变化时伸手摸游客衣服，问“冷不冷？”这都是不可取的。

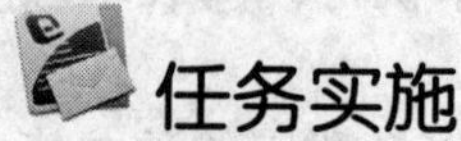

任务实施

任务 1-1 的实施步骤

【步骤一】帮助小张找到其普通话发音不准的主要问题所在，并有针对性地进行纠正练习。

粤语区的人往往把舌尖前后音 z、c、s、zh、ch、sh、r 都读得像 j、q、x，“儿子”读得像“鹅几”，“同志”读得像“董季”，“一次”读得像“一气”，“吃饭”读得像“七饭”等。在这一步不可求快，必须求准。一定要咬准发音，由慢到快，循序练习。

（1）训练翘舌音 zh、ch、sh 与平舌音 z、c、s 的发音区别。平、翘舌对应的发音方法相同，区别主要在于发音部位。

zh、ch、sh 是舌尖后音，发音时舌尖翘起并后缩，触及或靠近硬腭前端，翘起的舌尖与硬腭前端构成阻碍，使气流受阻摩擦成声。z、c、s 是舌尖前音，发音时舌尖平伸，触及或靠近上齿背构成阻碍，使气流受阻摩擦成声。

训练材料如下：

自 zì 愿—志 zhì 愿	鱼刺 cì—鱼翅 chì	私 sī 人—诗 shī 人
仿造 zào—仿照 zhào	粗 cū 布—初 chū 步	姿 zī 势—知 zhī 识
新春 chūn—新村 cūn	资 zī 助—支 zhī 柱	增 zēng 订—征 zhēng 订
自 zì 动—制 zhì 动	物资 zī—物质 zhì	糟 zāo 了—招 zhāo 了
近似 sì—近视 shì	搜 sōu 集—收 shōu 集	从 cóng 来—重 chóng 来
宗 zōng 旨—中 zhōng 止		

（2）读准 zh、ch、sh、r 和 z、c、s 的关键，在于使用舌尖而不是舌面或舌叶。读舌尖前音 z、c、s 时要将舌尖抵住上门齿背；读舌尖后音 zh、ch、sh、r 时要将舌尖翘起抵住硬腭前部（可略靠后）。利用下列字词的对比发音练习一下舌尖元音与舌面元音的区别：

er-e:	儿子—蛾子	二人—恶人	这儿—这
zhi-zhe:	知羞—遮羞	直人—哲人	制糖—蔗糖
chi-che:	痴迷—车迷	侈谈—扯淡	赤道—车道
shi-she:	施主—赊主	石头—舌头	使命—舍命
ri-re:	日历—热力		
zi-ze:	自生—仄声		
ci-ce:	刺字—测字		
si-se:	四则—色泽		

【步骤二】通过下面的训练材料帮助小张开展普通话提升训练，要求做到发音准确、自然清晰。

（一）声母训练

1. 唇齿音 f 和舌根音 h 例词对比训练

它们的发音方法相同，但发音部位（阻碍部位）不同：f 是齿唇擦音，发音时，上齿和下唇形成阻碍；h 是舌面后擦音，发音时，舌根与软硬腭的交界处形成阻碍，发 h 音的时候要避免齿唇部位的接触。

训练材料如下：

舅父 fù—救护 hù　　公费 fèi—工会 huì　　附 fù注—互 hù助
仿佛 fǎngfú—恍惚 huǎnghū　　飞 fēi 机—灰 huī 鸡
奋 fèn 战—混 hùn 战　　复 fù员—互 hù援　　方 fāng 地—荒 huāng 地
非凡 fēifán—辉煌 huīhuáng　　防 fáng 止—黄 huáng 纸
防 fáng 虫—蝗 huáng 虫　　斧 fǔ头—虎 hǔ头

2. 鼻音 n 和边音 l 的对比训练

（1）发音方法不同。发音方法的不同主要体现在有无鼻音，n 是鼻音，是从鼻腔出气，l 是从口腔舌头的两边出气。

（2）n 和 l 都是舌尖中音，但在发音部位上 l 实际上比 d、t、n 要略靠后一点，舌尖接触上齿龈的位置比 n 略偏后一些。

训练材料如下：

n: 恼怒　奶牛　男女　能耐　农奴
l: 来历　劳累　留恋　力量　流浪

（二）韵母训练

1. 训练韵母 e 与 o 的发音区别

受方言的影响，某些韵母也常出现读不准确或不到位的现象，在我国东北地区 e 与 o 读音相似。

训练材料如下：

上坡　道德　欢乐　落魄　佛教　和平　泼墨　客车

2. 前后鼻音例词对比训练

前后鼻音在我国西北和东南地区区分还不够明显。练习以下各组韵母的发音。

（1）an-ang

训练材料如下：

扳 bān 手—帮 bāng 手　　女篮 lán—女郎 láng　　反 fǎn 问—访 fǎng 问
担 dān 心—当 dāng 心　　唐 táng 宋—弹 tán 诵　　水干 gān—水缸 gāng
看 kān 家—康 kāng 佳　　战 zhàn 防—账 zhàng 房　　赏 shǎng 光—闪 shǎn 光
冉冉 rǎn—嚷嚷 rǎng

（2）en-eng

训练材料如下：

同门 mén—同盟 méng　　花盆 pén—花棚 péng　　瓜分 fēn—刮风 fēng
分 fēn 子—疯 fēng 子　　粉 fěn 刺—讽 fěng 刺　　上身 shēn—上升 shēng
人参 shēn—人生 shēng　　针 zhēn 眼—睁 zhēng 眼　　诊 zhěn 断—整 zhěng 段
出身 shēn—出生 shēng　　陈 chén 旧—成 chéng 就　　真 zhēn 气—蒸 zhēng 汽
晨 chén 风—成 chéng 风　　震 zhèn 中—正 zhèng 中

（3）in-ing

训练材料如下：

因 yīn 而—婴 yīng 儿　　弹琴 qín—谈情 qíng　　人民 mín—人名 míng
频频 pín—平平 píng　　临 lín 时—零 líng 时　　禁 jìn 止—静 jìng 止
海滨 bīn—海兵 bīng　　印 yìn 象—映 yìng 象　　红心 xīn—红星 xīng
劲 jìn 头—镜 jìng 头　　今 jīn 天—惊 jīng 天　　禁 jìn 赛—竞 jìng 赛

（三）声调训练

“一、不”在词句末尾和单念时，或“一”做序数时，分别念本调 yī 、bù。例如：

不管三七二十一　　祖国要统一　　十一个人　　谁敢说个“不”字
这是“一”字　　一九一一年　　一一过目　　我住一楼二号
以一当十　　等于一点五　　一分为二　　“一二·九”学生运动
挂一漏万　　举一反三　　第一名　　我是副的，他才是一把手
一穷二白　　一清二楚　　一干二净　　一年级　　“八一”建军节

“一、不”变调的规律如下：

（1）“一、不”在去声或去声变成的轻声前，都变读阳平。例如：

一倍　一个萝卜一个坑儿　不错　落个不是（shi）　一动也不动　不屑一顾
不见棺材不落泪　一叶障目，不见泰山　吃一堑，长一智　不见不散　一唱一和

（2）“一、不”在非去声前，都读去声。例如：

头一回　不倒翁　一丝不苟　不拘一格　不怎么样　不敢当　一瞥　不屈不挠
君子一言，快马一鞭　胜不骄，败不馁　一五一十　不知不觉　不死不活

（3）“一”夹在重叠动词中间，“不”夹在词语中间时，都变为轻声；也可依后个音节变调，但发音较模糊。例如：

走一走　读一读　试一试　听一听　了不起　差不多　好不好　去不去　热闹不热闹

综上所述，“一、不”变调的规律是：“一、不”去声前变阳平，非去声前读去声，即根据后面是不是去声而前后相反。

（四）轻声训练

训练材料如下：

先生　休息　清楚　庄稼　姑娘　家伙　活泼　房子　行李　晴了　头发
意思　困难　漂亮　豆腐　骆驼　扇子　老实　马虎　耳朵　我的　姐姐

（五）儿化音训练

在口语中运用儿化音，让人感觉亲切，富有生活气息。但是在我国南方地区，儿化音常未被读出或比较生硬，效果不好。该不该读儿化的三种情况如下：

（1）有“儿”儿化　词尾“儿”要读儿化的。例如：

打滚儿　一块儿　份儿饭　聊天儿　猪倌儿　转圈儿　挑刺儿

（2）有“儿”不“化”　词尾“儿”不读轻声的（多在诗词、儿歌、歌词、散文等抒情性的文学语言中。注意：这里“儿”读轻声，不读阳平）。例如：

心儿　风儿　云儿　花儿红，鸟儿叫。

弯弯的月儿小小的船，小小的船儿两头儿尖。

你的脸儿红又圆哪，好像那苹果到秋天。

我要把最美的歌儿献给你，我的母亲，我的祖国。

（3）无“儿”儿化　词尾没有“儿”字，也要读儿化的（若不儿化，就听着别扭，不像普通话）。例如（*前的字读儿化音）：

小人*书	老头*	模特*	小孩*	玩*命	贪玩*	黄花*鱼	纳闷*
份*饭	嗓门*	冰棍*	人缘*	顺杆*爬	没味*	饭馆*	玩意*
黄牌*警告	名牌*	小白脸*	大婶*	伙伴*	鸭*梨	玩*完	娘*俩
刘海*	兔*爷	大伙*	脸蛋*				

任务 1-2 的实施步骤

针对杨霞导游讲解时气息不够足的问题，可经常开展气息训练，以达到可以自如地控制音量音色的目的。

【步骤一】练气

俗话说练声先练气，气息是人体发声的动力，就像汽车上的发动机一样，它是发声的基础。气息的大小对发声有着直接的关系。气不足，声音无力；用力过猛，又有损声带。所以我们练声，首先要学会用气。

（1）吸气　吸气要深，小腹收缩，整个胸部要撑开，尽量把更多的气吸进去，如同闻花香一般。注意吸气时不要提肩。

（2）呼气　呼气时要让气慢慢地呼出。因为在导游讲解时，有时需要较长的气息，只有呼气慢而长，才能达到这个目的。呼气时可以把两齿合上，留一条小缝让气息慢慢地通过。

学习吸气与呼气的基本方法是坚持每天到室外做这种练习，深呼吸，循序渐进，天长日久定会见效。

【步骤二】练声

1．声带准备工作

人类语言的声源是在声带上，即声音是通过气流振动声带而发出来的。在练发声以前先要做一些准备工作。先放松声带，用一些轻缓的气流振动它，让声带有点准备，发一些轻慢的声音，千万不要张口就大喊大叫，那只能对声带起破坏作用。这就像我们在做激烈运动之前，要做些准备动作一样，否则就容易使肌肉拉伤。

2．口腔准备活动

口腔是人的一个重要的共鸣器，声音的洪亮、圆润与否与口腔有着直接的联系，所以不要小看了口腔的作用。口腔活动可以按以下方法进行：

（1）进行张闭口的练习，活动嚼肌，也就是面皮。这样等到练声时嚼肌运动起来就轻松自如了。

（2）挺软腭。这个方法可以用学鸭子叫“gāgā”声来体会。

3．鼻腔的共鸣方法

人体有一个重要的共鸣器，就是鼻腔。有的人声音单薄、音色较差，主要原因就是在发音时没有很好地用上胸腔、鼻腔这两个共鸣器。鼻腔共鸣不是鼻音，是声波进入鼻腔后经过控制产生的共鸣效果。练习用鼻腔共鸣的简单方法是，学习牛叫。注意：在练声时，不要选在室内外温差较大的室外，因为冷空气进入口腔后，会刺激声带。

4．练习吐字

吐字似乎离发声远了些，其实二者是息息相关的。只有发音准确无误，清晰、圆润，吐字也才能“字正腔圆”。

每个字都是由一个音节组成的，一个音节又可以分成字头、字腹、字尾三部分。简而言之，从语音结构角度来看，字头就是声母，字腹就是韵母，字尾就是韵尾。

吐字发声时要咬住字头。正所谓“咬字千斤重，听者自动容”，在发音时，嘴唇要有力，紧紧咬住字头，把发音的力量放在字头上，利用字头带响字腹与字尾。字腹的发音要饱满、充实，口形要正确，如果处理得不好，就容易使发出的声音扁、塌、不圆润。字尾，主要是归音。归音要完整，不要念“半截子”字，也不能把音拖得过长，否则会给人过于轻飘的感觉。

任务 1-3 的实施步骤

通过设计整套态势语言的训练方案以达到导游员讲解时姿态挥洒自如、有度的目的，具体可包括目光语、姿态语、手势语、服务和交际距离训练。

1．目光语训练

先准备一面镜子，面对镜子，测评自己的目光注视部位和角度是否规范。注视的部位训练要点如下：

（1）注视对方的双眼　这表示自己对对方全神贯注。在问候对方、听取诉说、征求意见、强调要点、表示诚意、向人道贺或与人道别时，都应注视对方的双眼，但时间不宜过长，一般以 3～6 秒为宜。

（2）注视对方的面部　最好是对方的眼鼻三角区，而不要聚集于一处，以散点柔视为宜。

（3）注视对方的全身　同游客相距较远时，导游员一般应当以对方的全身为注视点，尤其是在站立服务时，往往如此。

（4）注视对方的局部　服务工作中，须根据实际需要而对客人的某一部分多加注视，如在递接物品时，应注视对方手部。

2．姿态语训练

检查自己在日常生活中的坐姿和立姿，是否符合操作标准，有没有不良的坐姿和立姿。

（1）坐姿训练要点

1）入座时，要轻而缓，走到座位前面转身，右后退半步，左脚跟上，然后轻轻坐下。

2）女性用手将裙子向前拢一下。

3）坐下后，上身直正，头正目平，嘴巴微闭，脸带微笑，腰背稍靠椅背，两手相交放在腹部或两腿上。两脚平落地面。男子两膝间的距离以一拳为宜，女子则以不分开为好。

（2）立姿训练要点

1）头抬起，面朝正前方，双眼平视，下颌微微内收，颈部挺直，双肩放松，呼吸自然，腰部直立。

2）脚掌分开呈“V”字形，脚跟靠拢，两膝并严，双手放在腿部两侧，手指稍弯曲，呈半握拳状。

3. 手势语训练

（1）递接物品训练要点

1）用双手为宜。有可能时，双手递物于他人最佳；不方便双手并用时，也应尽量采用右手。以左手递物，通常被视为失礼之举。

2）递到手中。递给他人的物品，应直接交到对方手中为好；不到万不得已，最好不要将所递的物品放在别处。

3）主动上前。若双方相距过远，递物者应主动走近接物者；假如自己坐着的话，还应尽量在递物时起立。

4）方便接拿。服务人员在递物时，应为对方留出便于接取物品的空间，不要让其感到接物时无从下手。将带有文字的物品递交他人时，还须使之正面朝向对方。

5）尖、刃向内。将带尖、带刃或其他易于伤人的物品递给他人时，切勿以尖、刃直指对方。合乎服务礼仪的做法，是应使尖、刃朝向自己，或是朝向他处。

（2）握手

1）注意先后顺序。握手时双方伸出手来的先后顺序应为“尊者在先”，即地位高者先伸手，地位低者后伸手，具体来说即主人、长辈、上司、女士主动伸出手，客人、晚辈、下属、男士再相应握手。

2）注意用力大小。握手时力量应当适中，用力过重与过轻均是失礼的。

3）注意时间长度。与人握手时，一般握3～5秒钟即可。没有特殊的情况，不宜长时间握手。

4）注意相握方式。通常，应以右手与人相握。握手时，应首先走近对方，右手向侧下方伸出，双方互相握住对方的手掌。被握住的部分，应大体上包括自手指至虎口处。双方手部相握后，应目视对方双眼。

4. 服务和交际距离训练

（1）陪同引导服务和交际距离

1）协调行进速度。在陪同引导客人时，服务人员应居于客人侧前方约1米左右，行进的速度须与对方相协调。

2）及时关照提醒。陪同引导时。一定要处处以对方为中心。经过拐角、楼梯或道路昏暗之处时，须提醒对方留意。

3）采用正确的体态。陪同引导客人时，有必要采取一些特殊的体态。例如，请对方开始行进时，立面向对方，稍许欠身；在行进中与对方交谈或答复其提问时，头部和上身应转向对方。

4）客人不熟悉行进方向和目的地时，不应请其先行，同时也不应让其走在外侧。

（2）上下楼梯训练要点

1）上下楼梯坚持“右上左下”的原则，以方便对面上下楼梯的他人。

2）乘无值班员的电梯，导游员应先进后出，以便为客人控制电梯。乘有值班员的电梯，导游员应当后进后出。在电梯内，只要空间许可应与客人保持30厘米左右的距离。

课堂训练与测评

一、读下面的绕口令，要求做到快准好

1. b与p、m

八百标兵

八百标兵奔北坡，炮兵并排北边跑，炮兵怕把标兵碰，标兵怕碰炮兵炮。

炮兵和步兵

炮兵攻打八面坡，炮兵排排炮弹齐发射。步兵逼近八面坡，歼敌八千八百八十多。

2. n与l

老六放牛

柳林镇有个六号楼，刘老六住在六号楼。有一天，来了牛老六，牵了六只猴；来了侯老六，拉了六头牛；来了仇老六，提了六篓油；来了尤老六，背了六匹绸。牛老六、侯老六、仇老六、尤老六，住上刘老六的六号楼。半夜里，牛抵猴，猴斗牛，撞倒了仇老六的油，油坏了尤老六的绸。牛老六帮仇老六收起油，侯老六帮尤老六洗掉绸上油，拴好牛，看好猴，一同上楼去喝酒。

3. g与k、h

哥挎瓜筐过宽沟

哥挎瓜筐过宽沟，赶快过沟看怪狗，光看怪狗瓜筐扣，瓜滚筐空哥怪狗。

老爷堂上一面鼓

老爷堂上一面鼓，鼓上一只皮老虎，皮老虎抓破了鼓，就拿块破布往上补，只见过破布补破裤，哪见过破布补破鼓。

4. s与sh

四和十

四和十，十和四，十四和四十，四十和十四。
说好四和十，得靠舌头和牙齿。
谁说四十是“细席”，他的舌头没用力。
谁说十四是“时适”，他的舌头没伸直。
认真学，常练习，十四、四十、四十四。

提示：读绕口令是一种有趣而有益的语言游戏。它是利用声母、韵母、声调容易混淆的字编成句子，要求快速地读出来。标准是语音准确，音节分明，快速流畅。绕口令要读好读准，一般应遵照下列步骤进行：

● 第一遍读慢些，读准每一个字音。

- 找出容易读错的字词，反复练读。
- 再用较快的速度流畅地读出来。
- 反复熟读，一遍比一遍快，但再快也要读清楚。

二、读下面词语中带点字的读音，把正确的读音写在汉字上方

海参崴　　鄱阳湖　　妲己　　褒姒　　金兀术　　燕京啤酒
冒顿单于　　可汗　　阏氏　　解缙　　洁白的哈达献深情
回纥　　吐蕃王松赞干布　　古龟兹国　　部落酋长　　郢都
晁衡　　颛顼　　帝喾　　武王伐纣　　祖逖　　溥仪
苻坚　　思想家范缜　　隋炀帝　　赵匡胤　　包拯　　苏轼
西夏王元昊　　明成祖朱棣　　大贪官和珅　　吴敬梓　　秦始皇陵兵马俑
曲阜三孔　　乐山大佛　　黔驴技穷　　安徽蚌埠市　　伊尹　　山西并州
福建闽侯　　解元　　谥号　　岱庙　　衡山邺侯书院　　雅砻河
瞿塘峡　　三峡古栈道　　遗迹　　太湖鼋头渚　　蠡园　　洱海
趵突泉　　虎跑泉　　甘肃宕昌　　雁荡山大龙湫　　瀑布
迎风掸尘　　粽子　　钟馗像　　藏传佛教　　苯教　　手扒肉
切糕　　馓子　　糍粑　　采槟榔　　儋耳　　糌粑
歌圩节　　放寮　　阿訇　　蜜饯　　宁蒗的琵琶猪　　大乘佛教
噶举派　　钵盂　　喇嘛教　　乾陵　　温庭筠　　传国玉玺
毗卢遮那佛　　涅槃　　娑婆世界　　伽蓝神　　西安半坡陶埙　　阿弥陀佛

三、口语音量练习

1. 例句分析

读下面几句话，分析由重音位置的不同所带来的不同表达效果。

（1）我扶你上去好吗？

（2）我扶你上去好吗？

（3）我扶你上去好吗？

（4）我——扶你上去好吗？

提示：第 1 句在“我”字上加重音量，强调的是“我”；第 2 句强调的是“扶”这个动作；第 3 句是在征求游客的意见；第 4 句将“我”字的音节拖长，比第 1 句强调的力度更大。

2. 读一读下面的句子，你认为哪些部分应当读重音

（1）我同意大家的意见，接下来自由活动。

（2）我们旅游团明天就回广州了。

（3）先喝口水，慢慢地说。

（4）各位游客，我们在欣赏美景的同时，要适当注意……

四、口语音量音色测评

朗读下面的导游讲解词，判断自己的音量是否合适，是否有鼻音、是否声音过尖、音色是否圆润明朗。

材料 1：在古代，三峡的交通常常因洪水而受阻。直到 1888 年清朝光绪皇帝即位以后，沿山岸峭壁凿空修建了栈道，三峡航道难的形势才有所缓解。古栈道建在江北的白帝山，距江面 50 米，宽 2～3 米。据资料记载，栈道凿成之后，路面较为宽阔，车来马往，纤夫可与轿工并肩而行，由于岩石的风化，栈道才变得窄起来。站在悬空的古栈道上俯视汹涌的江水，好似面临无底深渊，足以使人想象古代石匠攀岩凿孔、立桩架桥的艰难。更绝妙的是，栈道经过一座 60 米高的绝壁，半空有几道断岩裂缝，裂缝内放着一些酷似风箱的东西，因此这段峡谷被称为风箱峡。直到 1971 年，两位采药人协力登上裂缝，才发现“风箱”竟是两千多年前西汉时期的棺木。内有古代巴国铜剑、铜斧等文物。瞿塘峡随处可以见到这种挂在绝壁上的棺木。古人如何能将如此笨重的物体挂上悬崖，至今仍是一个谜。

材料 2：女士们、先生们，早上好！欢迎各位来广州。我叫××，是各位参观这座美丽城市期间的导游。请允许我代表××旅行社及我个人，热烈欢迎各位光临，真挚祝福各位广州之行愉快！我们会用我们最大的热忱为各位服务。如果需要什么，请随时提出，不要客气。现在我来说一下这几天的日程安排……谢谢各位！再次祝愿你们广州之行愉快！午饭时见。

课外阅读

📖儿化音趣味对话

去 饭 馆 儿

甲：哥们儿，听说这家饭馆不错，咱们去吃一顿怎么样？

乙：你这话有点毛病，不能说“饭馆”，应该说“饭馆儿”，“馆”字应该儿化。

甲：“馆”字应该儿化？不对！昨天我说“我去图书馆儿”，你说“馆”字不能儿化，应该说“图书馆”。怎么今天又变了？

乙：这个“馆”字有的时候儿化，有的时候不儿化。

甲：那什么时候儿化，什么时候不儿化呢？

乙：“馆”字用在严肃、庄重的地方不儿化，比如说“大使馆”、“美术馆”、“博物馆”、“图书馆”、“宾馆”等等。像“饭馆儿”、“酒馆儿”、“茶馆儿”等比较随便的地方就应该儿化。

甲：哦！我明白了。你放心，以后我不会再说错了！

乙：真的吗？

甲：没问题！

乙：那好，咱们打个赌，你说一段话，话里有“馆”也有“馆儿”，说对了，今天这顿饭我请客。

甲：真的？你说话可得算数！

乙：我什么时候说话不算数了？

甲：拉钩儿！

乙：好！拉钩儿就拉钩儿！

甲：你听着，（一口气地）我昨天上午8点去美术馆看画展，10点参观了历史博物馆，11点在老舍茶馆儿喝了一杯茶，12点在春来面馆儿吃了一碗面。下午我去了大使馆和友谊宾馆，然后和一个图书馆的朋友一起去了一家小酒馆儿，一直喝到晚上9点半！（深深地喘了一口气）怎么样？

乙：行！你真不简单！

甲：有没有错？

乙：没有！

甲：那好！咱们走！

乙：去哪儿啊！

甲：去饭馆！

乙：哈哈！你又错了！

任务2　导游形象与常用工具使用

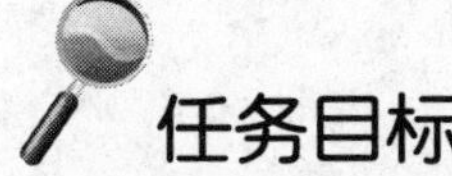

任务目标

- 掌握导游员上岗的形象要求，做到衣着整洁得体，仪态大方自然。
- 掌握导游员带团常用工具使用的基本要求与方法。
- 掌握鞋袜着装规范和不同场合佩戴饰物规范，掌握几种领带的系法。
- 具备个人形象是否符合工作要求的自我检查能力。

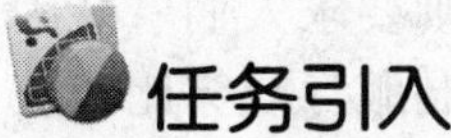

任务引入

➲ 任务2-1

新导游小王将要接待一个重要的商务旅游团，旅行社要求小王前往机场迎接游客时要穿着较为正式，不可太过随意。平日爱穿休闲服的小王可犯愁了，不知如何来为自己塑造正装形象，请你帮帮他（她）。

➲ 任务2-2

导游小张在旅游大巴上对刚抵达广州的游客致欢迎词，一开口，震耳欲聋的声音把游客吓了一跳，小张吓得往车头方向一退，结果麦克风中又传出刺耳的尖叫，好不容易调整好音量，这时小张上衣口袋中的手机又响了，麦克风中又传出讨厌的电流干扰声。游客们出现了不满的神情，小张也很狼狈，原本精心准备的欢迎词这时也显得暗淡无光了。请分析小张失败的原因并指出正确的做法。

任务分析

【任务 2-1】穿着打扮能体现出导游的岗位素质，合适得体的形象对于导游树立良好的第一形象十分重要。很多导游，尤其是新导游在带团前往往会为穿什么衣服、怎么打扮而发愁，其实导游的穿着打扮并不需要贵重的服饰，根据场合要求，穿着整洁，打扮得体，适合导游岗位要求即可。在本次任务中，我们来学一学导游员上岗的形象要求，学习穿着规范和打领带的几种常见方法。

【任务 2-2】这是导游员未能正确使用车内麦克风而产生的不良后果。麦克风和导游旗作为导游员常用工具在使用不当时，会令游客产生不愉悦感，影响到游客对导游的第一印象，也使游客对导游的技能产生怀疑。因此，正确使用导游岗位中常见工具是导游员必备的技能。

相关知识

一、导游员的形象要求

作为导游，经常要与游客见面打交道，在初次见面的一瞬间，游客就对导游者产生了基本印象，也就是第一印象。要在游客心目中树立良好的导游形象，必须严格按照导游员岗位形象要求“塑造”自己，以给游客留下良好的第一印象。

1．服式

服式指服装的款式，包括剪裁及色彩方面的要求。导游人员如果配上款式得体的服装，则显得高雅、庄重并能增添魅力。反之，衣冠不整，穿着、奇装异服，打扮得不伦不类，都会给人一种漫不经心、马虎草率、缺乏郑重的工作态度的感觉，使人产生一种不信任感。

导游在导游活动中，服装必须符合目前国际上公认的 TOP 原则。TOP 是英语 time、occation、place 三个词的缩写形式，意思是时间、地点和场合。TOP 原则要求人们着装因时间、地点和场合的不同而做出相应的调整。导游人员在工作时，应穿制服，或穿比较正式的服装并佩戴导游标志。

导游员在带团活动中，衣服要勤换勤洗，熨平整，保持服装美观、朴素、大方、整洁。对于不同款式的服装，穿着有不同的具体要求。比如，西装袖长以达手腕为宜，衬衫袖长应比外衣袖长 1～2.5 厘米，与领头露出的衬衣大抵相当，以映衬西装的美观；西装上衣两侧的衣袋，一般只作装饰用，不可装体积较大的物品，上衣胸部的小口袋仅供插折叠成花式的手帕，随身携带的物品可装在西装上衣内侧的衣袋里。

2．衬衫和领带

衬衫和领带的色泽相互协调方能给人以美感。一般说来，白色的、条纹的或是方格子的面料衬衫适合于穿西装系领带。穿随便一些的服装，衬衫的花纹可粗犷一些，可不系领带。衬衫配领带的普遍规则是：有花纹的衬衫配素色花纹的领带，领带的长度一般为 130～150 厘米，系好后垂到裤腰处为标准。

3．鞋袜

导游人员一般应穿素雅、端庄、体面、大方的黑色皮鞋。皮鞋必须勤擦，保持皮鞋的光洁，应与裤子、鞋相协调。一般黑色皮鞋应配比较深色的裤子和袜子。

4．饰品

饰品是指个人的装饰和佩戴。导游人员的装饰、配戴应有严格的要求。女性导游人员可略施粉黛，美化自己，但切忌浓妆艳抹。首饰不宜戴得过多，装饰物佩戴的基本要求是美观、大方、得体、雅而不俗。

5．发型

发型同服饰一样，一方面可以起美化容貌的作用，给人一种美感；另一方面也表达了一定的语义和传递一定的信息。

导游员的发型要同自己的职业、脸型、身材、气质相协调。一般来说，男导游员不留长发、大鬓角，鼻毛要修短；对女导游员的发型没有严格的规定，但要注意，尽量避免怪异，同时要把自己整洁的面容展示在游客面前，使游客能清楚地看到导游员的面部表情，避免头发遮挡面容，面部可施淡妆，适当的面部修饰可改善导游员的精神面貌，但不能浓妆艳抹，失去本来面目。

男导游员和女导游员的形象可参考图2-1和图2-2。

图2-1　男导游员形象（夏季）

图2-2　女导游员形象（冬季）

二、导游员常用工具使用

导游员上岗带团，常用的岗位工具有导游旗和扩音器。

1．导游旗

导游旗是一个旅行社组织游客旅游的外在标志，是一个旅游团队在景区游览时的方向和向导。保持导游旗的整洁，正确持有导游旗能很好地反映旅行社的形象和导游员的素质。导游旗应保持干净整洁，在不需使用时应将导游旗折叠收好。

持导游旗的姿势一般可分为直举式和斜举式两种。

（1）直举式：小臂自然上举，与大臂约成90度；手握旗杆，旗杆直立。

（2）斜举式：手臂自然弯曲举起旗杆斜靠在同侧肩部，旗子高度以方便游客看清为宜。

无论哪一种方式，都要注意：第一，导游旗不能遮住导游脸部，要让游客看清导游员的脸部表情；第二，持导游旗时忌乱摇导游旗，卷曲、乱扔导游旗或拖曳在地上。

2．扩音器

导游员在工作常会用到的扩音器主要有车内麦克风和随身麦克风。

车内麦克风通常装在驾驶位的旁边而且线的长度有限，导游员在旅游车上讲话时，其移动范围经常只能限制在前面两个座位。导游员应当在游客到达之前在司机的帮助下检查麦克风的音量和音质，如果游客已经落座，导游员在调试话筒音量时，应用问候语试音量。如果导游员站得离扬声器或其他金属物体太近或者没有把麦克风的按钮完全按下，就会出现回音等令人不舒服的声音。

在室外，导游员常采用无线扩音器或手提话筒等随身麦克风。无线扩音器具有轻巧、易于携带、使用方便、效果较好等特点，导游员注意在带团前将无线扩音器充足电，同时在使用时要将扬声器面向游客。在使用手提话筒时，注意话筒不宜靠嘴太近或遮住嘴部。持话筒时，男同志应两脚自然分开，与肩同宽；女同志拿话筒应右脚在前，走斜钉子步，右手执话筒，轻轻放在右嘴角下，手臂自然抬起，大小臂约 90 度，话筒与口部约保持 5 厘米距离，保证音量在适当范围能听清，音质体现出导游员的语言特色。

图 2-3 与图 2-4 分别为导游无线扩音器和手提话筒。

图 2-3　导游无线扩音器

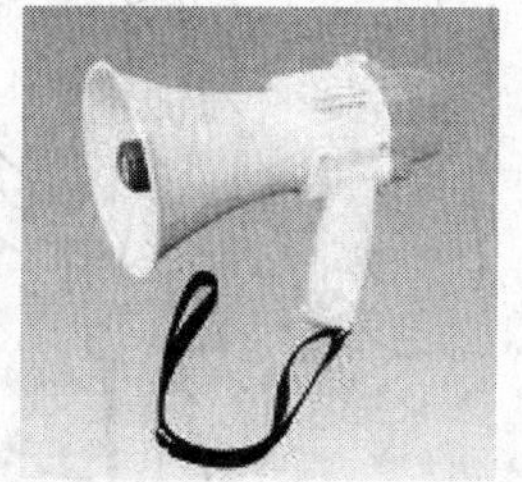

图 2-4　手提话筒

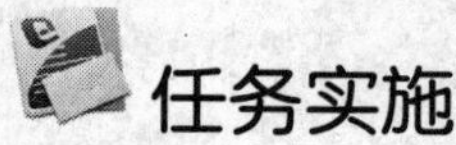

任务实施

任务 2-1 的实施步骤

【步骤一】穿着较为正式的服装

小王可根据所处季节来选择正装制服，在夏季男性可选择纯色（最好是浅色）短袖衬衫，下身着深色西裤、黑色皮鞋。在冬季，男性可选择西服套装。女性可选择西服套装或套裙，与服装颜色匹配的坡跟皮鞋。在服装规范方面，特别要注意鞋袜着装规范：

（1）颜色式样。皮鞋以素色或黑色为主，式样以端庄大方为主。

（2）整洁。皮鞋应经常擦油，保持干净光亮。

（3）完好。要及时修补小破损。

（4）男士袜子的颜色应与鞋子颜色和谐。鞋袜颜色应比制服颜色深。

（5）女士着裙装应穿与肤色相近的长丝袜。袜子不可太短，袜口不可低于裙子下边沿，不可穿有抽丝破损的长丝袜上岗。

【步骤二】佩戴合适的饰物

导游员可佩戴的饰物有：与制服配套的帽子、太阳镜、领带（领结）等，其他饰物尽量以不戴为好，唯一允许戴的结婚戒指也应当戴小型的。小王身着正装，不宜戴帽子，太阳镜在室内和车内也应取下。在此，特别介绍关于领带的佩戴规范。

（1）领带（领结）是制服的组成部分，配套的制服应按规定系好领带（领结）。

（2）领带扎在硬领衬衣上，扎前衬衣的第一个纽扣应当扣上。

（3）系领带不能过长或过短，站立时下端齐及腰带为最好。

（4）领带系好后，前面宽的一面应长于里面窄的一面。

（5）如果必须用领带夹，其位置在衬衣的第四、五个纽扣之间。

下面介绍几种常用的领带系法：

（1）平结。平结为最多男士选用的领结打法之一，几乎适用于各种材质的领带。领结下方所形成的凹洞需让两边均匀且对称。具体系法如图 2-5 所示。

图 2-5　平结系法

（2）交叉结。这是单色素雅且质料较薄的领带适合选用的领结。对于喜欢展现流行感的男士不妨多加使用。具体系法如图 2-6 所示。

图 2-6　交叉结系法

（3）双环结。这种系法能营造时尚感，适合年轻的上班族选用。该领结完成的特色就是第一圈会稍露出于第二圈之外，可别刻意给盖住了。具体系法如图 2-7 所示。

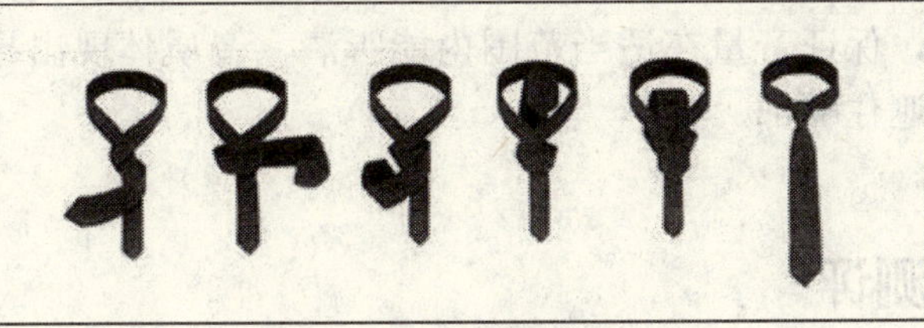

图 2-7　双环结系法

（4）温莎结。这种系法适合用于宽领型的衬衫，该领结应多往横向发展。应避免选用材质过厚的领带，领结也勿打得过大。具体系法如图 2-8 所示。

图 2-8 温莎结系法

（5）双交叉结。这样的领结很容易让人有种高雅且隆重的感觉，适合正式活动场合选用。该领结应多运用在素色的丝质领带上，若搭配大翻领的衬衫，不但适合且有种尊贵感。具体系法如图 2-9 所示。

图 2-9 双交叉结系法

任务 2-2 的实施步骤

【步骤一】 小张失败的原因主要在于准备工作不够精细，忽视了对导游常用工具的调试和熟悉，同时没有正确把握车内麦克风的操作规范。

【步骤二】 小张应从以下几方面来改正：

（1）在迎接游客之前，应熟悉旅游大巴车内的音响设备，控制好麦克风的音量和音质，并与司机取得配合。

（2）即使之前没来得及熟悉麦克风性能，在对游客致欢迎词时，也应通过向游客问好的方式控制好自己的音量，再根据麦克风中传出的声音效果来逐步调整。

（3）导游手持麦克风时，应与扬声器保持一定的距离，避免麦克风直对着扬声器。

（4）导游持麦克风致辞时，应将手机等通信设备与麦克风保持一定的适当距离，避免对麦克风产生电波干扰。一般来说，导游员在进行讲解时，不应接听电话。如果必须要接听电话，应将麦克风音效关闭。

（5）导游使用麦克风的动作规范为：手臂自然抬起，大小臂约成 90 度，麦克风与口部约保持 5 厘米距离，保证音量在适当范围内能听清，音质体现出导游员的语言特色。麦克风不宜靠嘴太近或遮住嘴部。

课堂训练与测评

（1）导游员在带团过程中应如何正确使用话筒？

（2）导游员着装有什么要求？你应如何培养自己的职业着装意识？

（3）练习两种领带系法。

任务3 导游心理准备

任务目标

- 了解新导游带团的压力来源以及压力对工作效率的影响。
- 掌握导游员正确应对压力的方法，能进行情绪状态的自我调节。

任务引入

地陪小汪第一次带团，在机场等候旅游团时，总是想上洗手间。当游客集中后，原本精心准备的欢迎词却怎么也想不起来了，她站在游客面前不知所措，只用颤抖的声音连续说3次："女士们，先生们。"游客们觉得莫名其妙，见导游不知所措，大家不约而同地笑了起来。这个不好的开始使她变得更紧张，出机场时她又走错了出口，带着游客走了一段冤枉路。当团里有的游客发牢骚时，她和游客争吵了起来。理由是：自己是第一次带团，不清楚通道的位置很正常，再说，又没走多少冤枉路。小汪觉得游客太挑剔，故意找她麻烦。当天晚上，她还在想着白天发生的尴尬事情，心想全陪明知自己是第一次带团，也不出来解围，如果换个全陪可能就不会这样，她躺在床上难以入睡。好不容易等到天亮，她赶紧准备讲解内容，谁知竟然一句话都看不进去。旅游开始了，在对景点进行讲解时，她又担心自己的讲解不够精彩。当游客提问时，她越来越紧张，什么都记不起来。

任务分析

导游人员是旅游接待工作的主体，是整个旅游服务的轴心。导游服务作为旅游产品的一部分向旅游者出售，是旅游服务产品质量高低的最敏感的部分。导游人员的工作是直接面对客人的工作，是处理人与人之间的关系，所以导游人员面临着更多的压力，对于新导游更会感到压力很大。案例反映的就是小汪在第一次带团时的种种紧张感受。如果一个人不能很好地处理自己所遇到的压力，就会直接影响工作的效率，甚至影响个体的身心健康。导游员如何在重重压力下，仍能保持良好的自我感觉和稳定的情绪，充满信心地工作呢？

相关知识

压力也叫应激，是表现出某种特殊症状的一种状态，这种状态是由生理系统中因对刺激的反应所引发的非特定性变化所组成的。我们可以简单地将压力理解为：一种使人感到紧张、焦虑并产生应激反应的心理状态和引起上述感觉的事件。

一、导游员心理压力的来源

1. 导游工作本身压力源

这是导游员工作环境内部的压力源，主要包括工作环境不良、负荷过轻或过重、时间紧迫等。

（1）不良的工作环境因素是导游员心理压力的来源之一，作为导游员，他们的工作环境主要是在室外，如飞机场、酒店、景区等，长期处于外面繁杂的环境里，基本上没有待在家里的时间。这样的工作环境首先在生理上让导游员感到不适，进而导致导游员产生烦躁心理，对工作失去耐心。

（2）工作负荷过重一直是公认的损害身体健康的压力源。它一般是指由于工作难度过高或数量过大使人难以在正常的工作时间内完成。高负荷的工作常常使人熬夜加班，透支脑力和体力。导游员的工作性质是脑力与体力的相结合，每当接到一个团，他们必须做大量的心理上、知识方面的准备，而且很多时候是在晚上接送团队。另外，有的时候导游员又会出现工作负荷过轻的情况，如一直在同一个地方讲解，工作单调、重复、无挑战性。旅游是季节性很明显的行业，在淡季的时候很多导游员就没有工作可做，有的只能在办公室里聊天、等待团队，这样也可能使导游员因自我价值未能实现而产生压力。

（3）时间紧迫是一个来自工作内部的压力源。导游员的工作必须严格按照行程安排的时间表来进行，稍有不慎就可能造成误团、漏团、误机等情况。由于时间的压力常常使导游员处于尚未准备就绪便仓促上阵的状态中，从而使其心理疲惫，出现烦躁等现象。

2. 导游员人际关系压力源

这里的人际关系压力源包括与客人的关系、与同事关系、与合作者之间的关系。良好的人际关系不仅能有效地缓解工作压力，而且有助于提高工作满意度。不良的人际关系容易形成人人自卫的防御性气氛，导游员的工作整天都要面对很多的人，对客人要有强烈的服务意识，与同事要合作，但也存在竞争，任何一个方面存在问题都会给导游员带来很大的工作压力。

3. 导游员职业定位压力源

职业定位是指导游员对自己的工作角色和今后发展方向的一个认识。当导游员对自己充当的角色把握不准或缺乏真正理解时，便会产生无所适从的困惑和犹疑，或者是周围很多人对导游的工作提出了完全不同的期望和要求，以致造成进退两难的尴尬境遇。这便引发了导游员的角色模糊和角色冲突。工作了一段时间后，导游员就会出现“职业枯竭”，感觉身心疲惫。

4. 导游员管理机制压力源

目前，多数导游挂靠在导游服务公司，而导游服务公司只是中介机构，导游往往缺乏归属感和能替他们说话的行业组织，无处释放或缓解内心的压力。旅行社对导游的管理混乱，制度执行不力，挂靠承包严重，导游的收入管理机制不完善，旅行社把风险转嫁到导游员的身上等，这些因素造成了导游的压力源。

5. 个人主观压力源

同样的压力源作用于不同的导游员时，产生的反应却千差万别。个体的一些主观因素是导致上述差异的根本原因。性别、年龄、健康状况、生活事件与经济状况等因素均可能影响到导游员个体对工作压力的感受。

二、影响压力体验的因素

1. 个体的认知方式

个体如何认识、理解和评价所面临的压力和应激源，是造成差异体验的一个重要的因素。如果一个人把压力和应激源看做足以令自己痛苦的事，总是担心失败后可能出现的坏结果，他必然对压力和应激源产生负面情绪，渴望逃离当前的情境；但如果视压力和应激源为自我成长的挑战，情绪必然会愉快得多，行动也必然会积极得多。

2. 已有的经验和所受的训练

如果个体曾经接受过相关的训练，并具备对付应激的能力和经验，或者曾经历过与应激类似的情境，则对压力应激源的消极反应会比较小；反之则会反应强烈。

3. 社会支持

社会支持是指一个人通过社会联系而从其他人那里所获得的精神支持。社会支持系统是人对抗压力和应激的重要力量。来自于家庭和朋友的社会支持，可以给予个体精神与物质上的帮助，增强个体战胜压力和应激的信心。

4. 个性特征

一般来说，能力较强、对自己充满信心的人感受到的压力要少一些，面对压力和应激，他们能够沉着应付；而能力差的人或者不自信的人则容易感受到压力，由于能力不够，面对压力就常常表现出惊慌失措、夜不能眠。

性别也是造成压力体验差异的一个因素。一般来说，男性对压力的承受力要大于女性，但是这种情况并非绝对。

三、工作压力导致的后果

琴弦理论说得好："压力就像一根琴弦，没有压力，就不会产生音乐。但是如果弦绷得太紧，就会断掉。"这说明适度的压力是个体成长和发展的动力，可以提高个体的工作效率，但过大的压力也会影响个体的健康，导致工作效率下降。

1. 压力对个体健康的影响

工作压力对个体的影响主要从生理和心理两个方面表现出来：

（1）个体面对压力的生理反应。个体在压力状态下会出现一系列生理反应，主要表现在自主神经系统、内分泌系统和免疫系统等方面。例如，心率加快、血压增高、呼吸急促、激素分泌增加、消化道蠕动减慢、分泌减少和出汗等。正常压力下的生理反应可以调动个体的潜在能量，提高个体对外界刺激的感受和适应能力，从而使个体更有效地应付变化，但过大的压力会使个体的免疫力下降。

（2）个体面对压力时的心理反应。压力的心理反应主要表现在以下三个方面：

1）行为方面。个体面对压力时，行为的变化与压力的大小和程度有关系。一般说来，轻度的压力会导致一些生物性行为的出现，如过度进食、攻击和其他不良行为等。其中，过度进食是某些人用来应付日常压力最典型的行为反应，这一点在女性身上体现得最为明显。如果压力一直持续或压力过重，有些人可能会出现退缩和借助添加剂如镇静剂、烟酒等行为表现。

2）情绪方面。压力的情绪反应是多样化的，有较为正面的精神振奋，但更多的则是负面的情绪反应，如焦虑、抑郁、烦躁、容易激动等。如果工作人员长期处于持续性的紧张状态，日积月累，就可能出现职业倦怠的现象，不想面对工作，甚至也不想见到工作的对象。例如，有的导游由于工作压力过大，接团的数量过多，加上工作效果的迟效性，也就是我们所说的没有挣到自己想象中的那么多钱，付出大量的心血与情感却得不到工作效果的强化，从而产生了职业倦怠，想到要接团就觉得不愉快，看到游客就觉得不顺眼。在这种情绪状态下，他们最需要休息，暂时脱离工作情境和压力源。

3）认知方面。面对压力，人容易将注意力集中于压力和自身的焦虑上，知觉的范围缩小，记忆力受到干扰，思维缺乏变通性、灵活性，容易以刻板和僵化的思维方式来思考问题，从而干扰自己解决问题。一般来说，压力越大，认知的效能越低，思维的变通性和灵活性就会越差。

2．压力对工作效率的影响

一般来说，中等程度的压力最有利于工作效率的提高。如果工作压力太低，员工会缺乏应有的兴奋水平，不能发挥出最佳水平。但如果压力超过一定的程度，就会妨碍工作效率的提高。

四、导游员心理压力的自我调适

导游员由于工作性质的原因，在工作中有上述的压力，要真正的消除这些压力需要三个方面的努力：首先，社会各个方面应该理解导游人员的工作并支持其工作；其次，旅游行业管理部门应该改善管理制度，为导游员创造一个公平合理的环境；最后，作为导游员，自身也要做好调整，努力去适应工作，自己缓解压力。

1．正确认识压力

压力固然会使人感到焦虑和紧张，会带来很多消极的影响，但并非所有的压力都令人不快。压力也可以使人振奋，给人以力量。适度的压力是人进步的动力和创造的原动力，可以使人在任何角色中处于备战状态，激发潜能。因此，不管面临怎样的压力，我们都应该积极地把压力转化为动力。个体在遇到压力时，应首先认清压力的性质，客观地思考和分析压力源，分析个人能力和压力的配比，积极地尽自己所能来寻求解决问题的信息，甚至还可以动用家庭、朋友等社会关系网络。

2．主动疏泄

当感到工作压力太大时，导游员应当学会主动疏导发泄，把自己在工作中的体验讲给亲人、同学、朋友，让郁闷释放出来，这样就会觉得有所安慰。在工作中不要总是拿同样的压力去对比。每接待一个团队结束后，导游员都应当积极地去总结自己的工作，把中间遇到的压力及时释放出来，避免带到下次的工作中去。必要的时候，导游员应当到一些专业的心理咨询师那里进行心理咨询，缓解压力。

3. 调整转移，寻找工作外的成功

导游员在接待完一个团队以后，要采取积极的休息方式，参加文娱或体育活动，而不仅仅只是通过睡觉来休息。导游员应增加自己的兴趣，调整自己的情绪，以豁达的心情面对现实，乐而忘忧，把自己的爱好和业余活动当做本职工作一样认真对待，并同样引以为豪。不要只把来自工作中的成绩看成唯一的成功，这样只会使导游员在事业春风得意时沾沾自喜，而一旦工作遇到麻烦，就感到痛苦不堪。如果把成功的感觉置于职业努力之外，工作中受挫时，就容易保持一种积极的态度，工作娱乐两不误。

4. 重新评价自身，改变对待他人的态度

导游对自己或客观事物而言，当需求与可能之间发生矛盾时，必然要有所取舍。若事与愿违就要进行重新评价，不能期望太高，更不能盲目追求。学会爱自己的职业，在受到困扰时可暂时避开，在心平气和时再思考，不要钻牛角尖。当感觉与同事、客人、合作者的关系紧张的时候，导游员要学会适当地改变自己的看法，要意识到这个时候可能是心理压力到了一定时期的体现。以礼相待是人的本性，导游员要用一种积极方式与人交谈，寻求与他人的共同点。在工作中总会有一些不同的见解，要适当地做一些调整。

5. 合理地分配时间

工作压力大的症状之一是感到时间不够，无法应付所有必须完成的工作。导游员可以通过合理的时间管理来区分工作的轻重缓急，重要的工作马上完成，次要的可以先放一放，待时间充裕时再完成。分解任务，逐一完成，可以缓解这种不良感觉。

6. 增强信心，不断进步

大部分压力的来源是自身对事物的不熟悉、不确定感，或者是对达到目标感到力不从心，那么通过自学、参加培训等途径设法提升自身的能力，是疏解压力最直接的方法。随着自身工作能力的提高，压力自然就会减轻、消失。导游员应当注意生活节奏的调节，加强休息，提高工作效率。这样，精神压力就会减轻了。考虑清楚有关自己职业的每一件事——从工作形式到工作环境，然后确定自己所追求职业的标准或目的。因为导游员的工作具有不稳定性，所以，导游员可以把所追求的理想职业划分成尽可能短的几个阶段。然后确定每个阶段所要完成的目标。

总之，个体缓解压力的方法不胜枚举，最关键的是要端正自己面对压力的态度。

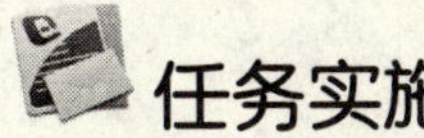

任务实施

导游在初次带团的时候，总会觉得压力很大。在这个案例里，小汪对初次带团事件的反应主要来源于心理压力。

1. 心理压力对个体的影响

压力对个体的影响通过她的生理、情绪以及思维表现出来。

（1）生理反应　小汪在等待游客到来的时候，因为紧张总是想上厕所，此外还出现心跳加快、冒冷汗等身体反应。

（2）情绪反应　由于初次带团的压力给小汪的情绪带来了负面的反应，首先是容易激动，明明是自己让游客走了冤枉路，在游客抱怨时，又与游客发生争吵；其次是焦虑，焦虑的情绪不但让她在准备讲解稿时一句话都看不进去，在导游的过程中又担心不如有经验的导游讲得好，致使导游工作没有很好地完成。

（3）认知反应　由于小汪将注意力集中于压力和自身的焦虑上，导致她的知觉范围缩小，她认为全陪故意不配合她的工作，游客也是故意在找她麻烦，更严重的是，她的记忆力受到干扰，在导游讲解的时候忘记了导游词，严重影响了导游带团的工作。

2．正确应对压力的方法

（1）对生理反应进行调和　当小汪出现心跳加快、冒冷汗、内心紧张等"症状"出现时，可以深呼吸，同时提醒自己不要紧张，也可以暗示自己这是一种正常的心理状态，并且可以将游客当做自己的家人、朋友，同时提高讲话的音量和音调来缓解、掩饰这种紧张的心理状态，每一个导游在开始带团时都会有这样的心理反应，既然已经做好了充分的准备，就不用害怕和紧张，该做什么就做什么，自然一些。用这种方法提醒自己，鼓舞自己，或许情况会发生改变。

（2）正确面对压力　当导游第一次和陌生人接触，游客听到他的讲解、指挥和安排时，导游就感到了因这些游客的"评判"而产生的压力。这种压力就是怕讲错话、怕做错事、怕当众出丑。如果小汪在第一次接团前对将要面对的压力有正确的认识，做好充分的心理准备，就不会在工作中对自己失去信心。至少可以控制自己，不至于紧张过度，结果带错了路，忘记讲解词。

（3）保持乐观的态度　第一次带团肯定会遇到很多的困难，尽管在这之前做了很多的"演练"，但在实际工作中还会因为自己的经验和能力不足出现各种问题。在这个时候，小汪应该把整个问题的处理过程，看做是增强自己能力、发展成长的重要机会。另外，在处理与全陪和游客的人际关系方面，可以理性地沟通解决。如果她能保持这种正向乐观的心态，就不会出现情绪紊乱。

课堂训练与测评

（1）工作压力会导致哪些问题出现？

（2）导游员的压力来源主要有哪些？

（3）导游员应对工作压力的有效方法是什么？

项目3 地陪导游服务程序与内容

任务1 地陪服务准备

任务目标

- 掌握地陪接团的准备内容、准备要求、准备环节。
- 有步骤、有计划完成地陪导游服务的准备工作。

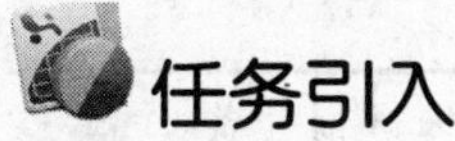

任务引入

2011年7月15日上午将有一个日本旅游团到广州旅游，由你负责本次地接导游工作，随即导游部负责人将一份接待计划书（见表3-1）和游客信息表（见表3-2）交给了你，要求你做好接团的相关准备工作。

表3-1 ××市旅行社接待计划书

旅行社（公章） 税务微机编码□□□□□□□□□

<table>
<tr><td>在中国旅游时间：</td><td colspan="2">2011/7/15-2011/7/23</td><td colspan="2">国家地区或城市</td><td colspan="2">日本东京</td></tr>
<tr><td rowspan="3">组团社名称及团号</td><td rowspan="3">日本东京××旅行社
团号：DJIT-09048
联系人：张××
联系电话/传真：××××××</td><td rowspan="2">领队姓名：
张××</td><td colspan="4">团队总人数：14</td></tr>
<tr><td rowspan="2">男：4</td><td rowspan="2">女：10</td><td rowspan="2">大人：12</td><td rowspan="2">12岁以下
儿童：2</td></tr>
<tr><td>收费方式：
团体全包价</td></tr>
<tr><td>国内组团社：
广州××国际旅行社</td><td>代号：11-15-22</td><td>联系人：王××</td><td colspan="2">联系电话：
××××××</td><td colspan="2">传真号码：
××××××</td></tr>
<tr><td rowspan="5">中国境内各地接待社</td><td colspan="6">广州：广州××国际旅行社 联系人：×× 地陪：×× 联系电话：××××××</td></tr>
<tr><td colspan="6">桂林：桂林××国际旅行社 联系人：×× 地陪：×× 联系电话：××××××</td></tr>
<tr><td colspan="6">上海：上海××国际旅行社 联系人：×× 地陪：×× 联系电话：××××××</td></tr>
<tr><td colspan="6">苏州：苏州××国际旅行社 联系人：×× 地陪：×× 联系电话：××××××</td></tr>
<tr><td colspan="6">杭州：杭州××国际旅行社 联系人：×× 地陪：×× 联系电话：××××××</td></tr>
</table>

（续）

中国境内行程安排					
旅游线路	广州——桂林——杭州——苏州——上海				
城　市	抵 离 时 间	入 住 饭 店	用　　餐	活 动 内 容	备　注
广州	第一天（2011 年 7 月 15 日）CZ766 航班于 13:35 从日本东京飞抵广州新白云国际机场 第二天晚上 20:00，FM9400 航班飞往桂林	广州××酒店	第一天晚餐在新荔枝湾酒家用餐，第二天早餐在广州酒家喝早茶，第二天中餐、晚餐在泮溪酒家用餐，晚餐在北园酒家用餐	越秀公园、陈家祠、中山纪念堂、西关古老大屋、上下九步行街	
桂林	第二天晚上 21:05，FM9400 航班抵达桂林机场 第三天游桂林 第四天下午 16:35，MU5787 航班飞往杭州	桂林××宾馆	二早三正	游漓江、象鼻山、芦笛岩	
杭州	第四天下午 18:20，MU5787 航班抵达杭州萧山机场 第五天游杭州 第六天下午 16:00，乘汽车赴苏州	杭州××饭店	二早四正	西湖、灵隐寺、六和塔、茶叶博物馆	
苏州	第六天下午 18:00，抵达苏州 第七天游苏州 第八天 9:21，D5407 乘火车赴上海	苏州××饭店	二早三正	拙政园、寒山寺、留园、虎丘	
上海	第八天上午 10:01 抵达上海 第九天中午 13:50，CA6705 航班回日本东京	上海××饭店	一早三正	上海豫园、东方明珠	

签发日期：　　年　月　日　　　　签发人：　　　　导游签名：

表 3-2　游客信息表

序　号	游客姓名	国　籍	年　龄	性　别	职　业	游客关系	备　注
1	川岛××	日本	45	男	教师		
2	山本××	日本	61	女	退休教师		素食者
3	三浦××	日本	34	男	建筑师	夫妻	团队用房：7 间双标房
4	金泽××	日本	32	女	教师		
5	律实××	日本	30	女	教师		
6	德川××	日本	27	女	教师		
7	小田××	日本	28	女	教师		
8	松本××	日本	41	女	教师	母女	
9	大浦××	日本	10	女	学生		
10	山田××	日本	37	女	教师		素食者
11	三岛××	日本	38	女	教师	母子	
12	三岛××	日本	8	男	学生		
13	武××	日本	50	男	工人	父女	糖尿病患者
14	武××	日本	25	女	教师		

任务分析

此次接待的是日本外宾旅游团，在拿到接待计划书后，要认真分析接待计划中的信息，了解团队成员和组团社的具体情况，初步拟订活动日程，落实本次日本团的接待、住宿、用餐、交通等事宜，做好工作所需的物质准备和心理准备，并针对此次游览路线进行必要的知识准备等。

相关知识

在接到旅行社下达的接团任务后，地陪要做好一系列的接团准备，这是做好各项工作、提供优质服务的前提，一次导游工作能否圆满完成，服务准备显得尤为重要。

一、熟悉并研究接团通知单

接团通知单是地陪安排并落实旅游团活动的主要依据。地陪在接到旅行社下达的接团通知单后应认真阅读，准确了解接团通知单所注明的各项接待计划，熟悉计划中的各项服务项目，弄清客人来自何处，并了解客人是否有特殊要求，重要事宜要做记录。注意点清有关票据，如车单、餐单、定点单等。如是入境团，应向旅行社索取组团社发来的该团成员资料。

二、掌握交通票据情况

如果该团下一站或返程的交通票是从地接社出，地陪要与旅行社票务落实是否按计划定妥交通票以及有无变更、更改后的情况，进而核实交通票的级别、时间、张数等是否与接团通知单相符。如果交通票不从地接社出，地陪也有义务关心票据的落实情况，有责任与携带交通票的全陪或领队核实相关内容，以防误机（车、船）。如果是出境票，看清是 OK 票还是 OPEN 票[㊀]，如是 OPEN 票，要及时确认机票。

三、联系司机，落实接待车辆

与司机联系，确认为该团在本地提供交通服务的车辆的车型、车牌号和司机姓名（如是外宾团，还应与即将入住酒店联系交接行李事宜）。关键要与司机约定共赴机场（车站、码头）的时间、地点，确保提前 30 分钟到达接站地点，如组团社要求，应将该团队的名称、团徽等贴在车前醒目处。告知司机此次接团活动日程。

四、核实团队抵达时间及住房与餐饮

根据接团通知单，要在团队抵达前两小时打电话给有关交通部门的问询处，核实团队

㊀ 国际票按状态的不同可分为 OK 票和 OPEN 票两种：OK 票（定期票）是指返程机票航班、座位等级、乘机日期和起飞时间均订妥的机票；OPEN 票（不定期票）适用于往返程，去程订妥，回程航班、乘机日期和起飞时间都没有确定的机票。

抵达的航班（车次、船次）时间，如有变化，应立即通知司机。如遇旅游旺季、旅游黄金周或当地举办、召开大型会议，要在接团前与酒店、餐厅联系，核实所订房、餐。如遇客人非正常用餐时段抵达用餐，需预先跟餐厅说明预留。如旅行社要求地陪负责订餐，要弄清用餐标准并及时提前预订。

五、踩点儿，做好知识准备

对新的不熟悉的景点或游览点，应事先踩点儿，了解其概况，如买票或签单领取团体票的地点、开放及关门时间、几套游览方案、所需时间、厕所位置、停车场位置、景点派出所位置及公用电话位置等，以便游览活动顺利进行。新导游和没有经验的导游更应该重视这一点。

对所接待的旅游团队，应做好相应的知识准备，如客源国概况，对翻译及导游的重点内容做好外语和介绍资料的准备，相关专业知识、专业术语的准备，对当前热门话题和国内外重大新闻时事，以及旅游者可能感兴趣的话题等方面的知识准备。

六、灵活编制最佳接待日程表

根据接团通知单的时间、必须游览的景点及游客特点等情况，灵活而有针对性地编制最佳的接待日程表。在制定接待日程时，一般应注意以下几个方面：

（1）本着“宾客至上、服务至上”的原则，切忌主观、片面地将自己的兴趣爱好和私人目的强加给旅游者。

（2）活动内容的安排要适合旅游团的特点，注意点面结合，要留有余地、劳逸结合，要使参观、游览和购物相结合，要避免雷同。

（3）要尽可能地满足旅游者的要求，以达到他们求全、求新、求知的旅游目的。

七、物质准备

接团前检查是否带齐了导游员按规定必须携带的物品，主要包括职业工作证明、业务用品和个人旅游用品三大类。

（1）职业工作证明　包括导游证、接待计划、名片等。

（2）业务用品　包括接站牌、结算单据、导游旗、扩音器、宣传资料、导游图、记事本、意见表等。若接团社有给旅游团的赠品（如景点介绍资料、旅行包、旅行帽或矿泉水等），也要检查带齐。

（3）个人旅游用品　包括工作包、生活用品、保健卫生用品、防护用品、必备现金、通信联络设备等。导游要特别检查自己的手机，不要关机。

八、形象准备

导游人员在带团过程中的自身形象不仅是个人行为，直接影响着旅游团队对他（她）的第一印象，而且代表着旅游目的国（地）、旅行社等多方面的形象。因此，在带团前，导游人员一定要做好仪容仪表方面的检查，即要求导游人员的着装应自然大方、整洁得体，方便导游服务工作。

九、心理准备

1. 准备面临艰苦复杂的工作

导游人员不仅要考虑到按常规的工作程序要求给旅游者提供热情的服务，还要有充分的思想准备，考虑对特殊旅游者如何提供服务，如遇残疾人士的团队应做好特殊准备，此外还要考虑在接待工作中发生问题或事故时，应如何面对、如何处理。

2. 准备承受抱怨和投诉

导游人员有时还可能遇到这样的情况：自己已竭尽所能按游览计划热情周到地为游客提供“无差错服务”，但还会有一些旅游者挑剔、抱怨，甚至指责导游的工作，还要投诉，对于这种情况，导游也要有足够的心理准备，冷静、沉着地面对。

十、接待特殊团队的准备

1. 大型团队

由于大型团队人数特别多，一般在 100 人以上，所以用车多，用餐人数、住房数也多。因此，导游人员应做好计划，事先应有详细的分工并统一好旅游行程，商量好佣金的分配比例，车辆应编号，这样便于旅游者辨认、寻找自己的车，餐桌也应编好桌号，便于客人入座。

2. 重点团队

重点团队绝不能出差错，因此必须做好周详的准备工作，如核实航班（包括车次、船次)、接待规格（包括有无礼品)、团队住房、用餐标准及各项预定工作的落实情况，检查车况，如车况不好，要求旅行社相关负责人予以换车等。

3. 有参观任务的团队

对于有参观任务的团队，参观方与被参观方讲求对等原则，即级别的对等。导游人员除做好各项常规接团准备工作外，应做好参观点的联系与安排，落实各项接待事宜，特别注意是否要互赠礼物。行程安排一般是先介绍情况，然后引导参观。

若是外事团队来参观，则要与当地外事部门联系安排。如需地陪翻译，地陪翻译应尽量做到“信、达、雅”。

4. 涉及宗教内容的团队

对于涉及宗教内容的团队，导游人员应重点准备有关宗教方面的知识，尤其是我国在宗教方面的方针、政策，以及宗教方面的习俗、禁忌。不要在带团的过程中冒犯客人，也不要让客人“犯规”。

5. 残疾人士旅游团

如团队中有残疾人士，应做好两方面的工作：一是应注意在语言上、行动中既维护其自尊心又给予必要的照顾。应避免提及一些忌讳的话题，不随意与其开有关残疾的玩笑。在提供帮助时注意礼节，应事先征求其同意。二是了解客人的疾病特点并根据其特点事先做好物质及人员上的准备。如腿部残疾的人士想要游览山区景点，导游员应事先联系、落实景区的索道、缆车和客人用的轮椅或拐杖，在某些没有残疾人通道的景点要派工作人员予以协助等。

6．旅游旺季的房、餐核实

旅游旺季团队量很大，旅行社在房、餐预订过程中容易出现失误。导致团队住房、餐饮被其他团队挤掉或漏订，因为在房、餐客满的情况下，很难临时预订。这时导游人员一定要特别细心地做好住房与用餐的核实工作，最好提前一天核实，提前半天再确认。

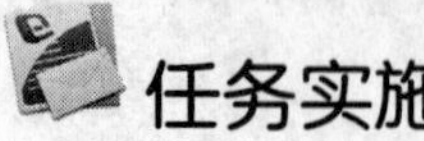

任务实施

【步骤一】业务准备

1．研究接待计划

在接到接待计划后，认真阅读接待计划，熟悉、研究接待计划，分析计划中包含的主要信息。

（1）组团社的基本情况（见表 3-3）

表 3-3 组团社基本情况

境外组团社名称	日本东京××旅行社
代号	DJIT-09048
联系人姓名与联系方式	张×× 联系电话/传真：××××××
国籍	日本
语种	日语
领队姓名	张××
收费标准与方式	团体全包价
国内组团社的名称	广州××国际旅行社
代号	11-15-22
联系人姓名与联系方式	王×× 联系电话：××××××

（2）团队的基本情况（见表 3-1-4）

表 3-4 团队的基本情况

人数	14
男女人数与比例	男性 4 人，女性 10 人，男女比例：2:5
大人与儿童人数与比例	大人 12 人，儿童 2 人，比例：6:1
年龄结构	60 岁以上老人 1 人，12 岁以下 2 人，20～45 岁的有 10 人，属于以中青年为主的旅游团队
职业情况	以教师为主体的教师团队
文化层次	教师职业决定了该团队文化层次相对较高，属于高知团队
宗教信仰	旅游接待计划没有反映出明显的宗教信仰要求
特别要求	有 2 名素食游客，1 名糖尿病患游客

（3）旅游团行程安排

1）全程旅游线路与出入境地点 广州——桂林——杭州——苏州——上海，从广州入境，上海出境，在中国境内共游览 5 个城市，分别是中国的南大门、改革开放的窗口广州，具有“山水甲天下”美誉的桂林、被意大利旅行家马可波罗赞为“世界上最美丽华贵的天城”的人间天堂杭州，中国古典园林建筑的代表城市苏州，最大的国际性都市上海，这 5 个城市都是很有代表性的中国旅游胜地。

2)本地旅游时间与景点　在广州游览的时间从抵达广州新白云国际机场的第一天下午13:35起，直到第二天晚上20:00乘FM9400航班离开广州飞赴桂林止，共1天半加1个晚上的时间，游览越秀公园、陈家祠、中山纪念堂、西关古老大屋、上下九步行街，在广州游览路线要设计得科学合理，减少在路上的迂回逗留时间，由于时间安排比较紧，在每个景点的游览讲解上一定要抓住核心内容。

(4) 交通安排　旅游团首站是乘飞机从日本东京来广州，14位游客可以安排1辆18座左右的中巴车到机场接站。离开本地往下一站所乘的交通工具是飞机、站点是桂林机场、班次为晚上20:00的FM9400航班。在接团当天上午11点半前，应向机场问询处问清飞机到达的准确时间，在13:00前导游员与司机要在机场等候迎接游客。将游客送离广州时，要在18:30之前到达机场。因为该日本旅游团在广州逗留的时间只有1天多，所以地陪在拿到接团任务书的时候，就应该询问计调部日本团队离开广州前往桂林的机票落实情况。

(5) 接待规格与服务范围　食、宿、行、娱、游的标准和要求，需要代订与落实的项目，这些接待工作旅行社的计调部门已经安排好了。在接到任务书之后，对照任务书与计调部门联系，了解食、宿、行、娱、游的标准和要求，并与计划书和合同书进行比对确认，如一早三正的每餐餐标是多少，素食游客的要求有没有事先与酒店沟通，并做特殊的安排。

2．制定活动日程

制定活动日程应结合在本地逗留时间长短、接待计划中要求游览景点的情况、到达与离开时段的情况、团队中游客特征情况、本地当前交通等情况，做到“因人、因时、因情、因景”制宜。

下面，以表3-1中日本旅游团抵广州的活动日程安排为例：

抵达广州当日：下午13:35抵达广州新白云国际机场——下榻白天鹅酒店——3:30游陈家祠——中山纪念堂——晚餐在新荔枝湾酒家品粤菜——珠江夜游。

第二天，7:00起床，7:30集合前往广州酒家喝早茶——9:30前往上下九步行街——11:00前往西关古老大屋——12:00去泮溪酒家吃中餐——13:30前往越秀公园——17:00去北园酒家吃晚餐——18:00去机场乘FM9400航班离开广州飞赴桂林。

3．落实接待事宜

核实旅游车辆、核实住房、落实用餐，与计调部门内勤人员联系做好沟通工作，与全陪联系沟通，了解饭店位置等相关的情况，如果有新景点，要了解开放时间以及相关信息。

(1) 落实接待车辆　与旅行社计调部沟通后，了解负责本次接团的旅游交通公司，主动与派出车辆单位联系，具体了解负责本次团队接待的司机姓名与联系电话，了解车型、车号，将司机、车型、车号都记录下来，并与司机商量要在第一天的13:00前到达广州新白云机场，根据司机的驾驶经验，约定12:00在旅行社门口会合，并共赴机场；如果是大型团队，还需在车前醒目位置贴上所要接的团队的名称和团号。如果是有行李的团队，还需与行李员事先取得联系，并约定好与接团车一同前往接站地点。

(2) 落实住宿与用餐　先与计调部门确认游客下榻的饭店是广州白天鹅酒店，有无改变，然后与广州白天鹅酒店前台联系，确认是否已经按预定的要求（住宿按合同双标间7间，含早餐）落实住宿问题。如果对饭店所处位置与环境、设施设备不是很熟悉，最好事先去实地看看。对通往饭店的交通情况、饭店内部情况做必要的了解。

【步骤二】做好带团的物质准备

1．工作用品及物品准备

（1）职业工作证明　包括导游证、接待计划、名片等。

（2）业务用品　包括接站牌、结算单据、导游旗、扩音器、宣传资料、导游图、记事本、意见表等。接站牌的制作要明确无误体现接团单位与被接对象信息，反映所接团队的名称、编号、领队姓名、接待社的名称，要求在视觉上清晰醒目。

（3）个人旅游用品　包括工作包、生活用品、卫生保健用品、防护用品、必备现金、通信联络设备等。

2．扩音器的使用

扩音器的使用，关键在于其出音效果的调试，不能用手拍打麦克风，也不能用嘴吹话筒，而是应该以向游客问好的方式来调试和检验扩音器的效果。

【步骤三】知识准备

（1）日本客源国概况知识

（2）在广州游览的相关景点知识　包括景点讲解、广州概况、饮食知识、游览注意事项等。如果是不熟悉的景点，应当要提前踩点儿，了解其概况。

（3）游客职业背景相关知识准备

【步骤四】形象准备

在上团前，地陪要做好仪表仪容方面的准备，着装要符合本地区、本民族的着装习惯和导游员的身份，衣着应大方、整齐、简洁，并方便导游服务工作；佩戴首饰要适度；不浓妆艳抹。

需要注意的是，在上团的前一天，导游员做好接团准备后，应准时休息，保证充足的睡眠，确保能以良好的精神面貌完成带团任务。

【步骤五】心理准备与组织准备

本次接待的是一个14人的日本中青年教师团，团队规模不是很大，但知识层次比较高，在心理上要建立起自信，相信通过自己认真仔细的工作能够做好导游服工作，要消除在外国人面前、在专家面前不自信的心理；在建立尊重外国人心理的同时，也要保持有民族自信心和民族自豪感的不卑不亢的心理。

本任务所接为日本团队，针对团队的具体情况，由于外国游客存在着语言障碍，要特别考虑其工作细节，多与翻译领队沟通交流，尽可能减少由于语言障碍带来的问题；本团属于中青年团，家庭比例较高，消费相对理性，知识层次较高，根据团队这些特点，在组织管理准备方面，应与领队做好充分的沟通，增强工作严谨性，尤其要注意照顾老年和儿童游客。

课堂训练与测评

（1）根据本次任务所接日本团队的要求，制作日本客源国概况、广州主要游览景点知识卡片。

（2）根据广西桂林某旅行社的接团计划，写一份接待计划分析报告。

关于接待 GLT20091002 团的计划

我社 GLT20091002 旅游团，在贵地行程如下，请贵地旅行社及酒店严格按照计划认真接待，谢谢！

城市或地区：上海　　人数：20　　用房：10 间双人标准间+1 陪同床

全陪：张××　　联系电话：139×××××××××

桂林地陪：丘××　　联系电话：159×××××××××

重庆地陪：王××　　联系电话：137×××××××××

成都地陪：蒋××　　联系电话：137×××××××××

桂林市某旅行社团队接待计划见表 3-5。

表 3-5　桂林市某旅行社团队接待计划

2009 年 9 月 25 日　　编号：GL-10-2

<table>
<tr><td>团　名</td><td colspan="2">GLT20091002</td><td>人　数</td><td>20</td><td>组团社</td><td>上海××旅行社</td><td>全　陪</td><td>张××</td></tr>
<tr><td>游客情况</td><td colspan="6">共 20 人，男 12 人，女 8 人；大人 17 人，12 岁以下儿童 3 人</td><td>城　市</td><td>上海</td></tr>
<tr><td>车型、车牌号</td><td>24 座中巴
桂××××</td><td>驾驶员</td><td>王××</td><td>地　陪</td><td>丘××</td><td>导游证号</td><td colspan="2">××××××</td></tr>
<tr><td>抵离时间</td><td colspan="3">10 月 3 日 10 时 10 分由上海乘 FM9335 航班/车次抵</td><td colspan="5">10 月 5 日 19 时 50 分由桂林乘 PN6212 航班/车次赴重庆</td></tr>
<tr><td>行程安排</td><td>早餐地点</td><td>上午游览景点及时间</td><td>午餐地点</td><td>下午游览景点及时间</td><td>晚餐地点</td><td>购物点</td><td>自费项目</td><td>住宿地点</td></tr>
<tr><td>10 月 3 日</td><td>/</td><td>/</td><td>桂林××酒家</td><td>象鼻山、七星公园</td><td>桂林××酒家</td><td></td><td></td><td>桂林宾馆</td></tr>
<tr><td>10 月 4 日</td><td>酒店自助早餐</td><td>百里画廊一漓江风光</td><td>阳朔××饭店</td><td>阳朔西街</td><td>桂林××酒家</td><td>水晶世界</td><td></td><td>桂林宾馆</td></tr>
<tr><td>10 月 5 日</td><td>酒店自助早餐</td><td>伏波山、叠彩山，茶艺表演</td><td>桂林××酒家</td><td>芦笛岩</td><td>桂林××酒家</td><td>广西土特产总汇</td><td></td><td></td></tr>
<tr><td></td><td></td><td></td><td></td><td></td><td></td><td></td><td></td><td></td></tr>
<tr><td></td><td></td><td></td><td></td><td></td><td></td><td></td><td></td><td></td></tr>
<tr><td>备　注</td><td colspan="8">游客自主决定参加自费项目</td></tr>
<tr><td>旅行社投诉电话</td><td colspan="3">××××××</td><td colspan="3">桂林市旅游投诉电话</td><td colspan="2">××××××</td></tr>
</table>

旅行社公章：

任务 2　地陪迎接服务

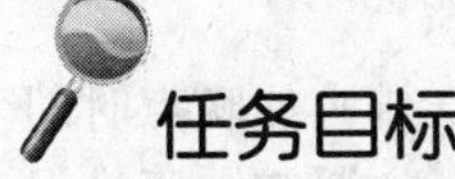

任务目标

- 掌握地陪迎接服务的内容、要求与操作流程。
- 掌握欢迎词的内容要求和编写的方法技巧，能较好地编写和表达导游欢迎词。
- 掌握首次沿途导游的主要内容与方法。
- 有步骤、有计划地完成地陪导游迎接服务工作。

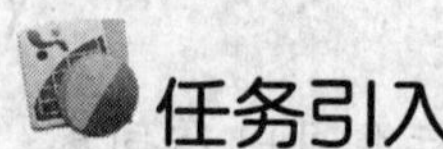

任务引入

有一个从英国伦敦来中国内地的 15 人旅游团，4 月 15 日上午 10:30 从香港入境，旅游团在香港旅游两天后，第二站将前往广州旅游两天，在广州期间由广州市某国际旅行社承担地接任务，地接社派你负责本次接团任务。

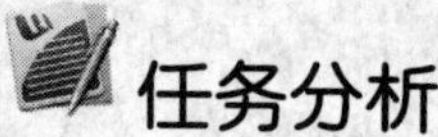

任务分析

在英国旅游团抵达之前，要做好接站准备工作，核实游客所乘航班抵达的准确时间，提前半小时到达广州新白云机场迎候旅游团，核对团队信息、清点交接行李、集合登车，并做好转移途中的服务工作。

相关知识

从迎接服务起到送别服务，是地陪与旅游团相处的重要阶段。在迎接过程中，未接触客人前，要避免漏接、错接；开始接触客人时，地陪给游客留下的第一印象尤为重要。地陪的态度对于整个旅游活动起着至关重要的作用，地陪应在迎接地点热情、及时、周到地接待旅游团，并让他们了解参观游览活动的概况。

一、核对航班（包括车次、船次）并与司机联系共赴机场（或车站、码头）

接团当天，地陪应提前到旅行社全面检查准备工作的落实情况。出发前，要向机场（车站、码头）问询处问清航班（包括火车、轮船）到达的确切时间并与司机联系。（一般情况下应在飞机抵达的预定时间前 2 小时，火车、轮船预定到达时间前 1 小时向问询处询问。）做到“三个核实”：核实计划时间、核实时刻表时间、核实问询时间。

按约定好的时间、地点与接团的司机接头共赴机场（或车站、码头）接团，确保提前半小时到达接站地点，并掌握旅游车停放地点。多次核实旅游团抵达的准确时间，如是 10 人以上的外宾团，还要与行李员（一般是行李车司机）约定好交接行李的时间、地点。

二、迎接并辨认团队

旅游团所乘航班（包括火车、轮船）到达后，地陪应在旅游团出站前，持本社的导游旗或接站牌等在出站口醒目的位置热情迎候旅游团。若持接站牌，接站牌上要写清团名、团号、领队或全陪姓名；接无领队、全陪的团队时，要写上客人姓名。

若出现航班（包括车次、船次）晚点，则视晚点的程度决定之后的安排。如晚点时间不长，则应在机场（或车站、码头）等候，同时做好一系列的变更工作（如通知饭店推迟用餐等）；如晚点时间过长，则可与本旅行社有关部门联系，做好相应的安排，但应随时打电话询问航班（包括车次、船次）的抵达时间，以防漏接事故发生，或者重新安排接待事宜；若航班（包括车次、船次）取消，则应与问询处及上一站导游或领队、全陪等有关人员联系，询问详细情况，并向本旅行社有关部门汇报，落实处理意见，重新安排接待事宜。

在同一城市有两个机场（或车站、码头）时，应特别重视到站站名的核实情况，否则容易造成漏接事故，如上海民用国际机场有两个：浦东国际机场和虹桥国际机场。

辨认团队时，地陪应根据旅游者的国别、组团社徽记、客源地域特点、口音等团队特征分析、判断，上前委婉地询问，主动认找自己的旅游团。通过询问、认找领队或全陪，核实领队和全陪姓名、团队名称、国别（地区）、组团社名称、实到人数等情况，确认是自己应接的旅游团，避免误接。

三、核实团队情况，交接行李

与领队或全陪核实团队详细情况，查看与接待计划是否相符，如有变化应及时通知地接社更改计划。如出现团队实到人数有变化，则应立即与本社有关部门联系做好饭店房间的相应调整，通知餐厅用餐人数调整，通知下一站接待社等。

协助本团旅游者将行李集中放在指定位置，并提醒旅游者核对、检查自己的行李物品是否已经领齐（如有托运行李应及时领取），是否完好无损。与领队、全陪核对行李件数无误后，移交给行李员并办好交接手续。若无行李车，则请旅游者自提行李到停车场旅游车上。若有行李丢失或破损，地陪和全陪应协助当事人到机场（车站、码头）行李报失部门办理行李丢失手续，如所乘航班为非机场所属民航系统的航班，则到该航班所属的航空公司驻该机场办事处报失。报失时要留下详细的地址（如入住酒店的地址）、联系电话，便于行李找到后及时送还失主或商量有关索赔事宜。事后要多次打电话代客人询问有关丢失行李事宜，及时通知更改的地址，如团队离开该旅游地前尚未找到行李，应请领队、全陪给对方留下团队行程表和原住地联络方式。如有必要，应帮助客人解决生活上的难题，如购买必需的生活用品等。

四、登车并致欢迎词

集合上车时，地陪要提醒客人带齐随身携带的行李、物品，引领旅游者前往乘车，并在车门旁恭候客人，必要时搀扶、协助需要帮助的客人上车，但要注意国外客人的习惯——国外客人不太愿意接受此类服务，此时不要画蛇添足；客人就座后，应礼貌地清点人数（注意不能用手指指点客人），整理行李架上的行李。人员到齐坐稳后请司机开车。

致欢迎词是地陪拉近与客人间的距离、给客人留下美好第一印象的重要环节。在什么时候、什么地方致欢迎词呢？一般应在到饭店前致欢迎词。是在候机楼（车站、码头）还是在车上，需要具体根据旅游团的人数、抵达时间、在机场逗留时间长短等因素确定，不可一概而论。比如一个旅游大团，人数很多，分几辆车运送，每辆车上不能保证都有导游陪同，在这种情况下，在机场致欢迎词为好。一般情况下是在汽车上，在赴饭店的路上致欢迎词。

1. 致欢迎词的方式

怎样做好开场白，没有一个固定模式，就好比一篇文章允许有多种开头方式，下面介绍一些常用的开头方式。

（1）带有介绍性质的开头方式　这是一种常用的开头方法，特点是较为全面地介绍各方面的情况，使游客比较快地了解情况。通常是这么开头的：

“各位游客朋友们，大家好！首先请允许我代表××旅行社向各位前来××参观游览表示热烈欢迎，并预祝各位……”

这种介绍性质的开头方式，总体上较为普通，适应范围较广。

（2）针对性较强的开头方式　目前，专业人士组成的旅游团越来越多，对待这样的旅游团，导游员可采用针对性较强的引言来赞美，比如像教育界的专业人士，有的导游员会用歌曲《我爱米兰》中的歌词“老师窗前有一棵米兰，小小的黄花藏在绿叶间，它不是为了争春才开花，默默地把芳香洒满人心田”引出欢迎词，采用歌唱或朗诵的开头方式，表情要感人，时间不宜过长，结束后要立刻转入“自我介绍”等一系列规范工作，因此，朗诵或歌唱只能作为引入主题的序曲。

（3）采用猜谜的开头方式　有许多导游试图调动游客情绪，使旅游有个良好开端，采用猜谜就是个好方法。例如：“女士们，先生们，在我开始讲解之前，先让大家猜个谜，谁猜中谁得奖(说完拿出一个旅游纪念品)。请听好,两个胖子结婚——打一地方名。”“合肥!”游客异口同声地喊了起来，开场白取得了较好的效果。

采用猜谜的开头方式必须要注意几点：一要看游客的情绪，如果团队气氛不佳或游客很累没兴趣，暂时不用为好。二是猜谜的内容要紧紧扣住旅游景点。三是谜底不要太难，以免影响游客的热情。因此，无论猜谜也好，送纪念品也罢，其目的是活跃团队的气氛。在使用该办法之前，最好先向全陪和领队打听前站导游是否用过该方法，否则会因“撞车”而失去应有的魅力。

（4）采用小故事的开头方式　一般来说，故事能吸引人的注意力，能激发人的情感，能使人潜移默化地受到启发和受到故事中人物的激励。导游员利用故事作为开头，使游客增加了游兴，也达到了艺术的效果。

总之，开场的方法还有许多种，如开门见山、单刀直入、穿针引线、触景生情等，真可谓“八仙过海，各显神通”。然而，这些开头方法，原则上应短小精悍、风趣有益、随机应变，这样才能使“开头”更有风采。

2．欢迎词的内容

欢迎词的内容应根据游客国籍、旅游时节、地点、游客身份等的不同而有所不同，不可千篇一律。应注意适度、真挚、说话符合自己的身份，不能使游客感到不真实、做作，以致产生不良效果。一般说来，欢迎词应大致包括以下内容：

（1）问候，代表地接社、本人及司机热忱地欢迎客人光临本地。

（2）自我介绍并介绍司机。

（3）表达自己热诚服务的愿望。

（4）预祝旅游愉快顺利。

3．欢迎词表达的技巧

（1）称呼的技巧

交际关系型：各位游客、各位朋友、各位来宾。

套用尊称型：女士们、先生们、各位女士、各位先生。

亲密关系型：各位朋友、老乡、同学、老师等。

称呼的原则：一是要得体，符合游客身份、场合、气氛；二是要尊重游客，把握好分寸、尺度；三是要尽量采用通用称呼，适用范围广、弹性大，可做到游刃有余。

（2）寒暄的技巧

问候型：你好，大家好。（注意："久仰"、"幸会"等词一般不用。）

攀认型：同乡。（沾亲带故）

关照语：吃得习惯吗，冷吗。

寒暄的要求：自然切题，建立认同感，调节气氛。

（3）自我介绍的技巧　要坦然自信，友善诚恳。具体要点是：一要注意繁简。自我介绍的内容一般包括姓名、籍贯、必要的带团经历或年龄、兴趣、特长等。二要掌握分寸。自我评价不宜使用"很、最、特别"等程度比较重要的词语，不能过度夸奖自己，也不能过度贬低自己，可采取自谦、自嘲等方式，巧妙地张扬自己。如果嗫嚅含糊，露出羞怯心理，或过度冷漠，会使人产生疑虑和不信任感，彼此之间产生隔阂。

自我介绍的常见方式有以下几种：

1）自谦式。在介绍时采取低调姿态，巧妙谦虚，使游客在不知不觉中接纳自己，如"我叫×××，从×××学校毕业，正在努力学习做一名优秀的导游员"。"努力学做"给人一种积极的态度，使游客容易接受，即使导游中出一点小问题，也容易得到谅解。

2）幽默调侃式。自我介绍幽默诙谐，妙语连珠。可以自嘲一下，于自我揶揄中露出一点自信、自得之意。既风趣又不夸张，能给游客留下深刻印象，能够创造出融洽的气氛，缩短与游客之间的心理距离。

3）自识式。把自己名字进行演绎发挥，如"我叫张曲，张学友的张，弯弯曲曲的曲。但我是一个正直的人。为什么叫曲呢？因为小时爱唱歌曲。一会儿我也给大家唱一首张学友的《朋友》，希望大家能够喜欢。"又如，有一位导游员名叫许萍，某位高僧曾题过一副对联，里面恰好有她的名字：许是曾修胜善根，萍水相逢念佛缘。她用这副对联介绍自己效果很不错。

4）用名句、谚语等增加文采，如"有缘千里来相会；天下没有不散的宴席；百年修得同船渡；物唯求新，人唯求旧；有朋自远方来不亦乐乎"。

五、首次沿途导游

对于广大旅游者来说，经过长途旅行虽然疲劳，但踏上了陌生的土地，其内心活动是很复杂的——兴奋、好奇、急于了解，因此地陪应抓住时机，开展首次沿途导游。首次沿途导游是显示导游人员知识、导游技能和工作能力的大好机会，精彩成功的首次沿途导游会使旅游者产生信任感和满足感，从而在他们的心中树立起对导游人员良好的第一印象。

1．沿途导游讲解的原则

（1）客观性　导游人员的沿途讲解，要以所见事物为介绍内容，见物讲物，见人说人，讲解的内容与所见景物同步。因为游客初到一个陌生的城市，对沿途所见一切均有强烈的好奇心，在汽车经过的地方，常常会就所见景物心中涌出"这是什么"的疑问，而导游人员在此刻对此进行及时的解释会有很好的效果。切忌漠视游客的心理，而大讲其他与沿途景物不搭界的内容，这些内容在未来几天的游览中是有机会讲解的。

（2）选择性　对沿途的所见景点应该做选择性的介绍，做到取舍得当。平淡无奇的不讲，旅游者忌讳的不讲，看不清楚的不讲，有损当地形象的不讲。要讲那些游客感兴趣的、能体现当地特色的、具有标志性意义的内容。有些景物，当地人可能是司空见惯，不以为然，但由于地域差异和文化差异的客观存在，对游客来讲可能就是新奇的。例如，竹子在我国的南方是非常普通的，但北方人则会感兴趣；反之，北方的白杨树对于南方人也同样有吸引力。

（3）灵活性　沿途导游讲解的内容没有固定模式，贵在灵活。既要迎合游客的好奇心理，也要根据实际情况掌握，做到反应敏捷、语言精练、时机恰当、指示明确、点到为止。

2. 首次沿途导游讲解的主要内容

首次沿途导游应介绍游客最感兴趣、最想了解的事情，主要包括风光导游、风情介绍和下榻酒店介绍三个方面。首次沿途导游具体实用知识和注意事项包括以下几点：

（1）介绍当地的时间及气候，要求大家迅速适应时差。如果本站是外国游客在境内的首站，要告诉游客两国（地）之间的时差，并可请游客们拿出手表，告诉他们按北京时间进行调拨，并说清今后按北京时间进行活动。此外，介绍当地的气候，请游客注意更衣，对于外国游客来说，刚入境时往往会受到时差的困扰，最好能介绍一些克服时差感的方法。

（2）说明从抵达处到饭店的距离，以及饭店在城区的位置。如果入住的饭店是游程中的一大亮点，可在此时介绍饭店的名称、建成年代、星级、饭店所提供的服务项目等。（“住”的导游讲解详见“任务3　入住饭店服务”。）

（3）告知游客在当地逗留的时间，以及在该地的主要参观、游览活动安排和注意事项。

（4）介绍有关当地的旅行常识、乘坐交通工具的方法、当地的邮电情况等。

（5）介绍当地的主要风土人情，当地居民的风俗习惯、礼节礼貌、生活方式等。对于外国游客，可介绍一些中国人的生活习惯，如中国人没有拥抱和接吻的习俗，告诫外国游客要入乡随俗，也可介绍中国人讲究“尊老爱幼”、“以茶待客”的传统等，还可教外国游客常用的汉语问候语，如“你好”、“谢谢”、“再见”之类的简单汉语，活跃气氛，提高游客兴致。

（6）介绍当地著名土特产以及有名的购物地点，风味名菜及其特色，主要商业中心及营业时间。

（7）介绍当地的最基本情况，包括地理位置、气候条件、人口、历史沿革、行政区划、经济文化以及该市的主要旅游资源、旅游设施和旅游接待能力。

（8）对外国游客还要介绍兑换货币的地方，说明游客所携带的货币与人民币当天的比价，即当日的兑换率，并可拿出人民币进行实物介绍，让游客认识一下人民币并了解我国的货币情况。

以上8个方面，导游员在首次导游中可灵活掌握讲解的重点，但主要内容一般都应涉及。最好边结合沿途所见景物边进行讲解，让游客对将参观的城市有所了解。

首次导游内容，导游人员应有缜密的计划性，在游览行程中需要讲解的内容，就不要放在风情导游中介绍。要考虑到前后的照应，既避免重复，也需要对后面的内容做必要的铺垫。由于有了先前的铺垫，以后再提及起来游客就不会感到突然，就可以顺理成章地进行导游讲解；同时这种铺垫也能有效地激发起游客对即将游览的内容的兴趣。例如，旅游车行驶到天安门广场时，导游员就可以介绍，“这就是天安门广场，是世界上最大的城市广场，左手边就是天安门，里面是故宫，前面的桥叫金水桥，共有七座，在古代，不同级别的官员在不同的桥上行走。为什么？明天我们就要到这里来游览，到那时我会详细为大家解说。”计划安排的游览项目，此时只简单提及，并不作过多介绍，令游客对明天的日程充满期待，可以起到更好的作用。

六、商量并宣布日程安排

根据接团通知单，地陪与领队、全陪商量和编制旅游日程，核实无误后，向全团客人宣布该日程安排。地陪也可先行宣布一个大致行程，待到达宾馆与领队、全陪商量核实后，再宣布详细日程。

如果在商量日程安排时发现组团社和接待社的团队行程表有差异，地陪应仔细核对接团计划单及组团社的传真件，并向本社有关部门汇报，让其与组团社核对日程、查明原因，确定日程后，再向客人宣布并解释原因。

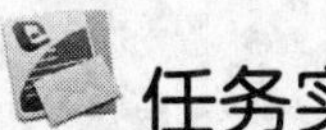

任务实施

【步骤一】旅游团抵达前的服务

1．确定旅游团所乘交通工具的准确时间

旅游团乘飞机到达，地陪可以通过电话提前与机场问询处确认团队所乘航班的准确抵达时间，从而为后续工作的开展进行决策和安排。

2．与全陪、旅游车司机、行李车司机联络

因为是入境团的第二站，作为地接社的导游一般提前一天与旅游团领队或全陪取得联系，与领队或全陪确认好旅游团抵达人数，并约好时间、等候地点；同时要告诉司机该团的活动日程和时间安排，并与司机（包括行李车的司机）商定出发时间，确定会合地点，按时前往机场迎接游客。

3．提前半小时抵达接站地点

一定要提前半小时到机场，在接站地点恭候游客。到了机场后，与司机商定停车位置，并记住车辆的标志和停车位置。

4．核实班次抵达的准确时间

因为任何交通工具在行程中都存在着变数，地陪须再次向机场问询处确认航班抵达的准确时间。

5．迎候旅游团

手持接站牌、导游旗站在出口处醒目的位置，热情迎接旅游者。

【步骤二】旅游团抵达后的服务

1．认找旅游团

在游客所乘航班着陆后，地陪要留意机场电子屏幕的相关信息，并在出站口位置非常专心地观察出站游客的标志，可以根据游客来源的国别、团队的徽记标志做出判断，及时与旅游团的领队接洽，根据接团计划上的信息，一一核对，双方情况相符后才能确定接团。

2．核实实到人数

确定接到团后，向领队核实实际到达的人数，如果实到人数与计划上有出入，应该马上报告旅行社，并与酒店等相关接待部门取得联系，确保游客吃、住等各方面的顺利落实。同时向领队了解游客旅途中的身体状况，观察游客的情绪状况。

3．集中清点行李

与领队、全陪、行李运送员在一起进行行李的交接、清点。

4．集合登车

（1）要提醒旅游者带好随身物品，热情地引导游客前往乘车处，观察游客的情况，确定他们是否需要照顾，如果需要，则要适时给予帮助。

（2）当游客上车时，要恭候在车门旁，一边协助游客上车，一边识记游客。

（3）上车后，协助游客尽快就座，帮助其摆放行李物品，检查行李架上的物件是否摆放稳妥。

（4）用眼睛礼貌地清点人数，确定全部到齐后，示意司机开车。

导游在车上清点人数要做到快速准确，如果游客人数较多，可以采用目测法测定车内空位数，通过汽车核定载客人数减去空位数来确定游客人数，也可以采用国际标准清点人数法，即在清点人数的时候，在心中默数，可以以轻微的点头代替手指清点，左手自然下垂放在体侧，用手指的屈伸计数，口中不能发出数数的声音，手指不能指向游客。

【步骤三】转移途中的服务

车辆启动，地陪应站到车厢的前部，在司机附近，打开座椅靠背，站正靠稳，一只手抓牢扶手，一只手拿好话筒，表情自然而有笑容地面对游客，正式开始转移途中的导游讲解工作。

1．致欢迎词

由于是外宾旅游团，首站接团应该让中国组团社的全陪导游先代表我国组团社致欢迎词。全陪的欢迎词致完之后，地陪导游代表广州地接社致欢迎词。模拟如下：

尊敬的来自英国的朋友们：

上午好！我们中国有句古话："有朋自远方来，不亦乐乎！"首先我代表广州××旅行社欢迎各位朋友的到来，来到中国、来到广东省会城市广州参观游览。请允许我向大家做个简单的自我介绍。我是来自于广州市××旅行社的导游，我叫××。今天为大家驾车的司机姓王，王师傅经验丰富，坐他的车平稳舒适，安全没问题。接下来在广州的两天行程就由我和王师傅共同为大家服务，相信我和王师傅默契的配合，热情周到的服务，会让大家在广州渡过快乐、难忘、有意义的两天，同时，大家在旅游活动过程中有何想法和建议，可以直接告诉我或司机师傅，也可以通过你们的领队来转告我。我和王师傅将尽最大的努力为英国的朋友们提供帮助，在此，我先预祝大家旅途平安、快乐！

2．调整时差

北京时间比英国伦敦时间早 8 小时。由于旅游团来到广州已是旅游的第二站，时差调整应在旅游的第一站已经说明了，在此可再次强调是以我国的北京时间作为作息时间。

3．首次沿途导游

从广州新白云国际机场到入住的花园酒店，全程约 30 公里，行车时间大约 30 分钟，全程开展进入广州的首次沿途导游讲解，模拟如下：

各位游客，现在我们即将前往下榻的花园酒店，全程约 30 公里，行车时间大约需要 30 分钟。利用这段时间，我简要地介绍一下广州的情况。

我们刚刚驶离的机场是广州的新白云国际机场，广州新白云国际机场位于广州市北部，白云区人和镇和花都区新华镇交界处，距市中心海珠广场直线距离 28 公里，这座耗资近 200 亿元的机场，采用了世界上最先进的建筑工艺，总体建筑风格轻灵飘逸，散发出浓郁的现代气息，震撼人心，并以其现代化而闻名于世，成为广州的标志性建筑之一。

现在我们车辆行走的这条路是机场高速，机场高速全线 50.47 公里，于 2007 年 2 月 1 日全线贯通，是广州北部一条连接京珠高速和街北高速的“大动脉”。映入眼帘的是宽阔整洁的路面，双向六车道新刷的交通线白得醒目，以 120 公里的时速奔驰在路上，人在车内没有一点颠簸的感觉。大家可以看看车窗两边的景致非常宜人，道路两旁是精选的华南绿色园林植物。有的朋友注意到了，路边高大的树枝上挂着朵朵鲜艳的红色花朵，这就是我们广州的市花木棉花。木棉花是世界上最高大的市花。木棉树是一种乔木，十分高大，大都有六七层楼高，它春天开花时没有一片绿叶，花大而艳红，树冠总是高出附近的树群，以争取阳光雨露，木棉因这种奋发向上的精神及鲜艳似火的大红花，被人誉为英雄树、英雄花。有人说广州是一座英雄的城市，是英雄的鲜血染红了木棉花。因此，广州又称木棉花为英雄花。

过了机场高速，我们现在进入的是广州的内环路。内环路主体工程于 1999 年年底建成，总投资 62.88 亿元，是广州市改善城市中心区交通和总体环境的综合工程，内环路是工程建设的关键项目，总长 26.7 公里，内环路建设采取在现有主要道路上架设高架路的方式，并设 7 条联络道与环城高速公路连接。由于要穿越居民住宅，其拆迁量超过地铁一号线，达 51 万平方米，是广州有史以来最大的拆迁工程。内环路是快速干道，路宽 50 米，基本是高架路，双向六车道或四车道，设计时速 50～60 公里，全程只需 20 多分钟。它围绕市中心区，跨越 7 个区，共设 12 座立交桥和 11 对匝道。内环路的建成，大大改善了广州市市区地面交通状况，市中心区的车速提高了 30%～50%，车辆产生的废气减少了一半，同时提高了城市交通管理水平，具有较好的经济效益和社会效益。

从内环路下来，车辆拐弯处是雕塑公园和麓湖公园景区，麓湖是广州市内最大的人工湖之一，景区内有聚芳园、星海园等景点，现在公园已免费向公众开放，成为广州居民休闲游乐的好去处。

现在车辆驶入的是环市路，环市路是广州三条东西主干道之一，因环绕老广州市区的北部建设而得名。环市路是广州的传统商业旺地，道路两旁大厦林立，主要建筑有广东国际大酒店、亚洲国际大酒店（63 层）、广州花园酒店、广州白云宾馆、广州友谊商店等。现在广州五号地铁线也沿环市路穿过。

我们入住的花园酒店马上就到了，下面我简单地介绍一下饭店的情况……

课堂训练与测评

（1）分别针对来自日本、俄罗斯、马来西亚的旅游团编写欢迎词，并开展角色模拟演练。讨论如何根据不同的旅游团队有针对性地致欢迎词。

（2）结合本地区主要旅游景点的风光与风情，编写首次沿途导游讲解词，并分角色模拟演练。

（3）当北京时间为上午 10 点时，此时，东京、纽约、巴黎、法兰克福、新加坡、悉尼分别是什么时间？

（4）案例分析：

地陪小张接受旅行社的委派前往机场迎接由北京而来的某法国旅游团。上午 10:40，小张与司机抵达机场。与司机确定了停车地点与等候时间后，小张与行李员直奔国内到达厅出港口。10:50，该航班准点到达，旅客陆续从出港口走出。小张凭着丰富的经验迅速认找到了旅游团，并与领队、全陪核对了团号、客源国、组团社名称、领队和全陪的姓名，确认无误。

随后，她面带微笑地对跟在领队和全陪身后的游客说："各位游客，大家好！欢迎来湖南做客，我是陪同大家此次旅游的××旅行社的导游人员。我姓张，叫张××，大家可以叫我小张或张小姐。首先，请允许我代表本旅行社和本人，对各位的到来表示最诚挚的欢迎！

这次能够陪同大家一起旅游，我感到十分荣幸，为了能够让大家的旅游活动更加顺利、平安和快乐，我将竭尽所能，也希望大家多多配合，对我们的工作多提宝贵意见。在此，小张先谢谢各位了！

接下来，我向各位简单介绍一下在湖南的活动日程。首先，我们将前往下榻的酒店——湖南××国际大酒店。中午休息之后，我们将要去参观×××博物馆和××书院。从明天开始到下周一，我们为大家安排的活动是到世界自然遗产×××风景名胜区游览。在开始这次旅游之前，我先提醒大家注意一下时差。我们湖南采用的是北京时间，与贵国有 9 个小时的时差，请大家同我对一下手表，现在是北京时间 10:56。好了，现在大家自己检查一下行李是否拿好了，然后交给我身边的这位行李员。各位游客，我们去停车场上车吧。"

请分析这位地陪在迎接服务工作中有哪些不妥之处。

任务 3　入住饭店服务

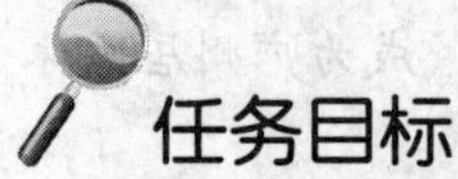

任务目标

- 了解"住"在游客旅游活动中的地位与作用。
- 熟悉开展入住饭店讲解时的相关知识和资料。
- 掌握并熟练运用入住饭店服务中导游讲解的技巧、途径和方法。

任务引入

➲ 任务 3-1

有一个从新疆乌鲁木齐乘飞机来广州旅游的 18 人维吾尔族商务旅游团，先要在广州旅游三天，入住广州花园酒店，广州××旅行社承担了地接工作，派你负责本次地方导游接团任务，请完成本次入店服务工作。

➲ 任务 3-2

该旅游团队的一位游客提出要求住单间，作为地陪，你应如何处理？

任务分析

【任务 3-1】该旅游团经过长途飞行，作为地陪，在你带领旅游团进入酒店后，应尽快协助领队办理入住手续，尽快让游客取得行李，拿到房间钥匙，详细地向新疆维吾尔族游客介绍饭店及其功能区分布，带领新疆游客用好第一餐，并及时宣布当日和次日的活动安排，与全陪确定叫早时间，并通知酒店前台。

【任务 3-2】这是一个处理游客在住房方面个别要求的任务，在住房方面，当游客提出个别要求时，导游首先要问清其原因所在，并与领队、全陪商量处理办法。如果游客坚持住单间，地陪应和宾馆服务台联系要求增加住房，所产生的费用由游客自理。

相关知识

一、入住饭店服务程序

1. 协助办理住店手续

旅行团抵达饭店后，地陪应协助领队和全陪办理住店手续，地陪核实实到人数，取好房卡或房牌后，交由领队或全陪分发。

地陪应留一份客人住房名单和房号，特别注意领队、全陪的房间号，并将自己的联系方式（一般是手机号码）告知领队、全陪。

如果是接早班机、车，暂时无法入住酒店时，可先游览、后进店。客人的行李可放置在车上或将行李运到饭店大堂交饭店保管；尽量安排较为轻松的行程，在前往景点途中作简单介绍后让客人适当休息；下车前提醒客人关好车窗，贵重物品随身携带。

2. 介绍饭店设施，宣布集合时间与地点

进入饭店，地陪应向客人简要介绍饭店设施，如中西餐厅、娱乐健身场所、外币兑换处、公共洗手间、商场、电梯位置等，并交代住房注意事项。在客人进房间前，地陪应宣布有关当天和第二天活动的安排、集合时间与地点，如："现在各位可回房间稍事休息，我们 18:30 在大堂集合，到二楼中餐厅用晚餐。"

游客进入房间，不等于一切都好了。此时，地陪应在饭店稍作停留，或告诉游客自己所住的房间号，游客如果有事可以找地陪解决。通常会出现的问题有：

（1）门锁打不开。

（2）浴室无热水，水龙头漏水。

（3）房间不干净，被单没有换。

（4）卫生间没有消毒或缺少浴巾、肥皂、卫生纸等。

（5）房间内电视、空调等电器不能正常使用。

（6）行李没到或被别人拿错了。

发生以上情况，地陪应协助饭店迅速解决，并向客人讲明情况，以示歉意。千万不可同客人一起抱怨饭店。

3. 监督行李进房

若接待境外旅游团，地陪应在本团行李到达饭店后，负责核对行李，提醒饭店行李员及时将客人行李送到房间，并向客人询问行李是否到齐、有无损坏。

4. 商定并通知叫早、用餐时间

根据第二天的活动日程安排，地陪应与全陪、领队商定叫早、用餐时间，并在团队集合用晚餐时，宣布叫早、早餐的时间。通常叫早时间距早餐时间间隔约半小时。同时地陪应将本团客人的房号、叫早时间通知饭店服务总台，并与餐厅联系通知用餐时间。

5. 饭店内用餐服务

地陪向客人宣布在饭店就餐前，应向客人介绍饭店就餐餐厅的具体位置、就餐形式、时间及有关餐饮的规定等，并提前告知餐厅旅游团的特殊要求。客人在饭店内进第一餐时，地陪应提前十分钟在餐厅外或大堂等候客人，主动引领客人到餐厅用餐，并将领队、全陪介绍给餐厅经理或主管服务员，以便领队、全陪主持正常开餐。

6. 协助兑换外币

地陪应协助团队客人兑换外币，向客人介绍两国货币的兑换汇率，告知客人货币兑换地点及兑换程序，必要时带领客人前去兑换。导游不得私下与客人兑换外币。

7. 监督饭店履行合同

在整个旅游行程活动中，地陪有责任监督饭店履行合同的情况，按合同安排好客人的住房及用餐，如住房的等级、房间设施的完善情况以及用餐标准等。总之，级别应与合同规定的服务规范匹配。

二、“住”的导游讲解技巧

1. 学会介绍星级饭店

有经验的导游员，在首次沿途导游的时候，就先提一下准备入住的酒店的位置、星级标准、服务水平，让游客一到达就吃一颗“定心丸”。

我国采用星级饭店等级制度，用五角星表示，一颗星为一星，依此类推，五星最高。最新的《旅游饭店星级的划分与评定》中，增加了“白金五星级”（为五星的附加等级）。

2. 向游客介绍所下榻饭店的特色服务

同样的星级饭店，在服务过程中都会有自己特色的服务，这也是饭店业在发展竞争中所必需的。因此，导游员在带领游客入住前，要对所下榻饭店的特色有个基本的了解，并适时地向游客介绍。

通常情况下，旅游饭店的特色主要表现在建筑装饰、周边环境、客房布局与装饰、特色餐饮、服务水平与质量、娱乐项目、企业文化等方面。导游员要根据游客的具体情况有

选择地向游客介绍饭店，让游客全面了解整个饭店，相应提高游客对整个旅游产品质量的感知程度，进而加深对旅游目的地的印象。

3．介绍饭店时的主要内容

（1）饭店名称（一定要让游客记住饭店的名称）。

（2）饭店星级与规模。

（3）饭店设施设备条件，可根据游客的需要选择性地介绍。特别要注意介绍饭店钥匙的使用方法。

（4）饭店所处位置与交通状况，详细介绍周边交通条件，并教会游客如何使用各种交通工具和注意事项。

（5）饭店周围的商业及娱乐设施。

导游员在实事求是地讲解介绍过程中，要突出游客所下榻饭店的特点，要让游客感到下榻该饭店是旅行社为他们精心准备的，他们所享受的是同级标准中最好的服务，是当地同等档次中最有特色的饭店。例如：

老饭店——历史悠久，牌子响亮，服务规范，是身份的象征。

新饭店——设备齐全，装潢考究，虽不知名，但住起来实惠、舒适。

闹市区饭店——交通方便，商铺集中，夜生活丰富，是自由活动好去处。

僻静区饭店——闹中取静，环境幽雅，空气清新，是休闲度假的最好选择。

三、住房方面旅游者常见个别要求的处理

1．要求调换房间

团体旅游者到一地旅游时，享受什么星级的住房在旅游协议书中有明确规定，甚至在什么城市下榻于哪家饭店都写得清清楚楚。所以，接待旅行社向旅游团提供的客房若与协议书中不同，即使用同星级的饭店替代协议中标明的饭店，旅游者都会提出异议。若提供的客房低于标准，旅行社应负责予以调换，确有困难须说明原因，并提出补偿条件；若使用同星级的饭店替代协议中标明的饭店，旅行社要提供有说服力的理由。

客房内有蟑螂、臭虫、老鼠等，游客要求换房，应满足其要求，必要时应调换饭店；客房内设备尤其是房间卫生达不到清洁标准，应立即打扫、消毒；旅游者要求调换不同朝向的同一标准客房，若饭店有空房，可适当予以满足，或请领队在内部调配；无法满足时，应做耐心解释，并向旅游者致歉。

2．要求更高标准的客房

旅游者要住高于合同规定标准的房间，如有空房，可予以满足，但旅游者要交付原定饭店退房损失费和房费差价。

3．要求住单间

住双人间的旅游者要求住单人间，如饭店有空房可予以满足，但房费自理；同屋旅游者因闹矛盾或生活习惯不同而要求住单间，导游人员应请领队调解或在内部调整；若调解、调配不成，饭店有空房可满足其要求，但导游人员须事先说明，房费由旅游者自理（一般

是谁提出住单间谁付房费）。

4. 要求购买房中摆设

旅游者看上了客房内的某一摆设，要求购买，导游人员可协助其与饭店有关部门联系。

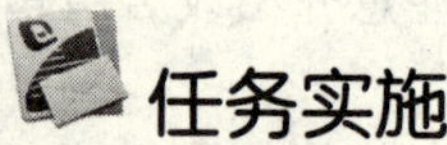

任务实施

任务 3-1 的实施步骤

【步骤一】协助全陪、领队办理入住手续

地陪要协助全陪办理旅游者的住店登记手续，向游客索取办理入住手续必要的证件，国内游客通常是身份证，如果是国外游客，则主要是护照、旅行证等。在交接这些证件时，应有口头或书面交代，证件用毕，一定要及时还给领队或游客，不要替游客保管证件。

办好入住手续后，请领队分发房卡，掌握领队、全陪和旅游团成员的房间号，并将自己的联系方式告诉全陪和领队。

【步骤二】介绍饭店设施

待游客拿到房卡后，集中起来讲一讲本团队所住的楼层，钥匙房卡的正确使用方法，介绍一下饭店内的设施与设备，可以在饭店内享受哪些服务，功能区分布的楼层位置，如餐厅、运动场所、娱乐场所、商品部等；针对外国朋友，特别要介绍外币兑换处及兑换比例、西餐厅位置等，并做一些提醒工作，如安全提醒等；讲清住店的注意事项，一些主要功能场所的作息时间，如用餐的楼层、地点、时间、用餐的形式等。模拟如下：

各位游客：

我们今天入住的饭店是广州花园酒店。各位一定听说过了，花园酒店是目前国内最具规模的白金五星级酒店之一，白金五星级是中国旅游饭店业的最高级别，而广州花园酒店是全国仅有的三家白金五星级饭店之一。花园酒店于1985年开业，是我国改革开放的硕果、中外合作的典范。世界知名的建筑设计师贝聿铭先生为花园酒店勾画了建设蓝图；前国家主席杨尚昆同志为花园酒店奠基；国家领导人、改革开放总设计师邓小平同志为花园酒店亲笔题写店名。酒店坐落在地理位置极为优越的环市东路繁盛商业区的心脏地带，交通极为便利。店内装饰富丽堂皇，具有岭南特色，配套设施齐全，14 间中西餐厅及酒吧，荟萃中、法、意、日等多国美食，酒店大堂设有商务中心、外汇兑换处、商场等；酒店的房间门卡上面标有房间号码，房间门卡为智能卡，开锁时，您只需将门卡的感应部位放置于门锁上，听到“嘀”的一声，门锁指示灯由红变绿，房门即可打开。进入房间后，直接插卡取电。大家如果需要在酒店里打电话，请记住：房间与房间通话直接拨房号，打长途电话时，先拨“0”，听到长声后，再拨您要拨的电话号码，每个房间都配有自费物品，您如在酒店内有了消费，请在离开酒店前，主动去前台结账，酒店受理运通、长城、牡丹等信用卡。

我们旅游团的房间都集中在18楼，大家可以乘坐大堂左侧的电梯上去。进入酒店房间后，请大家认真检查一下房间中所提供的必需物品是不是齐全，设备是不是处于完好状态，如果有什么问题，请及时与我联络，我就在酒店的大堂等候大家。

【步骤三】照顾行李进房

地陪应督促饭店行李员将行李送到游客的房间，照顾行李进房，关注游客取得行李的情况。

【步骤四】带领旅游团用好第一餐

在用餐前，要提前到餐厅了解餐厅的准备情况，由于本团游客是维吾尔族，信仰伊斯兰教，因此在饮食方面要求清真饮食，导游要特别关注餐厅是否做了准备。然后根据入店时与游客约定的用餐时间，提前 10 分钟在用餐地点等候。待游客到来后，引领游客进入餐厅到位置上就座。用餐前，应向游客介绍就餐的有关规定，哪些消费属于费用内，哪些属于费用之外。地陪将领队介绍给餐厅经理或主管，以方便联系。等游客入座后祝大家用餐愉快，待游客开始用餐后才能离开，用餐过程中要巡视一两次，及时了解游客对餐饮的反映。

【步骤五】宣布当日或次日的活动安排

用餐快结束前，要向游客宣布当日或次日的安排，包括用餐时间、集合时间、集合地点、活动项目、提醒游客做好必要游览准备等内容。

【步骤六】确定叫早时间

与领队、全陪一起商定第二天的叫早时间，叫早时间确定后，由领队通知全团成员，地陪负责将叫早时间通知饭店总服务台，办理叫早手续。

任务 3-2 的实施步骤

【步骤一】针对游客提出换住单间的要求，地陪先要问清游客换住单间的原因，然后与领队、全陪商量换房的办法。

【步骤二】先在旅游团队内部游客之间调剂，如果调剂不成，地陪应和酒店服务员联系要求增加住房。但事先要和游客讲清楚，换住单间的费用需要由游客自理，一般由提出换单间的游客承担，即谁提出谁买单。

课堂训练与测评

（1）选择当地的星级酒店，编写酒店介绍导游讲解词，并开展角色模拟演练。

（2）根据任务 3-1 中的安排，该旅游团第二天下午要游览西汉南越王博物馆、北京路商业步行街，晚上夜游珠江，请开展模拟演练，宣布次日的活动安排。

（3）案例分析：

1）某旅游团队入住某酒店，在办理入住手续时，地陪才被告知，由于时值旅游旺季，原定的全部标准双人房的一部分被三人房取代，被分到三人房的客人均不愿意入住。如果你是该团的地陪，怎样做才能让客人满意？

2）海南某国旅地陪小周带团入住三亚福临酒店，旅游团队共 18 人，9 男 9 女，安排双标房时出现单男单女，此时地陪、全陪、领队该怎么办？

任务4 核对商定日程服务

任务目标

- 掌握日程变更修改的原则和方法。
- 具备在核对商定日程时出现不同情况的处理能力，能灵活处理日程的变更。

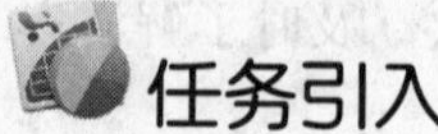

任务引入

➲ 任务 4-1

有一个从俄罗斯来中国旅游的15人的旅游团，从北京口岸入境，北京市国际旅行社承担了北京游的地接工作，旅行社派你负责本次地方导游接团任务。在核对商定日程时，领队代表旅游团提出将计划中的游览圆明园改为游览雍和宫，因为雍和宫是北京最大的藏传佛教寺院，游客们更感兴趣。面对客方的要求，应该如何处理？

➲ 任务 4-2

该旅游团队第二站到了上海，上海青年国际旅行社承担了本团在上海浏览的地接工作。旅行社派你负责本次地方导游接团任务。旅游团到了饭店后，你和领队商谈日程安排时，发现领队手中计划表上的游览点与自己接待任务书上所确定的游览景点不一致，领队的计划表上多了两个景点，请问你应该如何处理？

➲ 任务 4-3

该旅游团队第三站到了桂林，桂林山水国际旅行社承担了本团在桂林浏览的地接工作，旅行社派你负责本次地方导游接团任务。计划安排10月20日游漓江，10月21日上午游芦笛岩，在核对商定日程时，旅游团听说阳朔西街的晚上很好玩，提出计划中的芦笛岩不去了，而改为游览阳朔西街，你应该如何处理？

任务分析

核对商定日程是导游接团的第四个工作步骤，是地陪与领队、全陪合作的序曲。

【任务 4-1】领队代表旅游团提出将计划中的游览圆明园改为游览雍和宫，需要的时间差不多，日程没有改变，只是两个景点的门票价格不同，属于客方提出小的修改意见的情况。

【任务 4-2】领队手中的计划与地陪手中的计划有出入，导游应该具体问题具体分析，必须弄清真相，有针对性地处理。如果处理不当会给旅行社带来损失，甚至会导致游客不满。

【任务 4-3】原计划游漓江是一天，当天就要返回桂林市住宿，司机与车辆都是当日返回的，如果住在阳朔的话，涉及桂林、阳朔两地吃、住等一系列问题，还要取消第二天到芦笛岩等相关景点的游程，整体改动比较大，属于客方提出的要求与原日程不符，且又涉及接待规格的情况。

相关知识

核对、商定日程是旅游团抵达后的一项重要工作，可视为两国（两地）间导游人员合作的开始。旅游团开始参观游览之前，地陪应与领队、全陪商定本地节目安排，并及时通知到每一位旅游者。

一、核对商定日程的原因

旅游团在一地的参观游览内容一般都已明确规定在旅游协议书上，而且在旅游团到达前，旅行社有关部门已经安排好该团在当地的活动日程。即便如此，地方导游人员也必须做好核对、商定日程的工作。为什么要核对接待计划和商定节目安排？

（1）旅游者有权审核活动计划，也有权提出修改意见。

（2）导游人员与旅游者商定日程，既是对旅游者的尊重，也是一种礼遇。

（3）领队希望得到他国导游人员的尊重和协助，商定日程并宣布活动日程是领队的职权。

（4）特种旅游团除参观游览活动外，还有其他特定的任务，商定日程显得更为重要。

二、核对商定日程的时间

最好在游客到达的当天核对商定日程的时间，进行得越早越好。因为越早了解游客的要求，地陪安排和落实的时间就越充分。

三、核对商定日程的地点

一般可选在从旅游团抵达点到饭店的路上，也可选在旅游团领队的房间里，或在饭店大堂内。对于一些重点旅游团队、学术团队、专业团队、考察团队可考虑租用会议室进行座谈。

四、参与核对商定日程的人员

（1）对于境外旅游团队，可由旅游团领队与全陪、地陪商定日程和节日安排。若领队希望团内有名望的人参加，也应表示欢迎。

（2）一般参观团队没有正式的领队且团长是临时推选的，由于团内没有权威人士，这种情况下可以同全团一起商谈日程。

（3）较正式的代表团，有正、副团长，如日本的代表团一般团长威望较高，或单位组织的旅游团队，团内有单位的行政领导，对这样的团可以只同团长、副团长、秘书长或单位的领导一起商谈，其他成员会愉快服从和接受商谈好的日程安排。

（4）重点团、学术团、专业团，这类团的要求多，团内成员还各有见解，因此应请团长、副团长、秘书长和他们认为有必要参加的人参加。对学术问题，导游不应过分介入，对他们的要求应尽量满足。

五、核对商定日程应遵循的原则

（1）尽量不对旅行社已经制定的日程内容做较大的变动。

（2）尽量满足客人要求，特别是重要人物的个别要求、普通人物的特殊要求。

（3）对于全团有异议的项目，应本着少数服从多数的原则进行。对旅游团内部矛盾不应介入，不应将旅游团分裂成小组。

（4）在变动日程确有困难、正当要求不能满足时，要耐心解释，以便得到大多数人的谅解。婉言拒绝要留有余地，要让旅游者感到要求虽没有被满足，但导游和旅行社是尽力而为了。

六、核对商定日程时的处理方法

在核对、商定日程时，对出现的不同情况，地陪要采取相应的措施。

1．提出小的修改意见或增加新的游览项目时

（1）及时向旅行社有关部门反映，对合理又可能满足的项目，应尽力予以安排。

（2）需要加收费用的项目，地陪要事先向领队或旅游者讲明，按有关规定收取费用。

（3）对确有困难无法满足的要求，地陪要详细解释、耐心说服。

2．提出的要求与原日程不符且又涉及接待规格时

（1）一般应予婉言拒绝，并说明我方不便单方面不执行合同。

（2）如确有特殊理由，并且由领队提出时，地陪必须请示旅行社有关部门，视情况而定。

3．领队（或全陪）手中的旅行计划与地陪的接待计划有部分出入时

（1）要及时报告旅行社查明原因，分清责任。

（2）若是接待方的责任，地陪应实事求是地说明情况，并向领队和全体旅游者赔礼道歉。

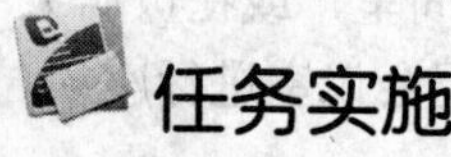

任务实施

任务 4-1 的实施步骤

针对客方提出小的修改意见或要求增加新游览项目的处理步骤如下：

（1）首先应该及时向旅行社有关部门反映客方的修改要求。

（2）经过与旅行社商量后，认为此修改属于合理而且是可能实现的要求，可以答应修改，并对领队和游客讲清，两个景点之间门票存在一定差价，需要增加额外费用，要按规定收取。

任务 4-2 的实施步骤

针对领队（或全陪）手中的计划与地陪的接待计划有部分出入的情况，导游员的处理步骤如下：

（1）应及时与旅行社联系，请旅行社负责人指示应按哪份计划实施接待。

（2）及时报告旅行社，查明原因，分清责任。如确认按地接社计划单上所规定景点游览，则除了重点游览、讲解规定景点外，应尽量能让游客看到没有安排的那些景点，并做必要的指点、讲解。

（3）如果游客愿意自费游览不能安排的景点并且时间允许，在收取费用后，应予满足。

（4）若是接待方的责任，地陪应实事求是地说明情况，并向领队和全体旅游者赔礼道歉。

任务 4-3 的实施步骤

客方提出的要求与原日程不符且又涉及接待规格的处理步骤如下：

（1）要婉言拒绝，并说明我方不便单方面不执行合同。

（2）如果领队和游客的要求非常强烈，有的游客提出想到阳朔看看投资环境，面对特殊情况，请示旅行社有关部门后，可视情况而定。

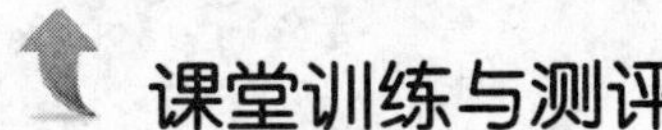

课堂训练与测评

（1）在核对日程时，旅游者提出的要求与原日程不符且又涉及接待规格时，地陪该怎么办？

（2）在核对日程时，旅游者提出小的修改意见或增加新的游览项目时，地陪该怎么办？

（3）在核对日程时，地陪接待计划中旅游行程与旅游者或全陪、领队手中行程不同时，地陪该怎么办？

任务 5　参观游览服务

任务目标

- 掌握参观游览整个服务过程的操作流程。
- 掌握地陪安排参观游览活动的技巧和方法。
- 掌握途中导游和景点导游讲解的技巧、途径和方法

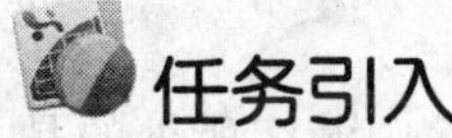

任务引入

有一个我国香港来桂林旅游的 22 人旅游团，10 月 20 日下午 18:40 到达桂林，桂林国旅承担了本次地接工作，派你负责本次地方导游接团任务。按照计划，第二天的旅游行程安排如下：7:00 起床，7:30 吃早餐，8:00 在桂林宾馆大厅前集合出发前往叠彩山、象鼻山、靖江王府，观看茶艺表演，中午 12:30 在桂林新兴饭店用中餐，下午 1:30 集合游芦笛岩、伏波山，参观广西土特产总汇商场，下午 6:00 在桂林宾馆用晚餐，晚餐后回房休息。请你

做好这一天的参观游览服务工作。

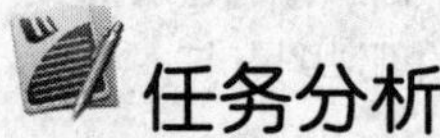

任务分析

该旅游团在桂林一天的旅游行程，涉及地陪在行、游、吃、购等方面的安排，地陪要按照旅游接待计划书的要求来合理安排旅游团活动，并在规定时间内完成任务，使游客获得安全、愉快、顺利的旅游体验，其中，有很多服务细节需要注意。

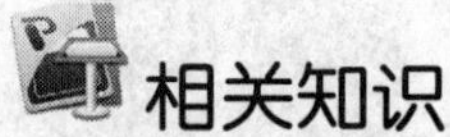

相关知识

一、做好出发前的各项准备

（1）准备好小旗、胸卡和必要的票证。

（2）督促司机做好各项准备工作。

（3）核实餐饮落实情况。

（4）出发前，地陪应提前 10 分钟到达集合地点。提前到达不仅为了在时间上留有余地，以身作则遵守时间，应付紧急突发的事件：也是为了礼貌地招呼早到的旅游者，询问旅游者的意见和建议，同时有一些工作必须在出发前完成。如果旅游团队在早餐后需办理退房，地陪一般应提前 10～30 分钟到达酒店，协助全陪或领队收齐房卡后办理退房手续，缩短因退房等待的时间。

（5）核实、清点实到人数。若发现有旅游者未到，地陪应向领队或其他旅游者问明原因，设法及时找到；若有的旅游者愿意留在饭店或不随团活动，地陪要问清情况并妥善安排，必要时报告饭店有关部门。

（6）提醒注意事项。地陪要向旅游者预报当日天气和游览点的地形、行走路线的长短等情况，必要时提醒旅游者带好衣服、雨具及换鞋等。

（7）准点集合登车。早餐时问候旅游者，提醒集合时间和地点；旅游者陆续到达后，清点实到人数并请旅游者及时上车，地陪应站在车门一侧，一面招呼大家上车，一面扶助老弱者登车；开车前，要再次清点人数。

二、途中导游

1．沿途风光导游

在介绍当地概况时可穿插沿途风光导游，适时地介绍本地风貌、发展概况及沿途经过的重要建筑物等。沿途风光导游要注意以下事项：

（1）熟悉行进路线，掌握途中景物的分布和景观的变化规律　由于途中游客所处的是一个动态的场所，因此在导游讲解中，导游员要注意尽量做到翔实而准确地指点与说明，对每一个途中可能看到的景观要娴熟于胸，指点景物时一定要提前提醒游客在什么方位可能看到某物或某景。

（2）讲解重点明确　途中讲解的内容要确定，切勿让游客左顾右盼，莫衷一是，重点要突出，景物要实在，侧重讲优势，适当掩饰缺陷。在途中导游过程中，要善于借景抒情、借景宣传、借景传文、借景交友，把握好游客的心理需求和讲解的延伸效应。从机场到下榻饭店的途中，导游员首先要向游客致热情洋溢的欢迎词，接着要消除游客的紧张和不安心理，要延伸介绍当地的气候、饮食等。

（3）注意点线面的有机结合　途中旅行以线为主，但周围的景物分布则是点状的，讲解的衍生特别是风俗介绍等是面上的。因此，导游员在为游客提供途中导游服务时，要根据实际情况，如游客的身体、情绪、车辆行进的速度、周边景物的变化等，有机地组织好自己的口语导游讲解内容，吸引游客的注意力，展示自己的导游风采，获得游客的信任和依赖。

2．介绍游览景点

抵达景点前，地陪应向游客介绍该景点的简要概况，尤其是景点的历史价值和特色。讲解要简明扼要，目的是为了满足游客事先想了解有关知识的心理，激起其游览景点的欲望，也可节省到目的地后的讲解时间。

3．活跃气氛

如旅途时间长，可以讨论一些游客感兴趣的国内外问题，或组织适当的娱乐活动等来活跃气氛。

三、景点导游讲解

1．交代注意事项

抵达景点、下车前，地陪要讲清并提醒游客记住游览车的车型、颜色、标志、车号和停车地点、开车的时间；尤其是下车和上车不在同一地点时，地陪更应提醒游客注意。

在景点示意图前，地陪应讲明游览线路、所需时间、集合时间、地点等。

地陪还应向游客讲明游览参观过程中的注意事项，如博物馆内禁止使用闪光灯拍照，请要拍照的游客注意。

2．导游讲解

抵达景点后，地陪的主要工作是带领本团游客沿着游览线路对所见景物进行精彩的导游讲解。讲解的内容要因人而异、繁简适度，包括该景点的历史背景、特色、地位、价值等方面的内容。讲解的语言不仅应使游客听得清楚，而且要生动、优美，富有表达力；不仅使游客增长知识，而且能得到美的享受。

3．严格执行计划

在景点景区内的游览过程中，地陪应严格执行旅游合同，保证在计划的时间与费用内，使游客充分地游览、观赏。擅自缩短时间或克扣门票费用的做法都是错误的。

4．注意游客的安全

在游览过程中，地陪应做到讲解与引导游览相结合；适当集中与分散相结合；劳逸适度并应特别关照老弱病残的游客。在讲解时，地陪也应眼观八方、耳听六路，注意游客的安全，要自始至终与游客在一起活动；在景点的每一次移动都要和全陪、领队密切配合并随时清点人数，防止游客走失和意外事件的发生。

5．调节好游客的体力

旅游活动必然要消耗一定的体力。游客必须保持充沛的体力，才能保证游览活动的顺利进行，达到游客预期的旅游目的，满足游客的旅游动机。在调节游客体能方面，导游员要注意调节游客的生理状态，做到松弛、运动、休息和睡眠的有机整合。

（1）合理订餐，提醒游客增加营养，补充身体所需要的维生素。通过有效的服务，让游客保持心理和精神上的活力。导游员要及时指导游客“补充能量”，合理地使用“能量”，以保证顺利地行完自己的旅程。

（2）在实地游览活动中，让游客感到游览时的步行就像一次长距离的散步，使其觉得轻松自如。带领游客观景时注意，要慢步观境，停步观景。在游览某占地面积较大的景区时可以放慢脚步，对一些重要景物就得停下脚步，让游客看个仔细。边走边看，会造成眼、脚分离，容易失去协调，摔跌碰撞。但停步时间不宜过长，否则就像“发动机”熄火后再发动，既困难又造成较大的内耗。

（3）如果游览景点需要登山，而登山道又是石阶或较宽的路面时，导游员应带领游客走成S形，把陡坡变成慢坡，防止滑跌摔倒。

6. 给游客留下摄影拍照的时间

一般情况下，游客都希望能留影作纪念，并在旅游结束后有机会向亲朋好友介绍自己的游览经历。因此，照片是最好的一种介绍方式。通过让亲朋看照片，也可让游客感到一种满足。同时，通过游客的照片也可宣传旅游景区。因此，导游员在带领游客游览景区（点）时，不仅要通过精彩的讲解让游客获得知识与娱乐，同时，在游览过程中，一定要注意引导观赏与讲解的有机结合，要留出时间让游客自己去体味。同时，要用摄影家的眼光，指导游客拍照留念。要留出足够的时间，让每一位游客都能拍到满意的照片。但同时要注意，不能因拍照而影响了正常的游览活动。对个别的摄影爱好者，一定要多加注意，避免他们长时间逗留而影响整个旅游团队的行程。

四、参观活动

1. 做好安排落实工作

当安排旅游团到工厂、学校、幼儿园参观时，地陪一般都应提前做好联系落实工作。

2. 翻译或语言的传递工作

在参观时，一般是先由主人做情况介绍，然后引导参观。这时候，地陪的主要任务是翻译或做语言信息的传递工作；但整个参观活动的时间安排宜短不宜长。外语导游员应注意在翻译的过程中，介绍者的言语若有不妥之处，应予以提醒，请其纠正后再译。如来不及可改译或不译，但事后要说明，必要时还要把关，以免泄露有价值的经济情报。

五、返程中的工作

从景点、参观点返回饭店的途中，地陪可视具体情况做以下工作：

1. 回顾当天活动

回顾当天参观、游览的内容，回答游客的提问，如在参观游览中有漏讲的内容可作补充讲解。

2. 风光导游

如不从原路返回饭店，地陪应该对沿途风光进行导游讲解。

3. 宣布次日活动日程

返回饭店下车前，地陪要预报晚上或次日的活动日程、出发时间、集合地点等。提醒游客带好随身物品。地陪要先下车，照顾游客下车，再向他们告别。

4. 提醒注意事项

如当天回到饭店较早或晚上无集体活动安排，地陪应考虑到游客会外出自由活动，所以要在下车前提醒游客注意，如要外出，最好要结伴同行，带上饭店的地址和电话号码，尽量乘出租车前往。

5. 安排叫早服务

如该团需要叫早服务，地陪应在结束当天活动、离开饭店之前安排。

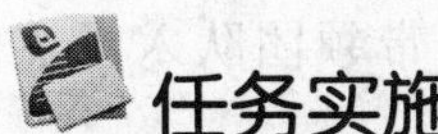

任务实施

【步骤一】做好出发前的各项准备

（1）至少应提前10分钟到达预先约定的集合地点——桂林宾馆大厅，等候游客前来集合。

（2）游客上车时要恭候在车门前侧，热情地招呼、引导游客上车。

（3）核实、清点游客实到人数。即将到达出发时间时，核实、清点人数。若有游客未到，应向领队、全陪或其他游客问明原因，对不明原因未到的游客要尽快设法找到；若游客不想随团活动，也要掌握情况给予妥善安置。

（4）开车出发前，向游客预报当日的天气和游览地点等，提醒游客做好携带雨具、防晒用品或换好鞋子等准备工作。

【步骤二】途中导游服务

1. 重申当日活动日程

车启动后，途中导游服务开始，要向游客再次说明当日的活动安排，包括全天游览项目，以及大致所需的时间，中、晚餐的时间与地点。重申当日的活动安排，目的是使游客心中有数，防止游客走失。一般来说，当天天气情况、到达第一个景点所需路上时间等，也可在这里介绍。

2. 沿途讲解服务

（1）风光、风情介绍　在前往景点的途中，要做好所经城（镇）的历史沿革、经济发展情况、风土人情、沿途风光的介绍等。介绍沿途风光时不要就事论事，要善于挖掘地方文化特色、经济发展背景、产业特色与动态，把国情、省情、地方风情相关知识进行融合。沿途讲解还要学会见景说景、触景生情，回答游客提出的感兴趣的问题，可以运用问答法等方法进行讲解，提高游客参与程度。

（2）途中调节气氛　路途有远近，在路途远的情况下，不可能一路讲解，否则游客会出现听觉疲劳和审美疲劳，很需要穿插一些调节气氛的娱乐节目，活跃气氛，提高游客的兴奋点。某种意义上说，活跃气氛的工作要比景观讲解还要难，因为讲解的主动权较多集中在导游手里，而活跃气氛的工作非常需要游客的配合与欣赏，需要互动。讲讲笑话、猜猜谜语、组织游客进行才艺表演等是比较常见的方法，导游也可以教游客学学当地的方言等。地陪在平时就应该做有心人，不同游客类型，如性别不同、年龄不同，会对娱乐节目的要求有所不同，作为导游应该准备几份不同的娱乐节目套餐。段子要健康，节目也要有点档次，使人在愉悦中也有所收获，使辛苦的旅途变得轻松愉快，一路欢歌笑语，拉近与游客的心理距离，为后面的参观游览活动奠定基础。

（3）简要介绍游览的景点　在到达游览景点前，简明介绍景点概况，如景点景观概貌、历史、文化、科学、旅游等价值和独特之处，以激起旅游者游览的欲望，更好地满足游客求新、求知等旅游目的。

【步骤三】景区景点导游服务

1．提醒在景区景点游览时需要注意的事项

抵达前，在下车前要提醒游客记住旅游车的车号、标志、停车位置等，同时提醒游客要随身携带贵重物品。在进入景点前，应将游客集合在景点游览图前，向游客讲清游览路线、所需时间、集合时间地点以及游览期间的注意事项等，带领团队入景点参观。

2．景点讲解

在景点导游的过程中，地陪要与全陪、领队做好游览配合工作，一般地陪走在前面，进行导游讲解，全陪走在团队末尾，照顾游客，防止游客走失，并协助地陪做好人数清点工作，领队要在团队的中间，照顾游客，避免游客走失或发生意外事件。要保证在计划的时间与费用内，游客能充分地游览、观赏，做到讲解与引导游览相结合，适当集中与分散相结合，劳逸结合。提醒游客注意安全，比如走路不照相、照相不走路等，并密切留意游客的动向，防止走失。

【步骤四】返程服务

（1）回顾当天的活动。在返程途中应回顾当天参观、游览的内容，并做必要的补充讲解，回答游客的提问。

（2）沿途风光导游。

（3）宣布次日活动安排，以及叫早时间、早餐时间与地点、集合时间与地点等。

（4）做好游客夜晚外出提醒工作。

课堂训练与测评

（1）搜集本地区知名的旅游景区资源，结合参观游览程序要求，进行角色模拟演练。

（2）讨论在参观游览环节地陪应注重哪些细节服务？如何与全陪、领队、司机做好配合工作？

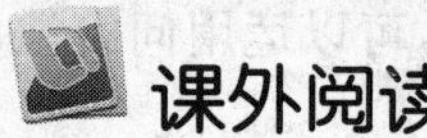

课外阅读

游览参观过程中地陪如何选择合适的工作位置

导游工作是一项“面子”工作，导游员直接面对游客。在其服务过程中，起引导和示范的作用。导游员在实际工作中，一定要认真选择好自己的工作位置。

1．游览行进时各位导游员的位置

在景区（点）游览的时候，导游员因职能不同，应分别处于不同的位置，即地陪要在团队的前面，起引导游览及讲解的作用，全陪在队伍的末尾，照顾游客，防止游客走失，领队要在团队的中间，照顾游客，避免游客走失或发生意外事件等。

2．参观、会见、座谈时的位置

当旅游者参观一些单位，或与有关方会见、座谈时，导游员要根据参观单位的实际情况，分清自己是主角还是配角，如果有专业翻译，自己要做好配合工作。如果没有专业翻译，自己要做好专业准备。这就要求导游员首先要有外语知识，事先要作语言方面的准备，要知道专业名词如何翻译。其次，对参观的工厂、学校和其他机构的基本情况也要有所了解；否则，即便外语再好，也难以翻译讲解得好。再次，必须具有礼节、礼貌方面的知识。在参观、会见、座谈这种场合，导游员要明确自己充当的角色。在这种场合，主人是中方有关单位出面接待的负责人，客人是旅游者，导游员是主客之间的介绍人。在翻译讲解过程中，应注意既不能喧宾夺主，也不能取代客人，而是要协调主客间的关系，促进交流。为此有时要为主人解释，有时又要为客人说话，如何掌握好分寸，这其中颇有学问。

3．景点游览时的讲解位置

在做景点的讲解时，导游员要熟悉各景物的观赏角度，不同的景物有不同的观赏方式和特殊的观赏位置。更有甚者，同一景物由于观赏时间和角度的不同，它所展示的景观形态会有较大的差异，因此，导游员在引导游客游览、为游客进行景物讲解时，一定要选择最佳的观景位置。在讲解时选择好自己的站位，最佳位置，即说话时面对所有游客，同时便于为游客指示景物，又不能遮挡游客的视线。

任务6　导 餐 服 务

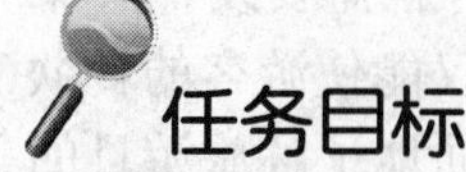

任务目标

- 掌握地陪安排旅游团队就餐活动的技巧和方法。
- 熟悉进行旅游团队餐饮讲解服务时的相关知识和资料。
- 掌握并能熟练运用旅游餐饮服务中导游讲解的技巧、途径和方法。
- 能有步骤、有计划地完成地陪导餐服务工作。

任务引入

有一个从重庆来广州旅游的 24 人旅游团队，根据日程安排，第二天早上 7:30 前往广州酒家喝早茶，领略老广州人的饮食习俗，团队计划 9:30 离开餐厅，开始游览上午景点。作为地陪，你该如何做好旅游团队餐饮服务工作？

任务分析

此次任务是要做好旅游餐饮服务工作。中国素有“食在广州”的美称，导游要安排好旅游团队的餐饮服务程序，介绍广东饮早茶的历史、流程与早茶文化，讲解岭南饮食文化精华，引导游客体会餐饮中的文化特色。

相关知识

中国具有源远流长、博大精深的饮食文化，更有著名的“四大菜系”、“八大菜系”、“十大菜系”、“十二大菜系”之说。民以食为天，饮食为人们生活之必需，餐饮又是旅游活动的食、住、行、游、购、娱六环节中非常重要的一环。游客来到旅游胜地，除了观赏美丽的景点风光之外，品尝当地的风味也是旅游活动中必不可少的重要环节。

中国的饮食文化举世闻名，各地都有自己的风味特色。俗话说“众口难调”，餐饮在旅游活动中一直是敏感问题。要想保证旅游者能够游得开心、吃得舒心，导游人员在旅游活动中提供周到、细致、体贴入微的餐饮服务就显得尤为重要。

一、导游员在餐饮服务中的作用

1. 协调与监督保障作用

游客在旅游过程中的餐饮安排主要是由导游员根据游客与旅行社之间签订的合同所规定的内容和标准来安排的。当游客抵达餐厅后，导游员发挥着代表游客与餐厅协商、沟通的桥梁作用。导游员有责任对餐厅的服务进行监督，内容包括用餐环境、饭菜质量、餐饮标准、卫生状况等，以保障游客的权利与利益不受侵害。餐饮服务是导游服务中一个重要的方面，看似简单的一个“吃”，决定了游客是否能经历一次愉快的旅游。

2. 讲解作用

在旅游过程中，游客可以通过眼睛看、鼻子嗅、嘴巴品来了解饮食文化。在中国几乎每一道菜都包含着一个动人的故事，每一道菜又有其特殊的做法、口味和功效，有的还包含了许多哲理。这些内容游客用眼、鼻、嘴是不能体察到的，此时就需要发挥耳朵的功能——听导游员娓娓道来。这样就能调动游客全身的感觉器官，不仅能使游客的食欲大增，同时又使其得到了丰富的科学知识和烹饪常识，有利于游客更全面地了解旅游目的地，完整地体验与领略旅游的乐趣。

可见，游客在“体验”当地饮食时，如果没有导游员的讲解，他所能得到的只是一种生理上的享受。若要上升到文化体验的高度，就必须要有导游员精彩且耐人寻味的讲解。

二、导游员安排“吃”的技巧

（1）在充分分析游客的客源地、民族、宗教信仰、年龄、身体条件等后，根据旅行社的安排为游客订餐。

导游员在安排游客用餐时，一定要向餐厅工作人员讲清游客的口味要求和餐标。在具体安排用餐时，要注意地方风味与游客的习惯饮食有机搭配。在向游客介绍餐食时，一定要向游客讲清用餐的要求，哪些是免费的，哪些是需要游客自己付钱的，而且必须在用餐前向游客交代清楚。

1）用餐形式。①团队围餐，一般 8～12 人一桌。注意：导游应了解部分餐厅的桌面大小，以免每桌 12 人时显得拥挤，如 12 人一桌，可请餐厅加菜，共 10 道菜左右。②自助餐，部分酒店的早餐多为此形式，所以导游必须事先向酒店落实，由餐厅服务员或导游员安排入座。

2）用餐地点。通常，游客在游览地的用餐地点主要分为两种：①在下榻酒店就餐，如早餐。酒店餐厅具有完善的设施和高水准的服务，在下榻酒店就餐使游客感到方便，但在酒店就餐费用高于一般社会餐厅。②在社会定点餐馆（需经旅游主管部门和旅行社确认）就餐。社会定点餐馆物美价廉，符合大众消费习惯。社会定点餐馆更具有地方特色，服务显得更人性化，但这类餐饮的就餐环境相对拥挤、嘈杂，不够幽雅舒适，设施也不够完善，餐馆服务人员很多都没有经过专业服务技能培训，素质不高，服务不规范。

（2）要向游客介绍旅游目的地的特色餐食，在介绍中突出文化内涵。游客出门旅游都希望能品尝当地的风味，因此导游员在实际导游过程中，要适时地向游客介绍当地的美食。中国的饮食文化享誉全球，中国有“烹饪王国”的美誉。中国美食是中国文化的一个重要的组成部分，中国菜讲究色、香、味、型、器、意，导游员在向游客讲解介绍美食时，一定要注意中国菜中所包含的文化内涵，引导游客正确欣赏和品尝中国美食。

（3）向游客介绍特色风味和食用程序及方法。在游客用餐的过程中，导游员要坚守岗位，适时地向游客介绍各种当地的特色风味。在来餐厅的路上，或在游览中，当涉及有关饮食问题时，可以适时向游客介绍。但要注意一点，在行程中没有安排的特色风味，在讲解中应该适当省略。如果游客问到，可以介绍，但要提前告之，费用自理。

有的美食在吃法上别具一格，没有掌握正确的吃法和吃的程序，就不能真正体验到特色美食之“美味”，有时还会出现意外，让游客受到伤害，如云南过桥米线、四川的火锅等。

（4）掌握旅途中饮食安排的要素和技巧。

1）不要过多地在旅途中改变平日的饮食习惯，坚持饮食荤素搭配，提醒游客多吃水果，以利消化。

2）注意饮食卫生，一定要吃得干净，防止“病从口入”。一般情况下，导游员要安排游客到定点餐厅或正规的大餐厅用餐，这样卫生才能有保障。有时在转移途中，或在边远地区及民族地区，有些风味菜式只能到小饭店中才能尝到纯正的风味。在这种情况下，导游员应尽到自己的职责，到厨房去监督好卫生问题。如果发现厨房卫生状况差（如生熟食品乱放、地上污水横流等），则应放弃在此用餐，切记安全第一。

3）导游员在行程安排和用餐地点的选择上要精心安排，注意饮食平衡，吃饭不可饥一顿、饱一顿。在途中提醒游客多饮水，保持体内水分。如果是长途旅行，导游员应提醒游客备足饮用水。

4）注意饮食的多样性，以增强游客的食欲，保证饮食就是保证体力。

5）各地名吃一定要“品”，但一定要注意量不可过多，注意游客的日常饮食习惯和消化能力。例如，江浙一带游客不喜吃辣椒，到四川、云南或贵州旅游时，当地的风味几乎都带有辣椒，导游员在安排品尝当地风味饮食时，一定要提醒餐厅减少辣椒的用量，同时也要提醒游客不宜多吃。

6）提醒游客不要勉强吃自己不喜欢吃的东西。虽然有人主张“舍命吃名品”，但有些食品从原料上就有游客一向忌口的食物，不可勉强。

7）各地都有风味小吃，特别是特产瓜果、生猛海鲜等，这些当地人吃得津津有味的东西，游客并不一定能享受，这里确实有不服水土的问题，应提醒游客特别注意。

（5）乘飞机前的饮食安排。

1）忌吃得过饱。高空的条件可以使食物在体内产生大量气体。吃得过饱，一方面加重心脏和血液循环的负担，另一方面可引起恶心、呕吐、晕机等“飞行病”。

2）忌食用多纤维和容易产生气体的食物。人体在5 000米高空，体内的气体会比在地面时增加两倍，如果进食此类食物，飞行时就会加重胸闷腹胀的感觉。

3）忌进食太油腻和含大量动物蛋白质的食物。尽管这些食物吃得不多，但其在胃内难以排空，当人体在高空中时，同样会使胃肠膨胀。

乘飞机的旅客，由于高度、气温、气压等因素的改变，人体需要消耗较高的热量。所以，饮食中要注意摄取高热量的食品，才能保障健康。导游员最好安排游客在上飞机前1～1.5 小时完成用餐。根据游客的具体情况订餐，提醒游客尽可能选择面包、点心、面条、酸牛奶、绿叶蔬菜、蜜饯、水果、动物肝脏等。

三、导游员提供餐饮服务的程序及注意事项

（1）提前根据要求订餐并落实相关事宜（游客用餐的时间、地点、人数、标准、形式、游客的饮食习惯及特殊要求等）。特别是在旅游旺季，在落实用餐后，离用餐前 1～2 小时还要再次确认。安排就餐时要掌握游客对饮食有无特殊要求，尤其要注意宗教信徒，素食者，偏好咸或淡口味的人，忌吃辣椒、葱、蒜者，糖尿病患者等的要求。

（2）向游客介绍用餐餐厅及特别注意事项，以及如酒水问题、加菜问题、时间要求、特色饮食的吃法等。

（3）引导游客进入餐厅（向引座员介绍信息，把领班或餐厅主管介绍给领队），协助安排游客入座，介绍餐厅设施，并约定出发时间，告之领队自己的用餐地点。

（4）在客人用餐过程中，导游员要等上了 2～3 道菜后方可离开，中途还要巡视客人用餐情况 1～2 次，介绍特色菜肴，解答处理游客在用餐中提出的问题，并监督、检查酒店或餐馆是否按标准提供服务。

（5）用餐后，导游员应严格按实际用餐人数、标准、饮用酒水数量，如实填写《餐饮费结算单》，以便日后旅行社与餐厅结账。与餐厅核对账目后，带领游客离开餐厅。

四、“吃”的导游讲解

中国菜点作为中国文化和中国艺术中的瑰宝，其食用价值、美学价值、文化价值乃至科学价值都是极高的。

1. 关于菜肴审美的讲解

中国菜系众多，具体菜式特色各异，但从菜肴的审美和体验来看，又具有共性。导游员向游客介绍中国饮食，特别是中国菜肴时，应注意从以下几方面介绍，并引导游客获得美的享受。

（1）从色的角度。颜色的选择，主要依靠原料本色，也可人工染色。配色协调，如同绿叶配“红花”。

（2）从香的角度。再好看的菜，没有香气就不能成为佳肴。天然的原料香、肉香、青菜香、花香等，都能使人受到陶冶。

（3）从味的角度。味与香联系紧密，“五味调和百味香”这句俗语道出了味与香的内在统一关系，五味指酸、甜、苦、辣、咸。而事实上，在饮食中单一的某味一般是不存在的，绝大部分是复合味，即以某种味的倾向性为主，同时具有各种味感。例如，甜菜以甜为主，往往微带酸味、苦味（以百合、莲子、橘瓣烧成的甜菜即如此）。四川苦瓜以苦为主，苦中带咸。

（4）从型的角度：中国菜点十分讲究造型，其工艺性表现在刀工与火候的掌握上，如拼盘中的“四拼”、“八拼”，热菜中的“龙凤呈祥”，还有萝卜雕花、西瓜盅及各种蛋糕等。

（5）从质的角度。“饮食之道，所尚在质”，是古人美食的亲身感受。这里所谓的“质”，无疑包括营养卫生质量、烹调技术因素等，但最主要的则是质地，即以触感（即口感）为对象的松、软、脆、嫩、酥、滑、爽等方面的内涵。

（6）从器皿的角度。美食与美器的和谐统一，是中国传统烹饪艺术的一个重要组成部分。餐具的使用，不仅要求与菜肴的形式和内容协调一致，还应尽可能地与进食者的审美心理、宴会主题、宴会环境以及服务人员的服饰风格取得协调。例如，椭圆形盘用以装鱼，盆用以盛汤，粉彩瓷器用以配富丽堂皇的菜点造型，青花瓷器用以配清淡幽雅的菜点造型等。

（7）从菜名的角度。中国饮食文化中，除讲究菜的用料、刀工、火候等技术外，一道名菜往往有一个特殊的名字，有的直接讲出菜肴的味，如“鱼香肉丝”；有的既包含传说，又间接说明了制作方法，如“叫化鸡”；还有的让人琢磨不透，如“佛跳墙”等。导游员在导游讲解中，应灵活地借用特色鲜明的菜名，讲解菜品背后的典故，向游客介绍历史悠久的中国饮食文化。

总之，中国菜点的内容、形式、范围是十分广阔的，它实质上是一种以品味为媒介的、多角度、多元化的中国文化艺术的综合欣赏。因此，对中国菜点的品味和欣赏，必须具备较全面的文化素养，方能深入地体味其中无穷的意味。导游员要指导旅游者成为美食家，同时也要启发他们成为饮食文化的欣赏者。

2. 讲解特色风味中所包含的风情

俗话说：“民以食为天，食以味为先。”由于各地物产、气候、习俗和传统不同，不同地方的口味有很大的差异，又形成了各自的特色。在旅游过程中，游客十分关心当地的地方风味。风味的菜点都要来自民间某乡某地，把当地与风味有关的风俗民情介绍给饮食者，会使“风味”更具“风味”。

3. 讲解“吃”的程序

一般来说，宴会进餐可概括为五道程序：冷菜——热炒（第一高潮）——烧菜（第二高潮）——头菜（最高潮）——甜菜、清汤、果点（尾声）。

五、游客在餐饮方面的个别要求处理

1. 特殊的饮食要求

由于宗教信仰、生活习惯、身体状况等原因，有些旅游者会提出饮食方面的特殊要求，如不吃荤，不吃油腻、辛辣食品，不吃猪肉或其他肉食，甚至不吃盐、糖等。

若所提要求在旅游协议书中有明文规定的，接待方旅行社须早作安排，地陪在接团前应检查落实情况，不折不扣地兑现。

若旅游团抵达后提出，需视情况而定：一般情况下，地陪应与餐厅联系，在可能的情况下尽量满足；如确有困难，地陪可协助其自行解决。

2. 要求换餐

有时旅游者要求换餐，如将中餐换成西餐，将便餐换成风味餐等。如果旅游团在用餐前 3 小时提出换餐要求，地陪要尽量与餐厅联系，按有关规定办理。接近用餐时提出换餐，一般不应接受要求，但导游人员应做好解释工作；若旅游者仍坚持换餐，导游人员可建议他们自己点菜，费用自理。旅游者要求加菜、加饮料等要求应满足，但费用自理。

3. 要求单独用餐

由于旅游团的内部矛盾或其他原因，个别旅游者要求单独用餐。此时，导游人员要耐心解释，并告诉领队，同时请其调解；如旅游者坚持，导游人员可协助与餐厅联系，餐费自理，并告知综合服务费不退。

4. 要求提供客房内用餐服务

若旅游者生病，导游人员或饭店服务员应主动将饭菜端进房间以示关怀。若是健康的旅游者希望在客房用餐，应视情况办理；如果餐厅能提供此项服务，可满足游客的要求，但须告知服务费自理。

5. 要求自费品尝风味

旅游团要求外出自费品尝风味，导游人员应予以协助，与有关餐厅联系订餐；风味餐订妥后旅游团又想不去，导游人员应劝他们在约定时间前往餐厅，并说明若不去用餐，须赔偿餐厅的损失。

6. 要求推迟晚餐时间

旅游者因生活习惯或其他原因要求推迟用晚餐时间，导游人员可与餐厅联系，视餐厅的具体情况处理。一般情况下，导游人员要向旅游团说明餐厅有固定的用餐时间，过时用餐须另付服务费。

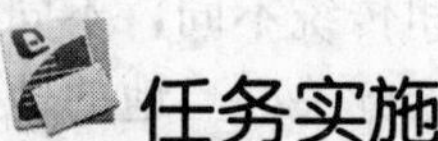

任务实施

【步骤一】提前向酒店订餐并落实相关事宜。由于是饮早茶，因此地陪要提前一天与餐厅落实喝早茶的时间、就餐餐厅、人数、标准、形式、游客的饮食习惯及特殊要求等。

【步骤二】在前往餐厅的途中，向游客介绍路程距离、大约所需时间，并根据时间长短有针对性地介绍广州人喝早茶的历史和早茶文化，快到餐厅时向游客介绍具体用餐餐厅以及特别注意事项，如酒水问题、加菜问题、时间要求、特色饮食的吃法等。在介绍餐饮文化时，可将广州饮食与其他饮食适当对比，让游客更有直观感觉。

广东早茶讲解模拟如下：

广东的早茶市是岭南饮食的一大特色。广东早茶的历史可追溯至清朝，咸丰至同治年间，史书便记载有“二厘馆”，门口挂着写有“茶话”二字的木牌，供应茶水糕点，那时设施简陋，仅以几把木桌木凳迎客，仅供路人歇脚谈话，称为“茶话”，后发展为“茶居”，扩大为“茶楼”。广东人嗜好饮早茶，早上见面打招呼就问“饮咗茶未（饮茶了吗）？”以此作为问候早安的代名词。饮早茶是广东人的生活习惯，民间流传着“清晨一壶茶，不用找医家”的谚语。

广东人所说的饮茶，实际上指的是上茶楼（习惯叫茶居）饮茶。不仅饮早茶，还要吃点心（作为早餐）；不仅饮早茶，还要饮下午茶、夜茶；不仅填饱肚皮，还顺便传播新闻、叙说友情、洽谈生意。可见，广东人饮茶实际上是一种社会交际的方式。

广东茶楼与北方茶馆的概念不尽相同。它既供应茶水又供应点心，而且建筑规模较大，有些还富丽堂皇，是茶馆所不能比拟的。因此，广东人聚朋会友，洽谈生意，业余消遣，都乐上茶楼。一壶香茶几件美点，三三两两聚于一堂，边吃边谈，既填饱了肚子、联络了感情，又交流了信息，甚至谈成了一桩生意，实在是一件赏心乐事。正因为如此，广东人把饮茶，又称为“叹茶”。“叹”是广东的俗语，为享受之意。这也正是广东茶楼业历百年而不衰的一个重要原因。在广东的老字号饮食店中，有相当一部分就是当年的茶楼。今天我们要去的广州酒家就是其中一家。

广东人的饮茶礼仪并没什么严格的讲究，唯独在主人给客人斟茶时，客人要以右手食指与中指微屈，叩击桌面以表谢意。这个简单的动作来源于一个有趣的传说。乾隆皇帝下江南时，有一次扮作仆人，给扮作主子的随从倒茶。随从受宠若惊，若是在皇宫里，此等待遇当跪拜叩头谢之。但是这是在宫外，不能暴露乾隆的天子身份，于是随从灵机一动，将食指和中指弯曲，做成屈膝的姿势，轻叩桌面，以代替下跪。后来便逐渐演化成了饮茶时的一种礼仪。

广东的茶市分为早茶、午茶和晚茶。早茶通常清晨6时开市，晚茶要到次日凌晨1～2时收市，有的通宵营业。一般来说，早茶市最兴隆，从清晨至上午11时，往往座无虚席。特别是节假日，不少茶楼要排队候位。饮晚茶也渐有兴盛之势，尤其在夏天，茶楼成为人们消夏的首选去处。

【步骤三】引导游客进入餐厅，协助引座员安排游客入座，并简要介绍餐厅设施。同时将餐厅领班或主管介绍给领队或团长。告知游客用餐的时间要求，并将自己用餐的地点告诉旅游团队全陪或领队。

【步骤四】在上了两到三个菜点，游客开始用餐后，地陪方可离开进餐，在整个用餐过程中，地陪还要中途巡视一两次，观察游客的用餐情绪，并了解游客对餐点的意见和看法。

【步骤五】与餐厅结清账目，带领游客离开餐厅。

课堂训练与测评

（1）案例分析：

某旅游团队在地陪的带领下抵达餐厅用第一餐时，导游员小王按照旅游书的协议规定，给客人安排的是八菜一汤。这时，有两位旅游者提出，他们是佛教徒，从不吃肉，要求小王为其另外安排，并说早在报名参加时就提出了这项特殊要求。

问题：作为地陪该如何处理？

（2）结合本地区的餐饮美食，编写一篇餐饮导游讲解词，并进行角色模拟演练。

任务7 导购服务

任务目标

- 掌握地陪安排旅游团队购物活动的技巧和方法。
- 熟悉进行旅游团队购物导游讲解服务时的相关知识和资料。
- 掌握并能熟练运用旅游购物服务中导游讲解的技巧、途径和方法。
- 能有步骤、有计划地完成地陪导购服务工作。

任务引入

2009年7月，有一个吉林的18人旅游团到广州进行旅游，准备前往上下九步行街进行购物旅游，作为导游，你该如何做好购物服务？

任务分析

此次地陪面对吉林旅游团所要进行的是购物服务。上下九步行街是广州市三大传统繁荣商业中心之一，具备独特的、绚丽多姿的西关风情，上下九步行街商铺林立，针对来自东北的游客和复杂的购物环境，导游要在规定时间内完成任务，使游客获得安全、愉快、顺利、满意的购物体验，需要做好细致的服务。

相关知识

购物是旅游者旅游过程中的一个重要组成部分。旅游者总是喜欢购买一些当地的名特产品和旅游商品。旅游购物的一个重要特点就是随机性较大。因此，作为地陪要把握好旅游者的购物心理。恰到好处地宣传、推销本地的旅游商品，既要满足旅游者的意愿，又要符合导游工作的要求。

一、购物促销的原则

在带领旅游团队购物时，要做到：

（1）坚持“需要购物，愿意购物”的原则，不得欺骗或强迫旅游者购物。

（2）到规定的定点商店购物，当好旅游者的购物顾问，热情介绍商品，不得误导。

（3）若遇到商家有不法行为时，应站在旅游者一边，维护其正当的消费权益。

（4）一般一个旅行团一天最多只能安排一次购物，每次购物时间控制在一个小时左右。

二、导游员的“导购”服务程序与注意事项

1．导购服务程序

（1）帮助游客制定一个“购物计划”。在制定计划之时，导游员应让游客对旅游购物品有个大概的了解。

（2）帮助游客购买“唯此地独有”的产品。旅游购物品在形式和内容上要具备新、奇、优、美、廉的特征，同时适当考虑实用性和便于携带。在精神上，应能满足游客的纪念、欣赏、赠送和收藏等精神需求，具有纪念性、艺术性、实用性。

（3）“传授”购物避免上当法，建议大家无论买什么东西，都要自己拿主意。在导游讲解中，提醒游客购物时要购买自己喜欢的物品，不要从众；买东西一定要让商家开发票或购物凭证；贵重物品要有保单。

2．实际带团购物时的注意事项

（1）正确选择进店购物时间。从心理学的角度来看，大多数游客旅游的首要目的是游览景点，所以绝不能将进店购物安排为每天的第一项活动；同样也不能安排连续进店或者一天进几个店；当游客太累太饿时不能进店。诸如此类问题都要注意，否则会引起游客严重的逆反心理，游客会拒绝完成任务式的进店购物。一般来说，进店应该安排在至少游览了一个大景点之后，或者安排在午饭前后或晚饭之前。许多导游员有意识地将早上及下午的游览结束时间控制在离开餐还有 50 分钟左右的时候，此时不但完成了观景任务，而且离吃午饭、晚饭还早，应是最佳进店时间。

（2）购物前后态度一致。在整个导游服务过程中，无论是景点讲解还是购物讲解，对待游客前后态度要一致，都应做到周到细致。导游讲解的态度及内容不能用对自己是否有利而有所区别。

（3）介绍特产要与相关景点知识的讲解相协调，不能因推销商品而讲解，更不应讲完就带游客购物，这样容易引起游客的误会和反感。

1）掌握一些鉴别商品的知识，并适时教给游客。同时教游客一些在购物过程中防骗的方法。在导游服务中，导游员要通过自己丰厚的知识底蕴、灵活的讲解技巧和真诚的服务态度赢得游客的信任，这样才能做好购物服务工作。

2）在讲解商品时，除介绍特色和优点外，别忘了要讲产品的缺点。任何一件事物都不可能是十全十美的。在讲解特色商品时，应实事求是地讲明商品的不足之处，这样不仅不会影响游客的购物欲望，反而会容易赢得游客的信任。

（4）选择适宜的购物地点，不要安排重复的购物点，带游客到信誉高的商店购物，同时提醒游客索要购物凭证。

（5）正确处理游客购买到不满意商品的问题，协助游客做好商品的调换工作。游客要求导游人员求代为购买商品时，必须按旅行社的有关规定办理。

（6）如果游客，特别是海外游客提出要购买古玩或仿古艺术品时，导游员要带游客到正规的文物商店购买，同时提醒游客，携带我国出口的文物，应向海关递交中国文物管理部门的鉴定证明，否则不允许携带出境。因此，游客购物后务必保存好发票，不要将物品上的火漆印去掉（如果有火漆印），以便海关检查。

三、“购物”的导游讲解

导游员要为游客做好购物服务，除通过对游客的分析，并与游客接触、交往，了解游客的购物需求和动机外，更重要的就是全面了解旅游地的旅游商品，在导游讲解中向游客讲解介绍。导游购物讲解知识要点主要有：

（1）商品名称。如果有品牌，还应了解其品牌内涵；若有可能，还应了解生产企业的基本情况。

（2）产地及生产要求。

（3）历史。我国的一些传统旅游商品都有着悠久的历史，如我国的丝绸刺绣产品等。

（4）文化承载与动人传说。我国的特色传统旅游商品，无论是吃的还是用的，往往都有着动人的传说，同时承载了不同时期人们的美好愿望和文化特色，如我国传统的陶瓷制品、玉器、绣品等。

（5）旅游商品生产制作的基本过程和工艺特色。如中国传统的风筝、功夫茶、普洱茶的工艺特色等。

（6）既要掌握商品的优点，又要了解商品的缺陷。特别是向游客介绍食品和保健商品时，一定要实事求是，保健药品类最好请专家指导。

（7）掌握区别商品品质的基本方法。

（8）了解商品的保存方法和技巧。

任务实施

【步骤一】在前往上下九步行街的途中，地陪应当了解游客的购物需求，向游客介绍上下九步行街的历史、特色、知名店铺、著名的土特产、购物注意事项等，为游客购物出谋划策，引导游客购物。

【步骤二】下车后，应当先集合游客，讲清楚步行街的长度、范围，集合时间和地点以及相关注意事项。

【步骤三】在游客购物过程中，常会出现分散现象，导游要经常留意与提醒游客注意安全与集合时间。

【步骤四】提前在规定的集合地点等候游客。

【步骤五】到规定的集合时间，要清点游客归队的人数，确保全部到齐后安全返回。如果游客没有到齐，要尽快询问已到的游客，了解情况，尽快找到未到游客。

【步骤六】在回程途中应该与游客进行交流，与大家分享购物的收获，回答游客感兴趣的问题。

【步骤七】向游客说明接下来（或次日）的活动安排及注意事项。

课堂训练与测评

（1）根据本任务，编写广州上下九步行街的购物导游讲解词。

（2）请以岭南特产荔枝为例，分组讨论购物导游讲解的知识要点。

（3）挑选本地区的一种风味特产，编写导游讲解词，并进行角色模拟演练。

（4）模拟场景训练：

一位游客看中了地摊儿上的一件“古玩”，价格也不便宜，他这时看到导游在附近。游客问：“王导，你帮我看看这玩意儿值不值得买？”

要求：扮演导游的学生根据游客的问题进行回答。

任务 8　送站服务

任务目标

- 掌握地陪送站服务操作规范。
- 掌握欢送词的内容和编写的方法技巧。
- 有步骤、有计划地完成地陪导游送站服务工作。

任务引入

10 月 20 日下午 13:35，广州中国国际旅行社迎来了从日本东京来的一行 14 人的旅游团，游客下榻在广州白天鹅酒店，10 月 22 日早上离开广州飞赴桂林。游程安排如下：

第一天，旅游团抵达的当天下午 15:00 游览越秀公园、中山纪念堂，晚上夜游珠江。

第二天，7:00 起床，7:30 前往广州酒家饮早茶，体味岭南早茶文化，9:30 前往上下九步行街，12:00 用午餐，下午 14:00 前往西关古老大屋、陈家祠，下午 17:30 在白天鹅酒店用晚餐。

第三天，上午 7:30 去新白云机场乘 9:50 起飞的 CZ3234 航班飞往桂林。

在广州游程结束时，作为地陪，你应该如何做好送站工作？

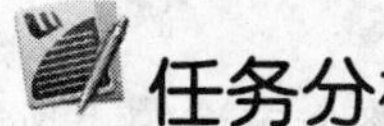

任务分析

此次任务涉及旅游团队在当地的参观游览活动结束后的送站服务。地陪需要做好游客送行前服务、离店服务、送行服务等，使旅游者顺利、安全离站。

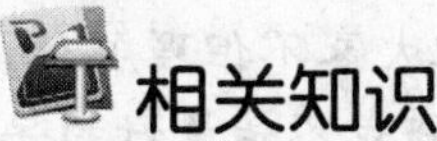

相关知识

旅游团结束本地参观游览活动后，地陪应使旅游者顺利、安全地离站，使遗留问题得到及时妥善的处理。

一、机（或车、船）票四核实与机票确认

在旅游团离境或离开本地的前一天，地陪应核对团名、人数、全陪或领队姓名、去向、航班（或车次、船次）及起飞（或开车、起航）时间等，要做好计划时间、时刻表时间、票面时间、问询时间四核实。若是乘飞机离境的旅游团，地陪应帮助领队提前72小时确认机票。如果航班（或车次、船次）和时间有变更，应当问清是否已通知下一站接待社，以免造成漏接。

二、确定并通知出行李、最后一餐及出发的时间

地陪应与饭店行李部商定出行李时间及叫早和用最后一餐、出发的各项时间，并在通知饭店有关部门后，通知客人。由于早班机时间太早，饭店餐饮部开早餐有困难，此时可要求饭店按客人的用餐标准准备好面包、蛋糕、鸡蛋等食品，打包让客人带在路上吃。

三、强调行李托运规定及准点出发的必要性，签团队结算单

地陪应向旅游者讲清有关行李托运的具体规定（如每人限带的行李重量、体积、件数，由客人自行办理行李托运但地陪将给予协助等事项）及注意事项（如行李托运前应打包，出境团客人不要帮陌生人提行李过关口等），并强调准点出发的必要性，否则将直接影响赶飞机、火车或轮船。与全陪或领队核对并签团队结算确认单（有些团队现付）。

四、出行李、办理离店手续，保证准点出发

地陪应及时与饭店有关部门联系，通知团队的离店时间，提醒并协助其及时与旅游者结清有关账目（如客人必须自付的洗衣费、电话费、享用的房间冰箱里的食物等），另外，如有饭店物品损坏，则客人需要赔偿。

因早班机出发时间较早，为避免第二天出行李出现问题，可要求客人在乘机的前一天晚上收拾好行李，并与饭店行李员商定第二天一早出行李的时间，还要强调准时出行李的重要性，或在乘机前一天晚上就出好行李，寄存在饭店总台。地陪要与全陪、领队、行李员核实行李件数并办好行李交接手续。

五、途中致欢送词

在前往机场（车站、码头）途中，地陪应致欢送词。如果说欢迎词是整个旅途的“凤头”，那么欢送词就是旅途的“豹尾”了，致好欢送词会给客人留下深刻的、持久的、难忘的印象。欢送词大致内容应包括以下几方面：

（1）回顾旅游活动，感谢客人对导游和旅行社工作给予的支持、合作、帮助、谅解。例如：

在这次旅游过程中，我有很多地方做得不到位，出现了不少疏漏，但大家不但理解我，而且还十分支持我的工作。这些点点滴滴的小事情，使我非常感动。也许我不是最好的导游，但是大家却是我遇见的最好的客人，能和最好的客人一起度过这难忘的几天，这也是

我导游生涯中最大的收获。

（2）表达友谊及惜别之情。例如：

短暂的相逢就要结束，挥挥手就要和大家告别，非常感谢大家一路上的支持和配合，在这分手的时候，祝大家一路顺风，早日回到自己温暖的家，同时也希望大家回到自己的家乡后，偶尔翻起中国地图，想起曾经到过这样一个小城，对那里有这样或那样的回忆，曾经有怎样一个小导游和大家一起度过短暂的几天，留下了或多或少的记忆，在这里我只有对大家说：“轻轻地我来了，正如我轻轻地走，我挥了挥手，不带走一片云彩。”

（3）诚恳征求旅游者对接待工作的意见和建议。

（4）若旅游活动中有不顺利或旅游服务有不尽如人意之处，导游人员可借此机会再次向旅游者赔礼道歉。

（5）表达美好祝愿，希望再度重逢等。例如：

我国有一位干了近 40 年的英文导游，在同游客告别时，为体现“期盼重逢”，他说：“中国有句古语，叫做‘两山不能相遇，两人总能相逢’，我期盼着不久的将来，我们还会在中国，也可能在贵国相会，我期盼着，再见，各位！”也许这位老导游的话和他的热诚太感人了，每逢圣诞节、新年，都会有贺年卡从世界各地向他“飞”来，有不少贺年卡是他一二十年前接待的客人寄来的，上面工工整整地用英文写着“Greetings From Another Mountain”（来自另一座山的问候）。

六、办理登机（车、船）手续及行李托运

送出境旅游团队到达机场（车站、码头）后，地陪应及时与全陪、领队、饭店行李员一起交接、清点行李，然后交给每位旅游者。协助领队和旅游者办好行李托运手续。旅游团如果是赴下一站，地陪应将行李托运单交给全陪。

地陪应向全陪、领队或旅游者介绍办理登机（车、船）手续的程序，并帮助领队或全陪办理登机（船、车）手续。

七、请客人填写接团质量单，协助团队过安检，与游客告别

地陪协助团队过安检，在安检门前与客人友好告别。原则上，地陪应等航班起飞、轮船离岸、火车出站后方可离开，“仓促挥手，扭头就走”，会给游客留下“是职业导游，不是有感情的导游”的印象。

八、回社汇报小结，交清单据物品，报账

地陪送团后一般应在三天之内回旅行社汇报小结（含客人的意见，根据反馈意见所作的改进等）。交清单据物品，报账，结清团队账目。

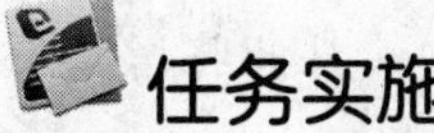

【步骤一】送站前的业务服务及准备

（1）核实交通票据　在旅游团队离开前一天，即 10 月 21 日，核实旅游团离开广州的

飞机票，认真做好旅游团离开杭州的飞机票的核实工作，核对团名、代号、人数、全陪姓名、去向、航班（车次、船次）、起飞（开车、起航）时间。其中，时间方面要做到四核实：计划时间、时刻表时间、票面时间、问询时间。

（2）商定转运行李的时间　在10月21日，要与领队、全陪商定出行李的时间，经过商定，出行李的时间定为10月22日早上7:10。请领队告知每一位游客时间及注意事项，并提醒游客仔细收拾自己的行李物品，不要遗忘在房间；证件及购买贵重物品的发票不要放到行李中，要随身携带并保管好；游客间相互提醒，遵守时间等。要在21日与旅行社行李部（计调部）联系，告知行李员出行李的时间。

（3）确定出发叫早和早餐及出发时间　本任务中，日本旅游团结束在广州的旅游将赴下一站桂林旅游，离店时间在10月22日上午7:30。一般由地陪与司机商定出发时间（因司机比较了解路况），但为了安排得更合理，还应及时与领队、全陪商议，确定后应及时通知旅游者。按照规范的要求赶乘飞机，国内航班至少要提前1个半小时到达机场，广州白天鹅酒店到新白云机场路上预计要40分钟，但广州早上交通比较拥挤，在时间安排上一定要提前，预计用半个小时起床洗漱、半个小时吃饭、半个小时办理行李交接与离店手续，所以确定6:00叫早，6:30用早餐，7:00交运行李与退房，7:30集合出发。通知饭店总服务台该团离店的时间。

（4）提醒工作和结算工作　因为10月22日早晨时间比较紧，所以在10月21日旅游结束时，就要提醒游客与饭店结清自己消费的账款，并保留单据直至离开饭店。

提醒旅游者将有效证件、所购买的贵重物品及发票随身携带。地陪要检查自己是否留有游客的证件、票据等，与全陪办好结算手续，并妥善保管好单据。

【步骤二】离店服务

（1）集中交运行李　在约定时间，应与全陪、领队、行李员四方在场清点、交接、检查行李，并填写好行李运送卡。

（2）办理退房手续　要协助、督促、检查退房情况，确保全团游客顺利办理退房手续。

（3）集合登车　离店手续办妥后，招呼游客集合登车。在车门前一侧，引导、协助游客上车。上车后，协助游客摆放好随身的行李物品并入座，认真清点核实人数，提醒游客有无遗落物品在房间里，请游客检查自己的证件是否带好。确定无误后示意司机开车出发。

【步骤三】送行服务

（1）致欢送词

模拟如下：

各位朋友，时间过得太快，短短三天已经过去，在此，我不得不为大家送行，心中真的有许多眷恋、无奈。天下没有不散的宴席，但愿我们还有再见的机会。

各位朋友在广州期间浏览了市容市貌，参观了陈家祠、中山纪念堂；游览了上下九步行街，西关大屋，感受了岭南西关风情；饮早茶、品粤菜，品味岭南饮食，有的朋友还购买了不少广州的知名特产，真可谓是收获多多。相信在各位朋友的生活中，从此将增添一段新的记忆：那就是广州。但愿它留给大家的印象是美好的。

此次接待工作在各位游客朋友的大力支持下开展得十分顺利，我和×师傅非常高兴，也向大家表示衷心的感谢！不知大家的心情是否愉快？对我们的工作是否满意？……好，如果是这样，我们就更高兴了！如果我们的服务有不周之处，一方面请大家多多包涵，另一方面还望大家提出来，现在于是也好，回去写信也好，以便我们不断改进，提高服务质量！

有道是“有缘千里来相会”。既然我们能千里相会，就是缘分！所以，在我们即将分手之际，我们再次希望大家记住在广州这样一个岭南都市，有我和×师傅两个与你们有缘而又可以永远信赖的朋友。今后如果再来，或者亲友、同事到广州，请提前打声招呼，我们一定热情接待。

最后，预祝各位朋友在今后的人生旅途中万事如意，前程似锦！

（2）提前到达送站地点　至少提前一个半小时到达机场。机场办理登机手续是有时间限制的，一般离飞机起飞30～45分钟就停止办理手续，所以必须要有一定的时间提前量，以免路上耽搁而影响登机，造成误机事故发生。下车前要提醒游客不要将自己物品遗留在车上，下车并站在车门前侧引导协助游客下车后，要检查是否有物品遗留在车上。安顿游客在一个集中位置坐下等候，并提醒游客保管好自己随身携带的物品。

（3）移交交通票据和行李单　到了机场安顿好游客后，尽快与行李员联系，将行李单与飞机票一同交给全陪，并一一清点核实清楚。

（4）协助办理离站手续　协助办理领取登机牌，交纳机场建设费，办理行李托运手续。

（5）与旅游团告别　当游客经过安检进入隔离区前，与游客一一告别，当全部游客都进入隔离区后，挥手告别，离开机场。

提示：离站工作要周到、细致、规范，多做提醒工作，不仅要保证旅游团能按正常的预定时间发车，又要避免并预防误机、误车等重大问题的发生。

课堂训练与测评

（1）请分析本任务中的欢送词实例包含了哪些内容？如果是由你来致辞，你会怎么写？请提交一篇自己创作或修改的欢送词。

（2）请简述送站服务的操作环节和服务细节。

（3）案例分析：

清晨8点，旅游团全体成员已在旅游车上就座，准备从饭店前往车站。地陪小王匆匆赶来。上车后清点人数，又向全陪了解了全团行李情况。（全陪告诉他，全团行李一共16件，已与领队、行李员交接过了。）随即讲了以下一段话：

“各位游客：早上好！我们全团15个人都已到齐。好，现在我们去火车站。今天我们将乘早上9点的××次火车去×市。这两天大家一定过得很愉快吧！我非常感谢大家对我工作的理解和合作。中国有句古话：相逢何必曾相识。短短两天，我们增进了相互了解，成了朋友。在即将离别之际，我希望各位朋友今后有机会再来我市旅游。现在，我为大家唱一首歌，祝大家一帆风顺，旅途愉快！（唱歌）……朋友们，火车站到了。现在请下车。”

问题：请根据送行环节导游服务工作规范的要求，分析并指出导游小王在送团服务中的不足之处。

任务9 善后工作

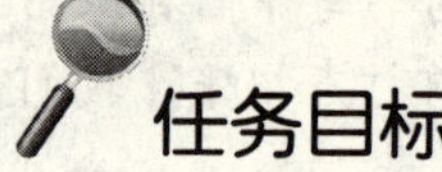

任务目标

- 掌握地陪善后工作的主要内容和操作环节。
- 有步骤、有计划地完成地陪带团后的善后工作。

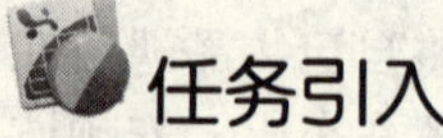

任务引入

4月20日下午13:35，广州中国国际旅行社迎来了从内蒙古来的一行20人的旅游团，游客下榻在广州××酒店，4月22日早上离开广州飞赴桂林。游程安排如下：第一天，旅游团抵达的当天下午15:00游览越秀公园、中山纪念堂，晚上夜游珠江。第二天，7:00起床，7:30前往广州××酒楼饮早茶，品味岭南早茶文化，9:30前往上下九步行街，12:00用午餐，下午14:00前往西关古老大屋、陈家祠，下午17:30在××酒家用晚餐。第三天，上午7:30去新白云机场乘9:50的CZ3234航班飞往桂林。在广州游程结束后，其中一位游客委托你帮他邮递所购买的一件大型根雕艺术品，并预留下1 000元钱。在送走团队后，作为地陪，你应该如何做好善后总结工作？

任务分析

在送走旅游团后，一般的善后工作包括结清账目、归还物品、处理遗留问题、完成地陪工作总结。在本任务中，要注意按程序处理游客委托办理邮递事宜。

相关知识

旅游团结束在本地的游程离开后，地陪还应做好总结、善后工作。

一、处理遗留问题

下团后，地陪应妥善、认真处理好旅游团的遗留问题。如果旅游团离开后，发现游客遗忘了某些物品，应及时交回旅行社，设法尽快交还失主；如果游客曾委托地陪办理一些事情，应该向旅行社有关部门反映，尽快帮游客处理完毕。

二、结账

地陪应按旅行社的具体要求并在规定的时间内填写有关接待和财务结算表格，连同保留的各种单据、接待计划、活动日程表等按规定上交有关人员并到财务部门结清账目。

地陪下团后应将向旅行社借的某些物品，经检查无损后及时归还，办清手续。

三、总结工作

1．写好带团小结

带团小结是导游带完一次旅游团的自我总结，是必要的后续性工作。首先，写带团小结是相关旅游法规的要求。根据《旅行社条例》和《旅行社条例实施细则》，国家旅游局和各地旅游行政主管部门制定了旅行社业务档案管理规定，都把带团小结列为业务档案的重要内容。其次，旅游产品的践行情况，也可从导游带团小结中加以体现。一份好的带团小结，对旅行社负责人来说，可以成为决策的依据。最后，写好带团小结，还能够提升导游的素质。

如何写好导游带团小结？一份好的带团小结应包括带团经过和个人总结两部分。带团经过中应包括带团时间、游览景点、游客、交通工具、主要事件等客观表述。个人总结则是导游对此次带团的总结性表述。具体来说，带团小结的写作要求如下：

（1）要真实。带团小结必须客观、真实。

（2）要高度概括。在记述全面的同时，要突出中心，记述带团过程中有意义的内容，语言简练，言简意赅。

（3）针对不同产品，侧重点不同。不同旅游产品的带团小结也应有所区别。例如，红色旅游团队的带团小结应突出旅游景点的革命和教育意义、游客的感受和导游自身的想法等；观光游团队的带团小结则应侧重于不同景点的观赏价值以及游客对景点的欢迎程度、评价等。

2．反馈游客意见

地陪应及时将《旅游服务质量意见反馈表》交到旅行社有关部门。此表对旅游活动中旅游服务的各方面都有一个比较客观的反映。旅行社各部门在接到此表时，会认真对待游客的评议。凡是针对地陪的表扬或意见，地陪应主动说明原因，反映客观情况，必要时写出书面材料。如果属于针对餐厅、饭店、车队等方面的意见，地陪也应主动说明真实情况，由旅行社有关部门向这些单位转达游客的意见或谢意。如果反映的意见比较严重、意见较大时，地陪应写出书面材料，内容要翔实，尽量引用原话，以便旅行社有关部门和相关单位进行交涉。

旅游接待中，若发生重大事故，要整理成文字材料向旅行社汇报。

任务实施

【步骤一】结清账目，归还物品

整理好游程过程中发生的账目票据、表单，与司机结清费用，保存好过路费、过桥费以及相关的费用凭证单据。送走游客后第二天就应到旅行社财务部门结清账目，归还从旅行社借出的话筒、导游旗等物品。

【步骤二】处理遗留问题

临行前，团队中一位游客提出邮递物品的委托，面对这种要求，地陪应按以下程序操作：

（1）请示旅行社领导后，按领导指示和有关规定办理。

（2）游客委托物品为书画艺术品，在临行前，你应请旅游者填写委托书，注明物品名称、数量，当面点清、签字，并留下详细通信地址及电话。

（3）联系物品转交的对象，将物品尽快转交给对方，请物品接收者开具收条并签字盖章，将收条与委托书一并交给旅行社保管。

【步骤三】总结工作

例如：

地陪工作小结

从4月20日下午接团，到4月22日上午送走团号为××的内蒙古旅游团队，总共时间两天半，现对本次地接工作情况作以下总结：

（1）旅游团队在旅游过程中总体来看还比较配合，纪律性和时间观念都较强。

（2）在讲解过程中，游客对广州岭南风情比较感兴趣，提的问题也比较多。

（3）该团队的全陪是个入行不久的新人，有些事情还不会灵活处理，但还算谦虚，接团过程中配合得还算愉快。

（4）退房当天要及时收齐房卡，快速办理退房手续。要向游客强调在早餐前收拾好行李物品，地陪可以根据游客退房情况，先收先交先查房，这样可以尽量节省大家的时间。

（5）餐厅用餐基本满意，上菜速度和菜点质量都不错。

本次旅程总体来看是顺利的，游客的遗留问题也顺利解决了。善后工作已经做好。但有些安排和工作环节处理还有值得改进和提高的地方，主要有：

（1）在现场讲解时，我发现自己的知识面不够宽，不够专业，还不能从游客的角度来观察问题，如游客对广州市花木棉花、岭南热带植物榕树表现得很有兴趣，而自己觉得见怪不怪，没有做好充分准备，因此对于游客问到的一些问题还不能很好地解答。

（2）上车和下车时都应与司机师傅打声招呼，司机师傅都很在意导游和游客对他的态度，几句简单的问候语会使大家工作起来更舒心。

（3）团队中儿童购票问题应提前向游客说明，在进入景点前应该向游客说明游览注意事项。

（4）导游用餐要抓紧时间，不能饿着肚子工作，毕竟身体是导游工作的本钱。

课堂训练与测评

（1）请分析本任务中的地陪带团工作小结对哪些内容进行了小结？你认为还可以怎样改进？

（2）设计一份旅游服务质量意见反馈表。

全陪导游服务程序与内容

任务1　全陪服务准备

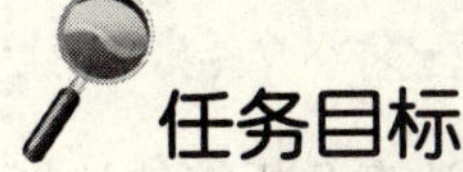

任务目标

- 掌握全陪接团准备内容、准备要求、准备环节。
- 有步骤、有计划地完成全陪导游服务准备工作。

任务引入

三天后将有一个24人的旅游团由广州至杭州、无锡、南京、上海等地进行华东五市旅游，旅行社派你担任本次旅游团的全陪，在拿到接待计划书（见表4-1）后，你应该如何做好准备工作？

表4-1　××市旅行社接待计划书

旅行社（公章）　　　　　　　　　　　　　　　　　税务微机编码□□□□□□□□□

<table>
<tr><td>组团社名称及团号</td><td>广州青年旅行社
2011/5/10-2011/5/16</td><td>来自地区或城市</td><td>广东省广州市</td><td>全　陪</td><td colspan="2">王　军</td></tr>
<tr><td rowspan="2">总人数：24人</td><td>男14人</td><td>成人20</td><td>用车车型</td><td>28座中巴</td><td rowspan="2">导游借款</td><td rowspan="2">1万元</td></tr>
<tr><td>女10人</td><td>儿童4</td><td>司　机</td><td>张师傅</td></tr>
<tr><td rowspan="5">各地地接社情况</td><td colspan="6">杭州：中原旅行社　地陪：张强　联系电话：137××××××</td></tr>
<tr><td colspan="6">苏州：园林旅行社　地陪：向清　联系电话：139××××××</td></tr>
<tr><td colspan="6">无锡：太湖旅行社　地陪：魏菲　联系电话：150××××××</td></tr>
<tr><td colspan="6">南京：中山旅行社　地陪：周林　联系电话：138××××××</td></tr>
<tr><td colspan="6">上海：春秋旅行社　地陪：邵丽　联系电话：136××××××</td></tr>
<tr><td colspan="7">旅游线路：广州——杭州——无锡——南京——上海——广州</td></tr>
<tr><td>时　间</td><td colspan="3">游览项目及景点</td><td colspan="2">用　餐</td><td>住　宿</td></tr>
<tr><td rowspan="3">D1-D2</td><td colspan="3" rowspan="3">西湖景区、雷峰塔、灵隐寺、六和塔、宋城</td><td colspan="2">早餐：/</td><td rowspan="3">中央酒店</td></tr>
<tr><td colspan="2">中餐：西子饭店</td></tr>
<tr><td colspan="2">晚餐：雷峰餐厅</td></tr>
</table>

（续）

时　间	游览项目及景点	用　餐	住　宿
D3-D4	拙政园、留园、狮子林、观前街	早餐：饭店用餐	苏州饭店
		中餐：园林食府	
		晚餐：中园饭店	
D4-D5	鼋头渚、梁溪公园、古运河码头、灵山大佛 太湖珍珠苑	早餐：酒店用餐	太湖饭店
		中餐：鼋头渚饭店	
		晚餐：运河人家	
D5-D6	中山陵、总统府、雨花台、莫愁湖 南京特产商店	早餐：酒店用餐	金陵饭店
		中餐：家园酒店	
		晚餐：雨花台餐厅	
D6-D7	豫园、城隍庙、东方明珠、外滩、南京路	早餐：酒店用餐	家佳饭店
		中餐：北京食府	
		晚餐：巴西烤肉	
D7	回　程	早餐：酒店用餐	航班返回
		中餐：上海饭店	

签发日期：2011年5月5日　　签发人：×××　　导游签名：王军

任务分析

此次接待的是华东五市七天双飞旅游团，在拿到接待计划书后，要认真分析接待计划中的信息，了解团队成员和组团社的具体情况，掌握旅游团的行程计划，熟悉各地旅游活动安排，做好工作所需的物质准备、知识准备和心理准备。

相关知识

全陪要陪同旅游团走过合同上规定的每一个旅游点，特别是外宾团历时时间更长。全陪不仅要照料游客的旅途生活，还要协调与各种合作者包括领队、地陪和司机的关系，更为重要的是，全陪要随时准备处理旅途中出现的突发情况。因此，全陪服务工作的烦琐性和复杂性是不言而喻的，只有经过充分的准备，才能胸有成竹地开始全陪工作。

一、熟悉接待计划

上团前，全陪应认真查阅接待计划及相关资料，了解旅游团的全面情况，注意掌握该团的特点及重点游客的特点，以确定基本接待要求和接待方案。

（1）熟记重要内容　熟记旅游团名称（或团号）、国别、人数和领队姓名等重要内容。摘记地接社的电话以便联系。

（2）掌握旅游团成员的基本情况　掌握旅游团成员的性别、年龄、民族、宗教信仰、特殊生活习惯等情况，还应特别留意有无特殊的旅游者，如旅游商、政府官员、知名人士、残疾人、儿童和高龄老人等。

（3）掌握旅游团的行程计划　掌握旅游团抵离旅游线路中各站的时间、所乘交通工具的航班（车次、船次）。核实交通票据，发现问题及时请示、处理。

（4）熟悉各地旅游活动安排　为必要的导游讲解服务以及解答游客的咨询做好准备。

（5）了解其他事宜　了解全程各站安排的文娱活动、风味餐、额外游览项目、各地机场税与机场建设费以及是否收费等事宜。

二、知识和心理准备

全陪的知识和心理准备特别重要，这方面的准备包括：

（1）为提供有针对性的服务，全陪应充实客源地以及旅游地的历史、政治、风土人情等方面的知识，以备调动游客的游览兴致。

（2）对于旅游过程中可能遇到的种种困难和艰苦，全陪应有充分的心理准备。

三、物质准备

全陪上团前的物质准备工作是相当重要的，否则全陪工作将陷入困境。必要的物质准备有：

（1）必带的证件　全陪要准备好本人身份证、导游证和边防通行证（如去深圳、珠海）等。

（2）必要的票据及物品　包括旅游计划、日程表、团队名单、旅游宣传品、机票、行李卡、通信录、社旗、扩音器及个人所需物品。

（3）所需结算单据和费用　包括拨款结算单、支票及差旅费等。

四、与地接社联系

接团前夕，全陪应与地接社取得联系，互通情况，妥善安排有关事宜。

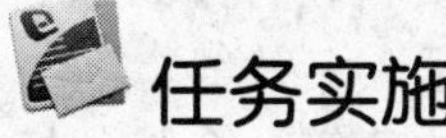

任务实施

【步骤一】业务准备

1. 研究接待计划

在拿到旅行社下达的旅游团队接待计划书后，必须熟悉该团的相关情况，听取该团外联人员或旅行社领导对接待要求和注意事项的介绍。该团为公务员所组成的团队，要求旅游节奏适中，导游讲解要有一定的深度，需要导购介绍和适当的娱乐活动。

（1）掌握各地接社的联系信息。

（2）了解团队基本情况。

旅游团队的基本情况见表 4-2。

表 4-2　旅游团队基本情况表

人　　数	24
男女比例	男性 14 人，女性 10 人，男性略多
年龄结构	成年 20 人，12 岁以下儿童 4 人，主要年龄段为 30～50 岁
职　　业	公务员
民族成分	汉族 22 人，回族 2 人

（续）

特别要求	有两人信仰伊斯兰教，饮食需安排清真食品；旅行期间没有过生日者，在杭州晚上要求观看《印象西湖》大型实景演出
旅游团等级	豪华团，餐饮标准为每人每天 50 元
领　　队	单位负责人——邢国生

（3）了解团内较有影响的成员、特殊照顾对象和知名人士的情况。

（4）掌握旅游团的行程计划。要求核实旅游团抵离旅游线路各站的时间、所乘交通工具的航班（车、船）次，以及交通票据是否订妥或是否需要确认、有无变更等情况。

（5）全程交通票据。去下一站的交通票据由各旅行社代订，交通类型：广州到杭州为 5 月 10 日的 CZ3803 航班，杭州到苏州为 30 座中巴，苏州到无锡为动车硬座，无锡到南京为动车硬座，南京到上海为动车硬座，上海到广州为 5 月 16 日的 CZ3538 航班。

（6）确认接团的时间和地点。根据旅游接待计划，与司机、旅游团领队提前联系，约定与团队见面的时间和地点，如果见面地点在机场、车站或码头，则不需接送司机。

（7）熟悉各站的主要参观游览项目，准备途中讲解和咨询解答的内容。

（8）了解各站安排的文娱节目、风味餐、额外游览项目的收费情况。

（9）记下各地接待社的联络（及昼夜联系）电话，以便及时与地接社取得联系。

2．与首站地接社联系

接团前一天与第一站杭州中原旅行社地陪取得联系，互通情况，妥善安排好食宿等接待事宜。

【步骤二】物质准备

（1）需带齐带团中所需的旅行手续单据，带齐必要的证件和有关资料，其中包括本人身份证、导游证、旅行社导游旗。

（2）必要的票据和物品，如旅游团接待计划书、分房表、旅游宣传资料、行李封条、旅行社徽记、旅行社派发给每位游客的旅行袋、旅游帽等，以及全陪日记、名片等。

（3）结算单据和费用，如拨款结算通知单或支票、现金，足够的差旅费等。全陪须慎重保管好所带的支票和现金。在旅行社，尤其是国内旅行社业务来往中，有时是采用现金支付的方法，全陪所带现金数额往往较大，如因未妥善保管而发生意外，会给自己和旅行社带来重大经济损失。

（4）回程车票（机票）。国内团的回程票若是由组团社出好并由全陪携带，全陪则须认真清点，如果是机票，应认真核对团员名字有无写错，身份证号码有无误差。在本任务中，应核实车票数量是否与团队人数相一致。

【步骤三】知识准备

（1）根据旅游团的需要准备相关知识　了解杭州、苏州、无锡、南京、上海各地的政治、经济、历史、文化、民俗风情和旅游景区景点的大概情况，以应对游客的询问；同时还应了解游客所在地的上述情况，以便能进行相互比较，和游客做更多的沟通。

（2）沿途各站的相关知识　如果全陪小王对该团所经各站不太熟悉，一定要提前准备各站的基本知识，如主要景观、市容民情、风俗习惯等。

【步骤四】形象准备

全陪形象准备与地陪相同，可参考项目 3 的任务 1 中的相关内容，做好形象准备工作。

【步骤五】心理和组织准备

本次接待的是一个24人的公务员团队，旅行要求相对较高，全程经5个城市，历时7天，要做好全程服务的心理准备，要做好处理行程中突发事件的准备，建立有责任感的服务意识，使全团游客玩得尽兴，吃得放心，住得舒心，行得安心。

本团中的领队是该团成员的单位负责人，全陪应该与全团成员保持良好的关系，更要和该团领队保持充分的沟通，以便在全程中增强对该团的组织和控制能力。

课堂训练与测评

（1）珠海青年旅行社的全陪导游小付将在3天后带领一个旅游团前往新疆，进行为期10天的游览活动，在接受此任务后，小付临行前要为全陪带团做哪些准备工作？

（2）请分角色模拟演练全陪与首站地陪进行电话联系，沟通有关接待工作事宜。

任务2　首站接团服务

任务目标

- 掌握全陪首站接团前的准备工作，与全团游客接洽、迎接旅游团队的操作内容和技巧。
- 掌握全陪致欢迎词的主要内容和表达技巧。
- 掌握赴首站途中的导游服务工作内容和细节。
- 有步骤、有计划地完成全陪首站接团服务工作。

任务引入

根据任务1中的模拟任务，作为全陪，你应该如何做好赴首站杭州的接团工作？

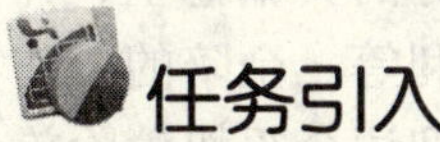

任务分析

在做好相关准备工作之后，全陪应该在出发当天按照与该团领队商定的集合时间和地点，做好首站接团工作，保证全团游客的顺利出行，并做好赴首站的途中服务工作，保证全团游客能顺利出行和顺利抵达。

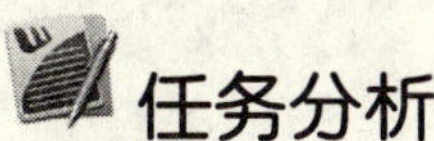

相关知识

“良好的开始等于成功的一半”，接团服务的顺利实施将为整个旅游活动的圆满完成奠定良好的基础。全陪要使旅游团集合后就能立即得到热情友好的接待，让旅游者有宾至如归的感觉。

一、联系司机和领队，再次确定旅游团队的集合时间和地点

在接团前，全陪应提前与领队、司机取得联系，再次确定旅游团队集合的时间和地点。要求确保在规定提前的时间内抵达机场（或车站、码头）。全陪带团到达出发的机场必须留出充裕的时间。具体要求是：出境航班提前 2 小时，乘国内航班提前 90 分钟，乘火车、轮船提前 1 小时。

二、提前到达集合地点，迎候旅游团成员

全陪应提前半小时到达集合地点迎候旅游团，全陪应站在接送车辆的车门旁举起组团社导游旗以便领队和游客前来联系，同时，全陪应根据游客的神情、所携带的行李物品、组团社徽记等特征分析判断或上前委婉询问，主动认找自己所带团队成员，与游客核对参团的组团社名称、团号、游客姓名等，一切相符后才能确定是自己所带旅游团成员，热情引领旅游者放置好行李物品并登车。

三、集合登车

（1）客人上车时，全陪要恭候在车门旁，协助客人上车。

（2）上车后，协助旅游者就座，用眼睛礼貌清点人数，确认游客全部到齐坐稳后，请司机开车。

四、致欢迎词

在赴首站的途中，全陪应代表组团社向旅游团致欢迎词，内容应包括代表组团社和个人向旅游团表示热烈欢迎、自我介绍、介绍司机师傅、表达提供热情服务的真诚愿望、介绍行程的大概情况和首站的吃住游等安排、希望得到合作、预祝旅行顺利等。全陪的工作能力和个人素质的首次展现将给旅游者留下深刻的第一印象。出色的欢迎词会很快消除旅游者对导游人员的不信任感，使旅游团的气氛尽快活跃和融洽起来。

五、办理登机（车、船）手续

引领游客前往候机（车、船）大厅，协助领队办理领取登机牌，交纳机场建设费，办理行李托运手续。

注意：办理登机手续所需游客身份证、户口簿，在使用完毕后应立即归还，不要替游客保管证件。

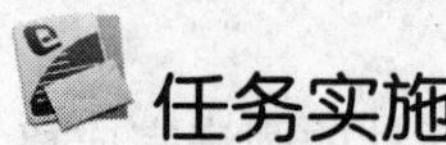

任务实施

【步骤一】联系旅游团领队，确定集合时间地点

在接团前，全陪应提前与本团领队邢先生、司机张师傅取得联系，确定旅游团队集合

的时间和地点。要求在8:15以前抵达机场，由于从集合地点到机场需要30分钟，考虑广州的城市交通状况，因此，确定在7:30在越秀公园门前集合。

【步骤二】提前到达集合地点，迎候旅游团成员

全陪应提前半小时，即7:00前到达集合地点迎候旅游团，全陪应站在接送车辆的车门旁，举起组团社导游旗以便领队和游客前来联系，同时，也要根据游客特征主动认找旅游团队成员，核对组团社名称、团号、游客姓名等信息后，热情引领旅游者放置好行李物品并登车。

【步骤三】集合登车

（1）客人上车时，全陪要恭候在车门旁，协助客人上车。

（2）上车后，协助旅游者就座，用眼睛礼貌清点人数，确认游客全部到齐坐稳后，请司机开车。

【步骤四】致欢迎词

全陪代表组团社向旅游团队致欢迎词。模拟如下：

尊敬的朋友们，大家辛苦了！

非常荣幸成为你们此次旅游的全程导游，我叫王军，是广州青年旅行社派出的全陪导游，大家可以叫我小王或王导。在今后出游的7天里，我将竭尽全力地为你们服务。若各位在旅途中有什么困难尽管说出来，我将全力以赴为你们排忧解难。今天为大家开车的司机是张师傅，他将又快又好地送我们到达机场。在这几天的行程中，我们将游览旅游名城杭州、园林之城苏州、历史名城无锡、六朝古都南京、繁华都市上海。希望我们此次旅游玩得开心，吃得放心，游得尽兴。我们乘坐的航班将在今天中午12点到达杭州萧山机场，空中飞行时间2小时15分钟。抵达杭州后，我们将先去西子饭店用中餐，用餐后办理住店手续。我们在杭州将住在中央酒店，这是一家四星级酒店。酒店位于西子湖畔，观景购物非常方便。到杭州后，我们将会游览西湖景区、雷峰塔、灵隐寺、六和塔、宋城等著名景点。到达杭州后，由杭州中原旅行社的地陪张强来接我们，希望在游览过程中大家能步调一致，紧跟团队，带着孩子的家长照顾好自己的孩子。希望在7天的旅游活动中能得到各位的支持和配合；我的电话号码是137××××××××。

谢谢大家，预祝大家旅途愉快！

【步骤五】抵达机场后，办理领取登机牌、行李托运等手续

注意：在使用完游客的相关证件后应立即归还，不可替游客保管。

【步骤六】带领全团游客登机并做好服务工作

乘飞机时，全陪应当最后上机，以确保全团都顺利登上飞机。在飞机上，要听从乘务员的安排，并留意旅游团队成员的座位位置，如果发现游客有晕机等不良现象，应及时关注，必要时可请机上乘务员协助处理。

【步骤七】出站并与地陪接洽

抵达杭州时，听从乘务员安排，按顺序下机。下机时，全陪要提醒游客带好自己的随身行李。下了飞机，全陪应走到旅游团队的前面，高举组团社导游旗，引领游客领取托运行李并出站，如果行李出现损坏现象，要及时报告，按相关规定和程序处理。在出站位置，与前来迎接的杭州地陪接洽，通报旅游团队实到人数及赴首站途中的基本情况，并将旅游团领队介绍给地陪。

课堂训练与测评

（1）全陪在接团前需要做好哪些业务准备？

（2）由哈尔滨优秀教师组成的旅游团赴四川成都、乐山、黄龙、九寨沟、峨眉山 8 日游，由你担任此次旅游的全陪，请编写欢迎词并开展情景模拟演练。

任务 3 进驻饭店服务与核对商定旅游活动日程

任务目标

- 掌握全陪入店服务工作内容及操作流程、标准。
- 掌握全陪进驻饭店的服务技能。
- 有步骤、有计划地完成全陪进驻饭店服务工作。

任务引入

➲ 任务 3-1

旅游团队已经顺利抵达杭州，作为全陪，你应该尽快协助全团游客完成进驻饭店服务工作。

➲ 任务 3-2

该团第一天上午抵达杭州游览，景点包括西湖景区、雷峰塔、灵隐寺、六和塔、宋城，晚上自费观看《印象西湖》大型山水实景表演。作为全陪，你应如何与领队、地陪核对商定旅游活动日程？

任务分析

【任务 3-1】作为全陪，你应在飞机起飞前与首站杭州地陪张强取得联系，与其确认见面接团地点，引导全团游客乘车前往酒店，并与领队、地陪一起办理入住手续、照顾行李进房，请地陪介绍饭店设施，带领旅游团用好中餐，协助地陪宣布当日活动安排。

【任务 3-2】作为全陪，在带领团队到达每一站时，都要与领队、地陪一起核对在该站的旅游活动日程，主要工作有：核对与领队、地陪各自手中的团队计划有无出入、每天日程安排的具体内容、特殊活动的安排情况、离开本地时的交通工具及时间、领队有无新的要求、征求领队对自费项目的安排意见、征求领队对地接社安排的详细日程的意见。

相关知识

旅游团进入饭店后，全陪应尽快办理住宿登记手续，进住客房，取得行李。具体要做的工作有：

（1）积极主动地协助领队办理旅游团的住店手续。

（2）请领队分配住房，但全陪要掌握全团住房分配名单，并与领队互通各自房号以便联系。

（3）热情引导旅游者进入房间。

（4）如果地陪不住酒店，全陪要负起全责照顾好旅游团。掌握与地陪联系的方法，最好相互告知手机号码；掌握酒店总服务台的电话号码。

（5）处理入住后的问题。

（6）照顾团队在酒店用餐。提前到达用餐地点等候用餐的游客，在用餐期间全陪要主动询问游客用餐情况，如果发生餐饮质量、数量和标准与合同规定不符，或游客提出特殊要求，应及时和地陪向餐厅有关人员交涉，尽快改善。

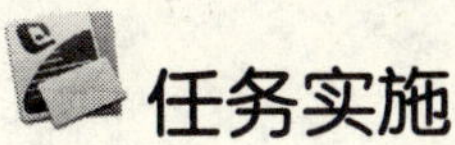

任务实施

任务 3-1 的实施步骤

【步骤一】协助领队办理入住手续

协助领队到饭店总台领取房间钥匙，由领队分配住房；掌握旅游团成员所住房号，并将自己的房号告诉全体团员。

全陪应根据分房情况，制作分房表，以掌握全团游客住宿信息，做好服务工作。

【步骤二】清点行李

全陪与地陪、领队、行李员进行行李清点交接，督促饭店行李员负责把行李送到游客的房间，照顾行李进房，关注游客取得行李的情况。

【步骤三】热情引导游客进入房间

全陪应自始至终保持热情服务的心态，为游客提供旅游生活中的便利和服务。

【步骤四】处理入住后的问题

协助有关人员随时处理游客入住过程中可能出现的问题。如果地陪不住在饭店，要担负起照顾好全团游客的责任。

任务 3-2 的实施步骤

核对商定旅游活动日程具体内容，可参阅项目 3 的任务 4。

全陪与地培、领队核对、商定日程时，要遵循“游客至上，服务至上，主随客便，平等协商，合理而可能”的原则，仔细了解每天游览的景点数和在每一个景点的游览时间。

如遇到难以解决的问题，要及时反馈给组团社，以让领队得到及时的答复。在与领队商定日程时，应以组团社的接待计划为准，避免进行大的修改，小的变动可主随客变。面对无法满足的要求，要详细解释清楚；若有较大的出入或难以解决的问题，全陪应立即请示组团社，由组团社给出意见和决定，给予领队答复。详细日程商定后，请领队向全团宣布。

课堂训练与测评

（1）北京全陪小王带领 23 人的旅游团队前往海南进行为期 5 天的旅游，游客中有 2 个家庭组合，为夫妻，并各携带一名不满 12 岁的儿童，另外的 6 名女性游客和 11 名男性游客中，有汉族、回族、蒙古族。请问小王在分配房间时该怎么办？

（2）分全陪、地陪、领队角色模拟演练旅游团队进驻酒店服务工作操作流程。

（3）一个 36 人的天津旅游团前往新疆观光游览，在旅游行程结束的前一天，领队汪先生代表旅游团成员要求增加两天在喀什的游览，请问全陪能否答应旅游团提出的要求？

任务4 各站服务

任务目标

- 掌握全陪与各站地陪之间衔接工作的主要内容。
- 掌握全陪在旅行过程中应提供的服务内容和标准。

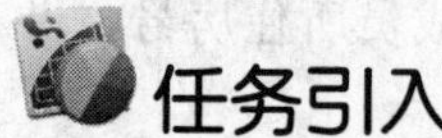

任务引入

你带领的旅游团将游览华东五市：杭州、苏州、无锡、南京、上海。作为全陪，你应该如何做好全程中的各站服务工作？

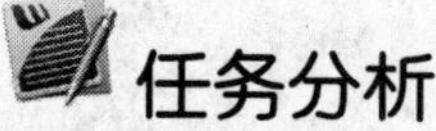

任务分析

在旅游团队全程游览过程中，全陪要做好与各站地陪的联络沟通工作，对各站地陪的工作进行监督和协助，同时要为游客提供旅行过程中的相关服务，进行必要的补充讲解，开展各站途中的文娱活动，当好游客购物顾问，成为游客的贴心朋友。

相关知识

全陪在旅途中的各站服务，应使接待计划得以全面顺利实施，各站之间有机衔接，各项服务适时到位，保护好旅游者的人身及财产安全，突发事件得到有效处理。

一、协助与监督地陪工作

在旅游过程中，要正确处理好监督与协助这两者的关系。一方面，全陪和地陪的目标是一致的，都是通过自己的服务使游客获得一次美好的经历，让游客满意，并以此来树立自己旅行社的品牌。因此，从这方面来说，作为全陪，协助地陪做好服务工作是主要的。

但是，全陪和地陪毕竟分别代表各自的旅行社，且全陪会更多地考虑游客的利益，因此，监督地陪以及其接待社是否按旅游团协议书提供服务也是全陪必须要做的工作之一。所以，协助是首要的，监督是协助上的监督，两者相辅相成。

（1）协助地陪了解旅游团情况　每到一站，全陪应向地陪通报旅游团的情况，地陪通过深入了解旅游团的情况，如旅游者的喜好、旅游团的中心人物等，可以有的放矢地提高服务的质量。

（2）协助地陪完成参观游览服务，处理突发事件　游览过程中，全陪要注意观察周围的情况，留意旅游者的动向，提醒旅游者注意人身和财产安全，协助地陪圆满完成导游讲解任务，避免旅游者走失或发生意外。如突发意外，应依靠地方领导进行妥善处理。游客重病住院、人身伤亡、财物失窃、丢失护照及贵重物品时，要迅速向组团社请示汇报。游客丢失护照及财物等，应及时向公安机关报案并请有关单位、部门查找。如确属被盗，应办好有关保险索赔手续。

二、监督各地服务质量，酌情提出改进意见

全陪要核实各地的旅游活动安排是否以组团社下达的接待计划及要求为依据进行实施，必要时可以提出意见和建议。

（1）留意检查各站所提供的各项服务的质量与标准是否相符，并适时向旅游者了解，听取他们的意见。

（2）发现有降低质量标准的现象，要及时向地陪提出，争取改进和补偿，必要时向组团社报告。

（3）若活动安排与上几站有明显重复，应建议地陪作必要调整。

三、为游客当好购物顾问

全陪一定要当好游客的购物顾问，维护好游客的合法权益。外国游客购买贵重物品，特别是文物时，全陪要提醒其保管好发票和火漆印，以备出海关时查验。购买中成药、中药材时，全陪要向游客讲清中国海关的有关规定。

四、做好联络、协调工作

（1）做好领队与地陪、游客与地陪之间的联络、协调工作。

（2）做好各站之间，特别是上、下站之间的联络工作，互通情况，落实接待事宜。若实际行程和计划有变更或调整时，全陪要及时通知下一站做好相应接待准备工作。

（3）抵达下一站后，要主动把团队的有关信息，如前几站的活动情况、团员的个性特点等通报给地陪，以便地陪能采取更有效、更主动的方法，做好导游服务工作。

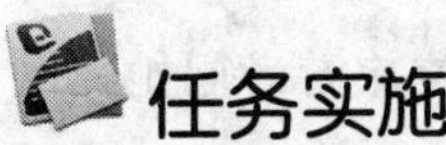

任务实施

【步骤一】联络工作

做好各站间的联络工作，架起联络沟通的桥梁。应注意每至下一站前，都应及时与地

陪联系沟通。例如，从苏州赶赴无锡，全陪应在前一天与无锡地陪取得联系，通知无锡地陪旅游团队从苏州出发的时间、人数，提醒地陪提前做好旅游团队在无锡的食、宿、用车的准备，并与其商定接站的时间和地点。抵达无锡后，全陪要主动把旅游团队在杭州、苏州的活动情况、团队的基本情况通报给地陪，以便地陪能采取更主动、更有针对性的方法，提供更优质的导游服务工作。

【步骤二】监督与协助

（1）若活动安排与上几站有明显重复，应建议地陪作必要调整，并监督其执行，保证旅游团的正确行程。

（2）若对当地的接待工作有意见和建议，要诚恳地向地陪提出，必要时向组团社汇报，保证本团游客的切身利益。例如，根据旅游接待计划，本旅游团在南京要进一个购物点——南京特产商店，地陪提供相应导购服务，若地接导游擅自增加购物点，全陪应及时与地陪沟通，确保全团旅游的行程。

【步骤三】旅行过程中的服务

1．生活服务

（1）出发、返回、上车、下车时，要协助地陪清点人数，照顾年老体弱的游客上、下车。

（2）游览过程中，要留意游客的举动，积极与地陪配合，地陪走在前面进行讲解，全陪应走在团队最后，及时清点人数，防止游客走失和意外事件的发生，确保游客的人身和财产安全。

（3）按照“合理而可能”的原则，帮助游客解决旅行过程中的一些疑难问题。

（4）融洽气氛，使旅游团有强烈的团队精神。

2．讲解服务和文娱活动

作为全陪，提供讲解服务固然不是最重要的，但适当的讲解仍是必要的。尤其是两站之间，在汽车上或火车专列或包车厢做较长时间的旅行时，也要提供相应的讲解服务。其讲解内容则一定是游客感兴趣的话题。此外，为防止长途旅行中团队气氛沉闷，全陪还要组织游客开展一些文娱活动，如唱歌、讲故事、讲笑话、玩游戏等。形式上力求丰富多彩，要有吸引力，使游客能踊跃参与。

3．为游客当好购物顾问

食、住、行、游、购、娱是旅游内容的重要组成部分。和地陪相比，全陪因自始至终和游客在一起，感情上更融洽一些，也更能赢得游客的信任。因此，在很多方面（诸如购物等），游客会更多地向全陪咨询，请全陪拿主意。在这种时候，全陪一定要从游客的角度考虑，结合自己所掌握的旅游商品方面的知识，为游客着想，当好购物顾问，使游客买到称心的物品。

课堂训练与测评

（1）上海全陪周丽带领的旅游团在昆明、大理、丽江等地游玩，有位旅游者问她，回上海时给好朋友带什么礼物最能代表昆明的地方特色？

（2）北京某全陪带领旅游团在海南旅游，海口地陪擅自增加一个购物点，并缩短游客在景区的游览时间。作为全陪，你应该怎么办？

任务5　途中服务

任务目标

- 掌握飞机、火车、轮船、汽车的交通行驶基本知识。
- 掌握在飞机、火车、轮船、汽车上的导游服务内容和技巧。
- 熟悉几种在车内开展的娱乐活动并能有效开展活动。

任务引入

你带领的旅游团正在离开南京前往上海的途中，请认真做好途中服务，使全团游客的途中生活充实、轻松、愉快、安全。

任务分析

在向异地（下一站）转移途中，全陪要提醒游客注意人身和财物的安全，开展离开上一站、驶入下一站以及两站途中的导游服务，安排好旅途中的生活，努力使游客的旅行充实、轻松、愉快。

相关知识

一、乘飞机的服务技巧

乘飞机时，导游员一般应当最后上机，这样可以确保全团都顺利登上飞机；下飞机时，应当先下，全陪要负责与前来迎接的地陪联系。若服务对象为海外旅游团队，要注意与领队协作。

在整个乘机过程中，导游员应特别注意以下几点：

（1）拿到机票后，要检查一下票面，并了解乘机注意事项，认真核对票面信息，如机场名称、游客姓名、航班号、起飞时间、订座情况等。

（2）到机场办理登机手续，导游员请游客带好机票、身份证、登机卡等，提醒过安检时的注意事项，协助游客通过安全检查，在候机厅等候上机。如有晕机经历者，提醒游客可先吃防晕药。

（3）上机后，如有游客出现晕机反应，导游员可用手压其合谷穴处以减轻反应。若情况严重，可请机上乘务员协助处理。若发生其他问题，要及时与乘务员联系。

（4）上机后，听从机上乘务员安排，请游客仔细听乘务员介绍安全知识。一般来讲，机上乘务员都能热情服务，所以，在机上有什么问题，有什么要求，可以随时向乘务员提出。

（5）到达时，听从乘务员安排，按顺序下机，提醒大家千万别忘取自己的行李，如果行李出现损坏现象，要及时报告，按相关规定和程序处理。

二、乘火车的服务技巧

火车是国内旅游的主要交通工具之一。与乘坐飞机相比，乘坐火车的速度相对慢一些，价格也相对便宜，乘火车旅游，可以欣赏途中景色，特别是田园风光，这是乘飞机领略不到的。

乘火车时，导游员要尽力把自己安排在位于游客中间的包房、床位和席位，并经常走动一下，关照好每一位游客。在分配包房时，注意游客之间的关系，要把一家人、夫妻、朋友等分配在一起。整个乘车过程中，导游要注意下面的技巧：

（1）导游员拿到火车票后，要检查票面，千万别乘错车次，并按导游服务规定带领游客提前抵达火车站。

（2）到车站后，提醒游客听从广播和服务员的召唤，千万不能延误车次，如遇排队，导游员领头靠前，请领队或团长负责其后，以便前后照料。

（3）上车后，帮助游客找好铺位和席位，找不到时可请服务员协助。

（4）上车后，提醒游客要遵守铁路规定，安顿好游客的车上生活，提醒游客要常活动一下身体，防止不适。

（5）在途中，特别是夜间旅行，导游员应树立安全观念，一定要提醒游客注意安全，保管好自己的行李物品。

（6）长途旅行游客容易疲倦，导游员可与领队或团长合作，组织一些有益的活动，抓住机会与游客建立良好的关系。

（7）对途中所经过地区，特别是途经风光秀美的地区时，导游员应适时地指导游客观赏并作简要的介绍。

（8）注意车上广播，关照大家早些做好下车准备。

三、乘轮船的服务技巧

由于受到自然条件的限制，选择乘轮船旅行的情况较为少见，在我国主要为长江航线和沿海航线。

乘船旅行最大的特点是速度慢，近年来出现的豪华邮轮，设备高档，服务齐全。领队或全陪要安排好包房或铺位，导游员要组织好旅行途中的娱乐活动。沿江旅行注意引导讲解沿途的风光（如长江三峡，乘坐游船本身就是重要的旅游项目），乘坐海轮注意提醒游客避免晕船。

四、乘坐旅游大巴车的导游服务

汽车是一种快捷、方便的短途旅游交通工具。在一些交通相对落后的旅游地区，公路交通方式显得更加重要。在旅游目的地，游客的旅游活动主要是乘坐旅游车前往各个游览参观点，为游客提供服务的主要是地陪。但如果是采取汽车方式赶赴下一站，为游客提供车上服务的就是全陪了。在途中的服务内容主要包括：

（1）导游员应站在车门的靠近车头一侧，迎接和协助游客上车，同时注意对游客进行“察言观色”，做好提醒工作，注意导游员要第一个下车、最后一个上车。

（2）根据旅游团的实际情况，协助领队安排座位，礼貌地清点人数后，示意司机开车。

（3）在途中开展沿途导游服务。

导游服务的内容和方式可根据两站之间的路程远近和上下两站的旅游活动安排来选择。一般来说有以下几种方式：

1）当汽车刚驶离上一站时，可结合窗外城市景物适当进行城市风情风俗以及旅游景点的补充讲解，并可询问游客对上一站城市的总体印象、对刚游完的景点的感觉等，通过问答方式提高游客的情绪和兴致。

2）在上下两站路程中间，导游要注意参观游客的情绪状态，如果游客显得较为疲劳困顿，就应该体贴地让游客先休息，此时如果喋喋不休，将会适得其反。如果游客精神状态较好，全陪可开展一些健康、有益的游戏活动，如讲故事、做游戏等，要注意：所选取的游戏方式要能在汽车这种相对封闭的环境下开展，并尽量能让所有游客参与进来，如成语接龙等。

3）当汽车即将驶入下一站城市范围时，导游可根据车窗外城市景物的变化来开展新一站城市基本情况、风情风俗等方面的基础性介绍，为下一站地陪的详细讲解打下基础。

（4）与司机的合作，协助司机做好安全行车工作。如果两站路程较远，提醒司机不要疲劳驾驶，注意适当休息提神，一般要求每驾驶2小时要休息10～15分钟。同时，也要让游客下车活动一下，缓解旅途疲劳。

任务实施

【步骤一】离站与途中服务

（1）必须熟悉各种交通工具的性能及交通部门的有关规定，如两站之间的行程距离、所需时间、途中经过的省份城市等。

（2）应协助领队分发登机牌、车船票，并安排游客座位和铺位。

（3）提醒游客注意人身和财物安全，尤其要保管好贵重物品和证件。

（4）全陪要保管好旅游团队的行李托运单（行李卡）和交通票据。

（5）组织旅游团顺利登车（机、船），自己应走在最后。

（6）与交通部门工作人员（如飞机乘务员、列车乘务员等）搞好关系，争取他们的支持，共同做好途中的安全保卫和生活服务工作。

（7）做好途中的食、住、娱工作。乘火车（或轮船）途中需要就餐时，上车（或船）后，全陪应尽快找餐车（或餐厅）负责人联系，按该团餐饮标准为游客订餐。如该团有餐饮方面的特殊要求或禁忌应提前向负责人说明。

（8）旅游团中若有晕机（车、船）的游客，要给予特别关照；游客突患重病，全陪应立即采取措施，并争取司机、乘务人员的协助。

（9）做好与游客的沟通工作（通过交谈联络感情等），全陪在全程旅游中应尽可能多地与每位游客建立良好的合作关系，了解他们在旅游过程中的各种要求。

【步骤二】抵站服务

（1）所乘交通工具即将抵达下一站时，应提醒游客整理带齐个人的随身物品，下车（机、船）时注意安全。

（2）凭行李票领取行李，如发现游客行李丢失和损坏，要立即与有关部门联系处理并做好游客的安抚工作。

（3）出站时，应举社旗走在游客的前面，以便尽快同接该团的地陪取得联系。如出现无地陪迎接的现象，全陪应立即与接待社取得联系，告知具体情况。

（4）向地陪介绍本团领队和旅游团的情况，并将该团计划外的有关要求转告地陪。

（5）组织游客登上旅游车，提醒其注意安全并负责清点人数。

课堂训练与测评

（1）全陪小张带领旅游团乘坐飞机从成都前往黄龙时，有两位游客出现晕机症状，请问全陪能否让游客吃药？为什么？

（2）模拟旅游大巴车内情境，请以全陪身份设计并演练几种车内开展的游戏活动。

课外阅读

旅游途中九款小游戏

（1）吃羊游戏　由游客说出羊身上可以吃的器官，说不出来或说得重复的要表演节目。

（2）移花接木　由游客说出一个特定环境内的物品在另一个特定环境中的作用。例如：

问：厨房里有什么？答：菜刀。

问：菜刀在浴室能做什么？答：刮腿毛……

（3）猜谜语　事先准备一些小玩具、小礼品，向答对的游客给予奖励。

（4）自我展示　事先准备好笑话（要健康向上的）和自己拿手的歌曲，以防冷场和游客刁难。

（5）给新人送“贺礼”　假设车上有对“新人”，大家轮流给他们的“新家”送一件家具、家电、厨具等家居生活用品（随身衣物除外，说者算错），说错或是重复的为失败，要演节目。

（6）抓蜜蜂　车上的游客，坐在左边的伸出手，坐在右边的举起手，全陪说：“两只小蜜蜂呀，飞入花丛中呀，嗡呀，嗡呀。”当说到第三次的时候，说“抓”，右面的人就抓左面人的手，被抓住者唱歌。

（7）宣读理想　在车上找出五个人，给他们一张纸，让他们在纸上写出自己最喜欢的4个成语，如“欢天喜地，努力拼搏，再接再厉，梦花秋月”。这时候，全陪拿出一张纸，上面也写出4个短语，如“我的初恋，我的爱情，我的工作，我的未来”。然后，全陪宣读：“××的理想是：我的初恋，欢天喜地；我的爱情，努力拼搏；我的工作，再接再厉；我的未来，梦花秋月。”

每个人的成语不同，所读出来的内容也不同，现场的场面较为欢快。

（8）绕口令　绕口令最好能选择比较简单易记的。例如：

一棵柳树搂一搂，两颗柳树搂两搂……

一只青蛙一张嘴，两只眼睛四条腿；两只青蛙两张嘴，四只眼睛八条腿……

一只青蛙跳下水，扑通；两只青蛙跳下水，扑通，扑通……

扁担长，板凳宽，板凳没有扁担长……

（9）成语接龙、歌词接龙　全陪可随身携带袖珍歌词本，以防游客忘记歌词而冷场。

注意：在车行驶在盘山道上或行驶安全系数小的时候最好不进行任何游戏，以防分散司机注意力发生意外。

任务6　离站与末站服务

任务目标

- 掌握全陪在离站和末站服务中的工作内容及操作标准。
- 有步骤、有计划地完成全陪离站和末站服务工作。

任务引入

【任务6-1】你所带的旅游团即将离开南京，请做好离站服务工作。

【任务6-2】你所带领的旅游团即将离开上海返回广州，在带团离开上海时应做哪些服务工作？

任务分析

旅游团队离开各地之前，全陪应提前落实离站交通票据，并协助领队和地陪办理离站事宜。末站是旅游活动的最后环节，全陪要提醒旅游者带好自己的行李物品，并致欢送词，使旅游团顺利离开，并留下良好的印象。

相关知识

一、离站服务

在旅游团离开各地之前，全陪应进行如下工作：

1．提前提醒地陪落实离站的交通票据及离站的准确时间

2．协助领队和地陪办理离站事宜

（1）向领队讲清航空、铁路、水路有关托运或携带行李的规定，超重部分应按章交纳行李超重费；对乘坐飞机离站的旅游团，要提醒领队和地陪交纳机场建设费等。

（2）向旅游者讲明我国有关行李托运的规定，帮助有困难的旅游者捆扎行李，请旅游者将行李上锁。

（3）协助领队、地陪清点旅游团行李，与行李员办理交接手续。

3．妥善保管票证

（1）到达机场（车站、码头）后，应与地陪交接交通票据、行李卡或行李托运单。交接时一定要点清、核准并妥善保存，以便到达下站后顺利出站。

（2）与地陪按规定办好财务手续，并妥善保管好财务单据。

二、末站服务

末站服务是全陪服务中的最后环节，要使旅游团顺利离开末站，并留下良好的印象，全陪应做好以下工作：

（1）当旅行结束时，全陪要提醒旅游者带好自己的物品和证件。

（2）征求旅游者对整个接待工作的意见和建议。

（3）致欢送词，对客人给予的合作表示感谢并欢迎再次光临。全程陪同往往会使全陪与不少游客成为朋友，所以致欢送词时，“富有感情”是欢送词必要的特征。表示惜别、感谢合作、征求意见、期待重逢是欢送词的四要素。欢送词要因时、因地、因人而不同，千万不能给游客留下“人一走，茶就凉”的感觉。

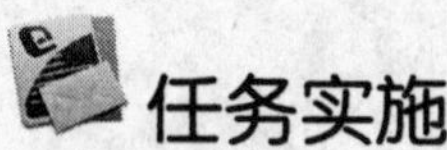

任务实施

任务 6-1 的实施步骤

全陪要做好离站工作，使全团游客准时、安全地前往下一站。本旅游团的离站服务分别在杭州、苏州、无锡、南京四个站开展。

【步骤一】提前提醒地陪落实离站的交通票据，并核实准确离站时间。

从杭州到苏州是乘坐由地接社派出的 30 座旅游中巴，全陪应提醒地陪提前与司机联系，确定离站时间和地点，以确保能准时到达苏州。

从苏州—无锡—南京—上海，交通工具均为火车动车硬座，全陪应提醒苏州、无锡、南京的地陪落实好离站的火车票，并核实好准确离站时间。

如果离站时间因故变化，全陪应立即通知下一站接待社或请本站接待社通知，以防空接和漏接的发生。

【步骤二】做好上下站间的联络工作。

【步骤三】协助领队、地陪做好行李清点、交接工作。

【步骤四】协助领队和地陪妥善办理离站事宜。向游客讲清托运行李的有关规定并提醒游客检查、带好旅游证件。

【步骤五】核实地陪交给的统一票据，妥善保存行李票据。

【步骤六】按规定与接待社办妥财务结算手续，认真填写好结算单据，与地陪双方签字，并保管好自己应留存的费用单据。

任务 6-2 的实施步骤

【步骤一】当旅游团全程旅行结束时，要提醒游客带好自己的物品，贵重物品和证件应随身携带。

【步骤二】向领队和游客征求团队对此次行程的意见和建议，并填写《旅游服务质量评价表》。

【步骤三】致欢送词。

对游客给予的合作表示感谢并欢迎再次光临。向全体游客致欢送词，可以加深与游客之间的感情。致欢送词时语气应真挚，富有感情。模拟如下：

各位朋友：

随着最后一站上海都市之行渐近尾声，我们的华东五市之行也即将结束了，回顾我们朝夕相处的七天行程，在旅途中建立起的真诚友谊，已使大家情投意合，难舍难分。这里我要感谢各位对我工作的配合和支持，尤其是遇到问题时大家给予的信任，才使得华东五市之行圆满完成。我要特别感谢领队邢先生，是他的细心才使我们的游览得以如此圆满和顺利。我工作中存在的不足与疏忽，希望得到各位的谅解，也请大家提出宝贵的意见和建议。此次能为大家提供导游服务，是我的荣幸。但愿后会有期，能有机会再次为大家服务。最后祝大家万事如意，身体健康。谢谢！

【步骤四】提醒游客携带好自己的随身物品，与游客真诚告别。

课堂训练与测评

（1）2009 年 9 月，有一个云南少数民族旅游团前往北京、承德、秦皇岛开展了为期 6 天的旅游活动，游览了故宫、长城、颐和园、天坛、恭亲王府、毛主席纪念馆、明十三陵、避暑山庄、外八庙、北戴河海滨等景点。请以全陪身份编写欢送词，并模拟演练致欢送词。

（2）讨论游客填写旅游服务质量评价表的意义。

任务 7　后 续 工 作

任务目标

- 熟悉全陪后续工作需处理的各种单据和表格等。
- 掌握全陪后续工作应完成的主要内容。
- 掌握全陪后续工作的操作流程。

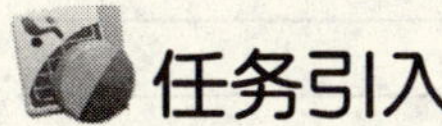

任务引入

全团游客已经顺利返回始发地广州，在与大家热情告别后，你应做好哪些后续工作？

任务分析

全陪的后续工作是全陪导游服务工作的最后一环，包括结清账目、归还物品、处理遗留问题、总结旅游工作。

相关知识

送团后，全陪应认真总结，并处理好旅游团的遗留问题。

（1）对旅游团遗留的重要问题要先请示旅行社有关领导，然后再处理。

（2）全陪应认真、按时填写《全陪日志》或其他旅游行政管理部门（或组团社）所要求的资料。

导游员要认真总结经验教训，写好陪团小结或全陪日志，实事求是地汇报接团经过以及游客的建议和意见（特别是在旅途中出现的重大事故，要以书面材料详细地向旅行社报告）。

全陪带团到祖国的大江南北参观游览，见识颇多，又同各种各样的领队、地陪打交道，每送走一个旅游团，应及时总结带团的经验体会，找出不足，不断提高全陪导游服务的水平，不断完善自我。

（3）及时归还所借钱物，按财务规定办理报销事宜。

（4）全陪在带团旅游的过程中，会有很多的经历和心得体会，可加以记录总结，积累丰富的全陪导游服务经验。

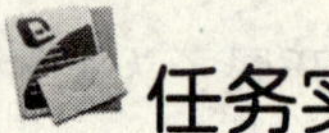

任务实施

【步骤一】处理遗留问题

下团后，应认真处理好旅游团的遗留问题。对团队遗留的重大、重要问题，要先请示旅行社有关领导，然后再处理。认真对待游客的委托，并依照规定办理。

【步骤二】认真按时填写《全陪日志》

全陪日志的格式见表4-3。

表4-3　全陪日志

<table>
<tr><td colspan="2">单位/部门</td><td></td><td colspan="2">团　号</td><td></td></tr>
<tr><td colspan="2">全陪姓名</td><td></td><td colspan="2">组团社</td><td></td></tr>
<tr><td colspan="2">领队姓名</td><td></td><td colspan="2">国　籍</td><td></td></tr>
<tr><td colspan="2">接待时间</td><td></td><td colspan="2">人　数</td><td></td></tr>
<tr><td colspan="2">途经城市</td><td colspan="4"></td></tr>
<tr><td colspan="6">国内重要游客、特别情况及要求：</td></tr>
<tr><td colspan="6">领队或游客的意见、建议和对接待工作的评价：</td></tr>
<tr><td colspan="6">旅游团发生问题和处理情况（包括意外事件、游客投诉、追加费用等）：</td></tr>
<tr><td colspan="6">全陪意见和建议：</td></tr>
<tr><td colspan="6">全陪对接待全过程服务的评价：　（　）合格　（　）不合格</td></tr>
<tr><td>行程状况</td><td>顺利</td><td colspan="2">较顺利</td><td>一般</td><td>不顺利</td></tr>
<tr><td>客户评价</td><td>满意</td><td colspan="2">较满意</td><td>一般</td><td>不满意</td></tr>
<tr><td>服务质量</td><td>优秀</td><td colspan="2">良好</td><td>一般</td><td>比较差</td></tr>
<tr><td colspan="2">全陪签字：</td><td colspan="2">部门经理签字：</td><td colspan="2">质管部门签字：</td></tr>
<tr><td colspan="2">日期：　年　月　日</td><td colspan="2">日期：　年　月　日</td><td colspan="2">日期：　年　月　日</td></tr>
</table>

【步骤三】及时归还所借钱物，按财务规定办理报销事宜

回到旅行社后应及时处理财务结算和报销事宜，填写旅行团费用结算单（见表4-4）和旅行社差旅费报销单（见表4-5）。

表 4-4　旅行团费用结算单

编号：

<table>
<tr><td>旅行团名称</td><td colspan="2"></td><td>地　区</td><td></td><td>实有人数</td><td></td></tr>
<tr><td>抵离时间</td><td colspan="6">月 日 时乘　　到至 月 日 时乘　　离</td></tr>
<tr><td colspan="3">结算项目</td><td colspan="2">结算金额</td><td colspan="2">核定金额</td></tr>
<tr><td>综合服务费</td><td colspan="2"></td><td colspan="2"></td><td colspan="2"></td></tr>
<tr><td>住宿费</td><td colspan="2"></td><td colspan="2"></td><td colspan="2"></td></tr>
<tr><td>餐　费</td><td colspan="2"></td><td colspan="2"></td><td colspan="2"></td></tr>
<tr><td>车　费</td><td colspan="2"></td><td colspan="2"></td><td colspan="2"></td></tr>
<tr><td>门票费</td><td colspan="2"></td><td colspan="2"></td><td colspan="2"></td></tr>
<tr><td>交通费</td><td colspan="2"></td><td colspan="2"></td><td colspan="2"></td></tr>
<tr><td>全陪费</td><td colspan="2"></td><td colspan="2"></td><td colspan="2"></td></tr>
<tr><td rowspan="2">合　计</td><td>人民币</td><td colspan="5">结算金额：
核定金额：</td></tr>
<tr><td colspan="6">金额大写：　万　仟　佰　拾　元　角　分</td></tr>
<tr><td>备　注</td><td colspan="6"></td></tr>
</table>

单位名称：　　　　　　复核：

开户银行：　　　　　　制表：

账号：

年　月　日（公章）

表 4-5　旅行社差旅费报销单

<table>
<tr><td rowspan="2">团　号</td><td colspan="3">途中补贴</td><td rowspan="2">交　通</td><td rowspan="2">餐　费</td><td rowspan="2">其　他</td><td rowspan="2">合　计</td></tr>
<tr><td>标　准</td><td>天　数</td><td>金　额</td></tr>
<tr><td></td><td></td><td></td><td></td><td></td><td></td><td></td><td></td></tr>
<tr><td></td><td></td><td></td><td></td><td></td><td></td><td></td><td></td></tr>
<tr><td colspan="8">合计（大写）</td></tr>
<tr><td colspan="8">补充说明：</td></tr>
</table>

出差人员：　　　　　　　计调：　　　　　　　领导：

填写日期：　　年　　月　　日

【步骤四】做好总结工作

对团队的整个行程作总结，梳理工作中遇到的问题和感受，如有重大情况发生或有影响到旅行社以后团队操作的隐患问题，应及时向领导汇报。

课堂训练与测评

（1）根据本项目任务，分角色模拟演练全陪的总结工作。

（2）某旅游团前往新疆 8 日游，其中有一位游客因家中老人突患重病，提前离开了旅游团并中止了旅游活动。旅游团顺利返回后，请问全陪应如何填写全陪日志？

项目 5

出境领队规范服务程序与内容

任务1　出团前的工作准备

任务目标

- 掌握行前说明会的作用、目的和主要内容。
- 掌握接受出境带团任务、行前说明会、行装准备、知识业务准备等工作环节的操作标准。
- 掌握出团前的工作准备程序。

任务引入

一个赴日本考察旅游的旅游团将于10天后出发，由你担任本次出境旅游团队的领队。旅行社把一份出团通知（见表5-1和表5-2）交给了你，请你做好带团准备工作。

表5-1　日本考察旅游团七天六晚出团通知

请您于2011年4月22日早6:00，在首都国际机场三号航站楼四楼出境大厅2号门内中国银行前集合，因出境手续烦琐，务必请游客准时到达集合地点，旅行社不承担因人力不可抗拒因素造成的损失及责任。

团　号	0904-ZJK-1003			人　数	16+1	
领　队	姜×× 138××××××××			日本导游	张×× 043-296-×××	
天　数	日　期	城　市	交　通	行　程	用　餐	住　宿
1	04/22	北京 东京	飞机	乘JL780（8:25～12:55）航班抵达成田机场，游览台场海滨公园，晚餐后回饭店	晚	东京××酒店

（续）

2	04/23	东京	汽车	游览皇宫外苑、浅草寺、都厅展望台、迪斯尼乐园（自费）、银座	早 午 晚	东京××酒店
3	04/24	东京 横滨	汽车	山下海滨公园、三溪园、横滨湾岸大桥	早 午 晚	横滨××酒店
4	04/25	横滨 箱根	汽车	乘车赴箱根，游览富士山、大涌谷，晚上入住温泉酒店	早 午 晚	箱根温泉酒店
5	04/26	箱根 京都	汽车	乘专用车赴京都，游览金阁寺、平安神宫、京都车站 晚餐后回饭店	早 午 晚	京都××酒店
6	04/27	京都 大阪	汽车	乘车赴大阪，游览大孤城公园、心斋桥及道顿掘繁华街 晚餐后回饭店	早 午 晚	大阪××酒店
7	04/28	大阪 北京	飞机	乘 JL785（10:00～12:20）航班返回北京，结束愉快旅程	早	
备　注	1. 团费包含项目：全程往返机票，签证费，全程四星级标准酒店费用，行程内标明的餐饮，包车费，行程内门票，导游服务费，旅行社责任险。 不包含项目：各地至机场往返交通费，导游、司机小费（人民币 150 元 / 人），日本自费项目。 2. 健康与药物：出外旅游，可能会因水土不服而令身体感到不适，所以客人应准备些常用的药品，若您长期服用某类药品，必须带足药物，以防万一。 3. 出外旅游应尽量少携带贵重物品，手提行李每人限携带一件。托运行李重量不超过 20 公斤。 特别提示：国际航班携带液体、喷雾剂和发胶的安检新规定：手提行李中的液体、喷雾剂或发胶容器，大小必须等于或小于 100 毫升。所有容器必须密封装入容量为一升的透明塑料袋中。每人限带一个塑料袋。超过 100 毫升的要放到托运的行李里。 ……					
联系电话	日本部操作员　王××　010-8765××××					

表 5-2　游客资料表

序　号	姓名		性　别	出生日期	职　业	备　注
	中文	汉语拼音				
领　队	姜××	JIANG××	F	1980-××-××	领队	住单间
1	丁××	DING××	M	1962-××-××	大学校长	1、2、3 为一家
2	张××	ZHANG××	F	1968-××-××	会计师	
3	王××	WANG××	M	1994-××-××	学生	
4	李××	LI××	F	1970-××-××	教师	4、5 姐妹，要求入住同一房间
5	李××	LI××	F	1974-××-××	公司职员	
				……		
16	张××	ZHANG××	F	1968-××-××	教师	素食者

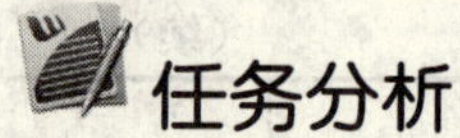

任务分析

在接到赴日旅游团的工作任务后，应认真分析出团计划中的信息，掌握全团游客信息、旅游行程等，开好行前说明会，做好出境物品行装准备，并对日本国家概况，东京、横滨、箱根、京都、大阪等城市知识进行准备。

相关知识

在我国，公民自费出国旅游是一项新的旅游业务。按照《中国公民自费出国旅游管理暂行办法》的规定，目前我国出国旅游均采取团队形式，“团队的旅游活动须在领队的带领下进行”。领队是经国家旅游行政管理部门批准的国际旅行社委派的出国旅游团队的专职服务人员，代表该旅行社全权负责旅游团在境外的旅游活动。在旅游过程中，领队起着沟通派出方和境外接待方旅行社、游客、旅游目的地国家的全陪及地陪之间的桥梁作用。领队是游客最信任的人，所以应责无旁贷地起到维护旅游团成员间的团结及维护游客正当权益的作用，监督接待方旅行社全面执行旅游合同规定的内容，协助全陪、地陪落实各项服务，保证旅游团在境外旅游的安全和顺利。领队必须通过全国领队资格考试，取得领队证。近年来，我国每年都有二三百万人出境旅游，海外领队工作已成为一个独具特色的新工作种类。

领队应做好的服务准备如下：

1．身心准备

领队要带领旅游团跨越国境，在异国他乡进行为期不短的旅游活动，倘若没有健康的身心，就会受到水土不服、繁重工作压力的困扰，正常的个人起居都无法保证，更无法正常履行领队职责。

（1）身体准备　领队不仅要有健康的体魄，还要把健康的精神带到工作中去。健康的精神表现在领队要有得体的仪表、友好的笑容、热情的态度和充满朝气的言语。旅游者会因此受到极大的感染和鼓舞，对领队产生信任感。

（2）心理准备　在带团过程中，旅游者可能会发现领队工作的不足而提出批评或指责，或者因自身的情绪状况有意无意地提出批评或指责，领队对此应持正确态度，有充分的思想准备去面对游客的抱怨和投诉，处理一些意想不到的问题。

2．业务准备

（1）研究旅游团情况　熟悉旅游团成员的职业、姓名、性别、年龄及旅游团中的重点人物、需特殊照顾的对象和旅游团的特殊要求。

（2）收集相关资料　认真阅读有关旅游目的地国家的情况，了解其政治、经济、人口、历史文化、地理位置、时差、旅游资源、气候、风土人情、同中国建交史和来往情况、货币兑换等情况，以备游客咨询提问。

（3）掌握出国手续的办理方法　认真阅读我国边防、海关、卫生检查、安全检查、民航、外汇管理等有关规定，并做好记录以备随时查阅。

（4）核对票证、名单和住房名单

1）拿到全团护照和机票后，要认真核对，先检查数量是否一致，再核对机票姓名与护照姓名是否相符。旅游目的地国家和地区的使领馆是否签证盖章，是否加盖签证日期章等项都要核对。

2）认真核对“旅行团出境名单”上的内容是否与护照内容一致，并将团员的护照和机票按名单顺序依次编号、排好顺序，以便边防检查，顺利出境。

3）准备多份境外住店分配名单，这样可以节省入店登记的时间。

（5）身体检查　检查全团是否都进行了预防注射，未注射者应立即补种。

（6）物质准备

1）准备好领队证、已核对好的票据和证件。

2）必要的机场税款及团队费用。

3）准备好社旗、行李标签、班机时刻表、旅行地图和个人所需用品等。

4）准备好国内外重要联系单位的电话、名片等。

3．开好出境游的行前说明会

在办理好护照、签证、机票等有关手续后，为了加强领队在旅游团中的影响，保证领队工作的顺利进行，领队应召集本团队旅游者开一次出境旅游说明会，其内容包括：

（1）代表旅行社致欢迎词　欢迎词的内容包括：表示欢迎，自我介绍，表明愿意为旅游者服务的态度，争取旅游者的合作，并预祝旅游顺利成功。

（2）旅游行程说明　向旅游者说明出境、入境手续与注意事项，以及出游目的地的旅游日程。

（3）介绍旅游目的地　介绍旅游目的地国家（地区）的基本情况及风俗习惯。尽量讲解得生动有趣，以调动旅游者的兴致，给旅游者留下深刻的印象。

（4）讲清注意事项　提醒游客遵守国外的法律法规，尊重当地的民俗习惯，并时刻注意人身财产安全等。

（5）其他　落实有关房间分配、境外陪同小费、特殊要求等事项。

任务实施

【步骤一】接受带团任务

1．听取旅行社计调人员介绍团队情况并接收出团资料

在接到带团工作任务后，首先要做的一件事，就是与旅行社的计调人员取得联系，约定时间，听取旅行社计调人员对此团队进行详尽介绍。在听取旅行社计调人员介绍的时候，需要认真听、仔细记，对不清楚的问题要马上进行有针对性的提问。领队听取的团队信息，应当包括以下几方面。

（1）团队构成的大致情况　该团由散客拼团组成，游客人数 16 名，外加 1 名领队，总人数为 17 人。游客来自各行各业，有大学校长、建筑设计师、公司经理、医生；有软件工程师、银行职员，也有全职太太；有教师，也有中小学生。该团呈现出小团体特征：有 4 个家庭组合，共计 10 人；有同事组合，共计 3 人。

（2）团内重点团员的情况　丁××先生是大学校长，是团内的重要游客。

（3）团队的完整行程　详见行程表（见表 5-1）。

（4）团员特别要求　有 1 名游客全程吃素，有 1 名回族游客，要求清真饮食，有 1 对夫妇要求大床房。

（5）行前说明会时间　行前说明会将在团体出发前的一周召开，一般地点选择在旅行社会议室。

提示：在听取旅行社计调人员进行团队介绍时，应从旅行社计调人员手中接收以下材料：团队名单表、出入境登记卡、海关申报单、旅游证件、旅游签证（签注）、交通票据、接待计划书、联络通信录等。出入境登记卡、海关申报单等也可在出境的当天直接到边检、海关柜台前索要。

（6）出境旅游行程信息　旅行社计调人员应向领队移交的资料还有“中国公民出国旅游团队名单表”，拟发给游客的“旅游行程表”，也须由旅行社计调人员转交领队，由领队在行前说明会上发给游客。旅游行程表包含以下内容：

1）旅游线路、时间、景点。此团为 7 天 6 晚的日本团，游览日本东京、横滨、箱根、京都、大阪 5 个城市，其中东京是日本首都，住两晚，其他城市各住一晚。

2）交通工具安排。旅游团往返两程乘坐国际航班，日本国内出行全程乘坐汽车。

3）食宿标准 / 档次。日本未参与国际酒店星级评定，所以酒店不挂星牌。旅游团全程入住相当于中国四星级的酒店，在箱根入住温泉酒店。酒店内用早餐，正餐每餐均为 8 菜 1 汤。

4）购物娱乐安排以及自费项目。组团社根据各地旅游观光局的要求，在旅游活动中会安排参观当地的特产商店。购物店 3～4 站（电子用品、海产品店、免税店、土特产）。

5）团费项目。

包含项目：全程往返机票，签证费，全程四星级标准酒店费用，行程内注明的餐饮，包车费，行程内门票，导游服务费，旅行社责任险。

不包含项目：各地至机场往返交通费，导游、司机小费：（人民币 350 元 / 人）。

自费项目：东京迪斯尼乐园、京都—大阪新干线。

6）组团社与接团社的联系人和联系方式。

中国领队：姜××　138×××××××××

日本导游：张××　043-296-×××

2. 制作团队分房表

根据旅行社计调人员所提供的游客资料制作一份团队分房表，既可方便游客入住时进行分房，也能让领队及时掌握全团成员入住房间情况。

3. 进行“三核对”工作

接受带团任务后，进行团队出团前准备的一项重要内容，就是要查验全体团员的护照、签证、机票等信息，防止这些与旅行信息相关的证件、机票出现错误。

（1）护照、签证和机票的检查核对　护照检查核对的内容重点是检查姓名、护照号码、签发地、签发日期、有效期、是否本人签名。

签证检查核对的内容重点是签发日期、截止日期、签证号码，有些是使用印鉴盖在护照内，有的是用贴纸贴在护照内。

机票核对的内容重点是乘机人姓名、乘机日期、航班号。

游客护照上的姓名应当与签证、机票上面的姓名完全一致，检查时应当把 3 样东西放在一起进行鉴别，即“三核对”。签证及国际机票上的游客姓名，通常是用英文（或汉语拼音）填写，容易与护照中的中文拼音姓名混淆。无论是护照、签证还是机票，如果在检查中发现其中有误，需要立即与旅行社计调人员沟通，迅速加以解决。

（2）护照排列贴签　为方便出团时护照的清点、发放以及游客点名，还需要对团队的护照进行排序，然后在每本护照的封面页上贴不干胶贴签，上面写上编号和姓名。编号应与团队名单表上的顺序一致，以便在分发护照时方便工作，无须翻开护照内页，即可喊出游客姓名。编号还可以让游客熟悉自己的团队编号顺序，在需要通关、办理登机等手续时进行队列排序，做到有条不紊。

【步骤二】开好行前说明会

1. 行前说明会内容

（1）告知旅游者的事宜　行前说明会是旅行社参会人员与游客的第一次见面，首先要对游客参团表示感谢，并进行自我介绍，然后告知旅游事宜。

1）与游客一起详细解读“出境旅游行程表”，使游客了解旅游行程。

2）特别强调出发时间、集合地点、所乘坐国际航班信息，要求提前两小时到机场等候，即在 2011 年 4 月 22 日上午 6:20 前到达首都国际机场三号航站楼四楼出境大厅 2 号门内中国银行前等候集中。

3）对游客提出团结互助、礼貌友善、支持领队工作的希望。

4）强调文明礼貌，对以往中国游客受非议的不文明习惯进行点评。

5）对旅游目的地的天气状况进行介绍，对游客行装提出建议。

6）向游客讲清出入境有关程序，以及中日海关的有关规定。

7）提醒游客随身携带一支签字笔，以备填写各种表格或单据。

8）逐一分析食、住、行、游、购、娱等方面的注意细节，如电压、电源、插头、货币兑换、时差、国际长途电话的拨打、药品、卫生用品等。

（2）向游客落实境外饭店住房名单　行前说明会上还要向游客宣布旅游团的住房名单。按照团队旅游的通常情况，游客在境外饭店的住房为双人标准间，即两位游客同住一个间房。同时，说明团队中儿童不单独占床位。如果有游客对同住的游客有异议，应及时与所涉及的游客商议并进行调整，争取做到让所有游客都满意。

另外，旅行社发给游客团队的标志胸章和太阳帽、折叠包等物品，也应在行前说明会上一并发给游客，并对游客提出希望和祝愿。

2. 行前说明会领队要注意的问题

行前说明会一般由旅行社的计调人员负责电话通知游客前来参加，旅行社计调人员、领队或旅行社的有关人员主持会议即可。行前说明会领队务必要参加，不能以任何理由推托。领队参加或主持行前说明会，需要注意以下 5 个问题：

（1）要体现出领队的精神风貌。领队面对游客的第一次亮相，应该以整洁的着装、良好的精神面貌出现，要落落大方、主动地介绍自己，给游客以信心。

（2）要以礼貌语言亮相。讲话要从感谢游客参团开始，再以感谢游客结束，以礼貌语言贯穿，并希望游客能支持自己的工作。

（3）着重强调时间。领队在讲话中需要着重强调时间，尤其是出发的时间，并要确认每一位游客都已经明白无误。

（4）将自己的手机号码告诉游客，或者分发名片给游客，使游客也能尽快熟悉自己。

（5）记下每位游客的手机号码，以便联系游客成员，确保在出发当天团队出发集合准时。

3．行前说明会补救

（1）给未能出席的游客打电话　领队要负责打电话与因故未能出席行前说明会的游客进行联络沟通，要将行前说明会上所讲的主要内容告诉他们，尽量避免耽误全团的行程。

（2）把应发给游客的物品带给游客　行前说明会上发给游客的团队标志胸牌和太阳帽、折叠包等物品，应由领队带到集合地点发给未能出席会议的游客。

【步骤三】行装准备

1．出团所需的证件、机票及业务资料

领队出差是工作出差，只有携带好工作文件才能顺利开展工作。在准备带团行装的时候，务必要将带团所需的全部业务资料一一理清，如数带齐，不能有任何遗漏。

（1）证件和机票。出发之前，领队务必要将全团成员的护照、机票进行复印，并在出团时随时携带全团的护照、机票的复印件，将其与正本分开存放，这一点非常重要。如果旅游团在境外发生游客护照遗失、途中遭抢等事件时，领队可拿护照及机票的复印件迅速证明游客身份，以求得事情迅速解决。

（2）持团体签证的旅游团，出境时必须携带"中国公民出国旅游团队名单表"，并准备几份复印件。

（3）"出境旅游行程表"及产品的辅助说明文件。

（4）分房名单。

（5）境外接待社联系方式及联系人信息准备。

（6）其他与带团工作密切相关的必备物品准备。必备物品包括领队证、领队名片、旅行社的领队旗、公司胸牌、旅行社托运行李不干胶标签、行李牌、旅行包、必备现金、旅游服务质量评价表、入境检疫卡、出入境卡。

2．辅助用品及相关资料

地图、记事本、旅游书籍、手机（电池、充电器）、转换器、日本地图、中国驻日本大使馆电话号码。

3．个人的生活必需品

（1）准备一套正式服装或职业服装　作为领队应该有一套正式的服装。在出席正式晚宴、观看豪华演出的时候，领队的正式装束，会对游客具有示范作用。

（2）多准备一些休闲类服装　因领队每天都要与同团的游客见面，因而要养成天天换衣服的良好习惯，尤其夏天的衬衣、T 恤，应当每天都换。每日换衣服，并不只是卫生习惯的问题，而且是领队精神面貌的体现。

（3）常用药品准备　准备一些感冒药、肠胃药、体温表、风油精、乘晕宁、消炎药、创可贴、纱布等，做到有备无患。带一些适合自己需要的常用药品，并为团员准备一点常用药。

（4）牙具、拖鞋等生活用品　日本饭店通常为游客准备牙膏、牙刷、剃须刀等，但从环保和安全角度出发，最好能自备，包括牙具、毛巾、洗发液、发网、面霜、拖鞋等生活用品，因而需要领队事先加以准备。

（5）其他用品　指南针、手电筒、选择合适的太阳镜、笔记本、笔、计算器等。

（6）小面额外币现金　在准备境外零用金的时候，若能准备一些小面额的外币散钱（主要是小面额美元），在实际工作中会非常有用。如 1 美元的纸币，在支付侍者、行李员小费的时候就很实用。

【步骤四】知识准备

（1）日本的国家概况。

（2）了解东京、横滨、箱根、京都、大阪等城市景点知识。

（3）日本的历史、民族、宗教信仰等方面的相关知识准备。

课堂训练与测评

（1）写一份赴某一目的地国家旅游的行前说明会的会议内容，并分组模拟表演召开行前说明会，演练后进行讨论并点评。

（2）动手制作东京、横滨、箱根、京都、大阪等城市的相关知识小卡片。

课外阅读

如何办理护照和签证

一、护照和签证的概念

护照和签证是一国公民前往另一个国家所必需的合法证件。签证是粘贴在护照的某一页上的。出境旅游和其他出国目的一样，需要办理护照和前往国的签证，才能走出国门，出境旅游。

护照以及签证的意义，并非仅仅是出入境时候的通行证，它们是游客出国期间合法身份的证明，在整个旅途中随时都要用到它们，如机场、海关、饭店、银行等。所以，在出境游览的整个过程中务必要保管好护照和签证，不要丢失和折损，否则将会很麻烦。

中国公民办理的是中华人民共和国护照。中华人民共和国护照由中国政府颁发给中国公民，是供其出入国（境）和在国（境）外旅游或居留时证明其国籍和身份的证件。护照一词在英文中是口岸通行证的意思（passport）。也就是说，护照是公民旅行通过各国国际口岸的一种通行证明，但它只表明旅行者的国籍和身份，并非进入外国的通行证。只有护照上粘贴了你要前往的国家的签证，才能具备进入别国通行证的含义。所以，出国第一步就是办理护照。

随着我国改革开放的进程，我国公民办理护照的手续已经十分简单便捷。在我国，护照分因私护照和公务护照。公务护照是专门供政府官员出国用的。而以下出国类别都要办理因私护照：旅游、探亲、访友、留学、工作等。因私护照的有效期原来为 5 年，2007 年 1 月 1 日以后，16 周岁以上人员护照的有效期为 10 年。

二、办理护照的步骤

（1）准备好相关证件及资料，包括户口本原件、身份证原件、户口本复印件、身份证复印件，照片 6 张。

（2）到本人居住地的公安局出入境管理部门领取并填写“中国公民因私出国（境）申请审批表”。

（3）审核，一般约 10 个工作日可办理完毕。

三、关于签证办理

护照办理好之后就可以着手办理签证了。签证是一个国家代表政府的外交机关颁发给外国公民，使其有资格入、出或过境签证颁发国的许可证明。各国签证机关一般会根据签证申请、不同来访目的，并参照护照种类，分别颁发不同类型的签证，如旅游签证、留学签证、工作签证和探亲访友签证、多次往返签证、过境签证、落地签证和另纸签证等。一般旅游签证有效期不超过3个月。办理签证要根据不同国家的不同要求办理，比办理护照复杂些。

不同国家的签证审批有不同的要求，美国、欧洲国家、日本、澳大利亚等国家的要求都不尽相同。由于我国每年有大量的游客去东南亚旅游，这些国家对中国游客的签证给予了很多方便和优惠，办理起来比较容易，而到港澳地区游览则只需办理港澳通行证。

任务2　出入境知识与技巧

任务目标

- 掌握领队在中国出境、他国入境以及他国出境、中国入境的基本出入境知识。
- 掌握领队在飞行途中的服务内容和服务技巧。
- 掌握领队带游客出入境的技巧。

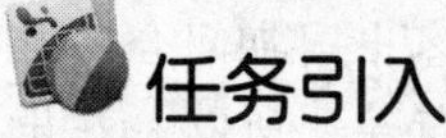

任务引入

➲ 任务 2-1

现在是2011年4月22日早上6:00，你已经在首都国际机场三号航站楼四楼出境大厅2号门内中国银行前等候16名赴日本旅游的游客，你应该如何带领游客出境呢？

➲ 任务 2-2

旅游团队即将离开日本大阪关西机场，作为领队，你应该如何协助游客办理离境手续？又该注意哪些事项才能保证这一次的出境旅游带团工作圆满结束？

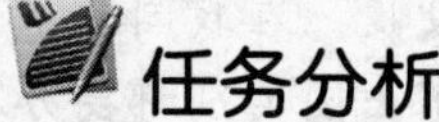

任务分析

【任务 2-1】领队带领16名中国游客从中国北京出境前往日本东京，需要经过海关，并办理登机、卫检、边检、安检等多道手续才能出境离开中国，又需要几乎同样多的手续才能入境进入旅游目的国（日本）。

【任务 2-2】在完成了团队行程表所列的全部旅行活动之后，旅游团的活动就从旅游中期转到后期。领队的带团工作，也应从安排组织团队在境外期间的活动，慢慢转向组织旅游团返程回国。他国离境及中国入境的程序，与他国入境、中国出境的程序有相似之处，但也不完全相同，并不是简单的入境换出境、出境换入境的倒序。领队应掌握所有的要点，把带团工作后期阶段的工作做好。

相关知识

一、出发服务

（1）提前抵达集合地点　出境集合的位置应当选择游客容易找到的地方。领队应比集合时间至少提前 20 分钟到达机场（车站）出境口岸的集合地点，迅速将组团旅行社的领队旗直立竖起，以便游客容易发现，打开手机，随时准备接听游客打来的电话。

（2）清点人数、行李，并为游客签到　与游客会合后，领队要认真清点人数、行李，并为游客签到。同时发表一个简短的讲话。讲话的内容主要是告知游客下面将要办理的海关申报手续和边防检查手续等步骤，并希望全体团员配合。游客如果针对海关手续办理提出问题，应简明扼要地一一作答。

二、出入境服务

无论是出境还是入境，都要进行三关检查，俗称“过三关”，也称 CIQ 检查（Customs 海关，Immigration 移民局即出入境边防，Quarantine 卫生检疫）。

1. 办理海关申报

世界各国的海关检查有四种情况：免检、口头申报、填写海关申报单、填写海关申报单并开箱检查。

（1）海关申报物品　申报旅客携带或者分离运输下列物品进出境者，应如实向海关申报：

1）海关征税或限量免税进境的物品。

2）进出境旅行自用物品和超出规定的旅行自用物品范围但仍为旅行途中需用的物品。

3）国家禁止进出境的物品和国家限制进出境的文物、货币、金银及其制品，以及印刷品、音像制品等物品。

4）货物、货样和其他超出旅客行李范围的物品。

（2）正确选择海关申报通道

1）红色通道：需办理纳税或海关批注验放手续的旅客，如携带摄像机、照相机、收录机、电脑等个人物品须据实申报，请选择“红色通道”通关；“红色通道”标志为红色正方形。

2）绿色通道：无须向海关申报物品的旅客，可选择“绿色通道”通关。“绿色通道”为绿色正八角形。

2. 通过卫生检疫

国境卫生检疫，也称“口岸卫生检疫”，是一国政府为防止危害严重的传染病，通过入出国境的人员、行李和货物传入、传出、扩散所采取的防疫措施。

（1）黄皮书查验　黄皮书（国际预防接种证书），是世界卫生组织为了保障入出国境人员的人身健康，防止危害严重的传染病通过入出国境的人员、交通工具、货物和行李等传染和扩散而要求提供的一项预防接种证明，其作用是通过采取卫生检疫措施而避免传染。如果出入国境者没有携带黄皮书，国境卫生检疫人员有权拒绝其入出境，甚至可以采取强制检疫措施。

由于中国出境旅游的快速发展，检疫部门也相应放宽了检查，对短期出国的旅游团可以在领队带领下集体通过卫生检疫站，每个客人只需填写一张“出入境健康申明卡”，而无须出示黄皮书，即由旅行社提供担保。但旅行社要求游客一定要确认自己没有传染病，否则是不能出境旅游的。

（2）其他的卫生检疫特殊检查　例如，2003年非典时期，出入境关口要测量旅客体温。

3．边防检查及登机安全检查

登机手续分为集体办理和单独办理两种，一般旅游团队登机采用集体办理方式，即由领队收齐全团游客的护照、机票到“团队”专用柜台办理。

（1）边检　主要包括两个步骤：①填写“边防检查出境登记卡”，如果是团体签证或到免签国家，出示“中国公民出国旅游团队名单表”即可；②接受检查。

（2）安全检查　安全检查是世界各国普遍采用的一种检查制度。国际上通用的对身体及随身携带行李检查的方式有：搜身、用磁性探测器近身检查、过安全门、物品检查、用红外线透视仪器检查。

三、他国离境准备

1．提醒游客清点并放好相关证件

在回国前一天，领队要提醒游客清点证件，所有的证件和票据等都不要放在托运的行李里面，要放在随身的包里。这些证件包括：护照、签证、机票、申报单（如果出境时或入境外国时申报了物品）、出境卡、大件物品的购买发票、银行换钱的水单，以及在旅行中有关方面开具的某些证明书、免税商品的退税单等。

2．协助游客整理好回国行李

很多游客都会发现自己的行李比来的时候加重了许多，这个时候领队要提醒游客考虑行李是否会超重，哪些是飞机上所不能携带的，哪些是需要申报的，哪些是禁出入海关的。

行李超重有时会带来很多麻烦，不仅是罚款的问题，还可能因为一个游客耽误整个团队登机时间。因此，领队要提醒游客整理好行李，最好能借来称重器称好行李重量，全团统筹好行李重量，做到心中有数。

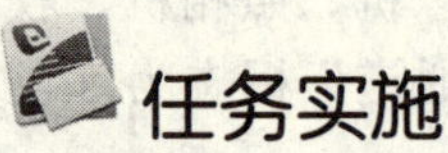

任务实施

任务2-1的实施步骤

【步骤一】中国（北京）出境

1．出发前集合

（1）领队应提前到达。在4月22日北京时间早上6:00，领队应已经在首都国际机场三号航站楼四楼出境大厅2号门内中国银行前等候游客的抵达，并直竖起了领队旗，以便游客容易发现，手机保持在开机状态，随时准备接听游客打来的电话。

（2）为游客签到。与游客会合后，应拿出全团的名单表，为已经抵达的游客签到，要注意礼貌称呼，并与签到游客作眼光交流，点头示意。

（3）告知游客所要办理的手续和所需的相关证件，提醒游客要将所需证件放到易于取用又便于保管的地方。

2．带领游客过海关

（1）海关检查　领队要组织旅游团队在海关检查的入口处列队，将全团人员的机票向检查人员出示，然后请检查人员按顺序查点人数，同时团员应各自带好所有行李，并提醒游客将护照准备好，跟随队伍有秩序地进入海关进口，并接受行李检查。

（2）办理海关申报

1）领队向海关柜台索取“中华人民共和国海关进出境旅客行李物品申报单”（见图 5-1）发给游客，并指导游客认真阅读申报单背面的详细说明，并正确填写。

正面

中 华 人 民 共 和 国 海 关
进出境旅客行李物品申报单

请仔细阅读申报单背面的填单须知后填报

姓　名　男　女

护照（进出境证件）号码

出生日期　年　月　日　国籍（地区）

进境旅客填写	出境旅客填写
来自何地	前往何地
进境航班号/车次/船名	出境航班号/车次/船名
进境日期　年　月　日	出境日期　年　月　日
携带有下列物品请在“□”划✓	携带有下列物品请在“□”划✓
□1. 动、植物及其产品、微生物、生物制品、人体组织、血液制品 □2. 居民旅客在境外获取总值超过人民币 5000 元的物品 □3. 非居民旅客拟留在境内总值超过 2000 元的物品 □4. 超过 1500 毫升的酒精饮料，或超过 400 支香烟，或超过 100 支雪茄，或超过 500 克烟丝 □5. 超过 20000 元人民币现钞或超过折合美元 5000 元外币现钞 □6. 分离运输行李，货物、货样、广告品 □7. 其它需要向海关申报的物品	□1. 文物、濒危动植物及其制品、生物物种资源、金银等贵重金属 □2. 居民旅客携带需复带进境的单价超过人民币 5000 元的照相机、摄像机、手提电脑等旅行自用物品 □3. 超过 20000 元人民币现钞，或超过折合 5000 美元外币现钞 □4. 货物、货样、广告品 □5. 其它需要向海关申报的物品

携带有上述物品的，请详细填写如下清单

品名/币种	型号	数量	金额	海关批注

我已经阅读本申报单背面所列事项，并保证所有申报属实。

旅客签名：____________

反面

中 华 人 民 共 和 国 海 关

填表须知

一、重要提示：

1. 出境旅客应使用海关所提供申报单的语种如实填写申报单，并将填写完毕的申报单在海关申报台前向海关递交（按照规定享受免验礼遇和海关免予监管的人员以及随同成人旅行的16周岁以下旅客除外）。
2. 在设置“双通道”的海关旅检现场，携带有本申报单9至15项下物品的旅客，应选择“申报通道”（又称“红色通道”，标识为“■”）通关，其他旅客可选择“无申报通道”（又称“绿色通道”，标识为“●”）通关。
3. 本申报单第9项所列物品价值以中国关境内法定商业发票所列价格为准。
4. 携带本申报单第9项所列物品时，旅客应填写两份申报单，海关验核签章后将其中一份申报单退还旅客凭以办理有关物品复带进境手续。
5. 不如实申报，海关将依法处理。

二、中华人民共和国禁止出境物品：

1. 各种武器、仿真武器、弹药及爆炸物品；
2. 伪造的货币及伪造的有价证券；
3. 对中国政治、经济、文化、道德有害的印刷品、胶卷、照片、唱片、影片、录音带、录像带、激光唱盘、激光视盘、计算机存储介质及其它物品；
4. 各种烈性毒药；
5. 鸦片、吗啡、海洛因、大麻以及其它能使人成瘾的麻醉品、精神药物；
6. 内容涉及国家秘密的手稿、印刷品、胶卷、照片、唱片、影片、录音带、录像带、激光唱盘、激光视盘、计算机储存介质及其它物品；
7. 珍贵文物及其它禁止出境的文物；
8. 濒危的和珍贵的动、植物（均含标本）及其种子和繁殖材料。

图 5-1　中华人民共和国海关进出境旅客行李物品申报单（正反面）

2）带领游客办理海关申报。通常游客都会携带摄像机、照相机、电脑等个人物品出境并带回国内，须如实申报，申报游客应保存好“中华人民共和国海关出境旅客行李物品申报单”，以便回国入境时海关检查。

（3）办理登机手续及行李托运手续　协助游客办理登机手续及托运行李，可以分成以下步骤：

1）告知游客航空公司的诸项规定。

2）收齐团队游客的护照、机票，集体办理登机手续。

注意：领队需要认真清点航空公司值机员交还回来的所有物品，包括护照、机票、登机牌以及交付托运的所有行李票据。

（4）通过边防检查及安全检查

1）填写“边防检查出境登记卡”。

2）提醒每位游客将护照、机票、签证、出境卡、登机牌准备好，清点好人数后，全团按顺序通过检查通道。

如果团队签署的是团队签证或到免签国家旅行，领队应出示“中国公民出国旅游团队名单表”及领队证、团体签证。所有游客需按照名单顺序排队，逐一通过边防检查。旅游团队在过边防检查时，领队应始终走在前面，要第一个办妥手续，然后在游客可以看到的地方站立等候游客。

（5）通过卫生检疫　领队应告诉游客将已填好的“中华人民共和国出入境检验检疫出/入境健康申明卡”（见图 5-2）交给海关口的卫生检疫柜台。

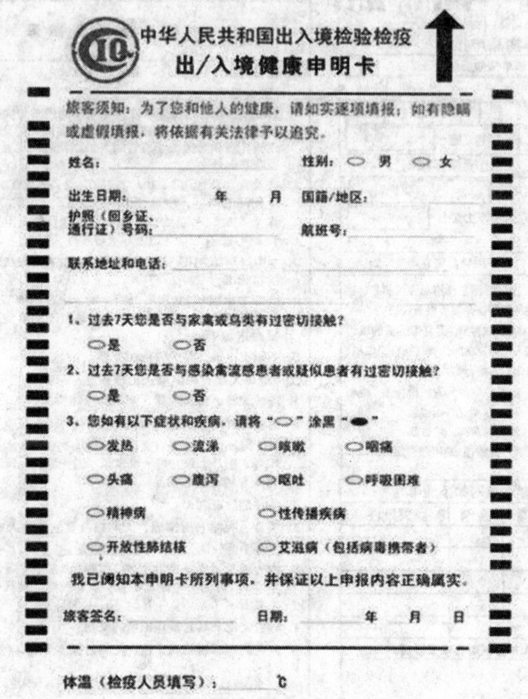
中华人民共和国出入境检验检疫
出/入境健康申明卡

旅客须知：为了您和他人的健康，请如实逐项填报；如有隐瞒或虚假填报，将依据有关法律予以追究。

姓名：　　性别：○男　○女

出生日期：　　年　　月　　国籍/地区：

护照（回乡证、通行证）号码：　　航班号：

联系地址和电话：

1. 过去7天您是否与家禽或鸟类有过密切接触？
○是　○否

2. 过去7天您是否与感染禽流感患者或疑似患者有过密切接触？
○是　○否

3. 您如有以下症状和疾病，请将“○”涂黑“●”
○发热　○流涕　○咳嗽　○咽痛
○头痛　○腹泻　○呕吐　○呼吸困难
○精神病　○性传播疾病
○开放性肺结核　○艾滋病（包括病毒携带者）

我已阅知本申明卡所列事项，并保证以上申报内容正确属实。

旅客签名：　　日期：　　年　　月　　日

体温（检疫人员填写）：　　℃

图 5-2　中华人民共和国出入境检验检疫出/入境健康申明卡

（6）登机前安全检查　带领游客过登机安检时，要提醒游客主动配合机场安检人员，避免与其发生纠纷。

（7）等待登机　在办完以上各项手续后，就应马上带领游客到登记牌上标明的登机闸口的候机室等候登机。

【步骤二】机上服务

（1）登机　领队应站在旅游团的最后，在确认全体客人都上了飞机后再登机。

（2）放好随身行李，并尽快入座　领队要提醒游客注意：①不要在手提行李里放贵重物品、证件和现金；②不要把在旅途中可能要用的物品放在行李里面，如书、衣服或食品等。

（3）认真听乘务员讲解飞行注意事项

（4）机上餐饮　长途飞行一般都供应三餐，并定时供应饮料和小吃。在飞机提供餐饮时，领队应将团队中一位清真饮食者和一位素食者的用餐要求告知空乘人员，以便及时准备。

（5）帮助游客填写入境表及海关申报表　在飞往日本东京的飞机上，领队需要做的最重要的一件事，就是指导全团游客填写日本出入境卡及海关申报表。

日本出入境卡分左右两部分，右半部为入境用，左半部为出境用。海关申报单的内容有：姓名、出生日期和地点、国籍、航班号、居住国、永久地址、在逗留国家的住址、随行家属姓名及与本人关系、签证日期、签证地点，随身携带物品如现金、支票、手表、摄像机、黄金、珠宝、香烟、酒、古董等。日本出入境卡及海关申报单采用日文和英文两种语言标明，填写时须用英文或日文填写。

日本出入境卡样本（正反面）见图 5-3。

外国人用

●活字体で記入して下さい。
●折らないで下さい。
●カード②は出国時に入国審査官へ提出するものです。
* Please type or print.
* Do not fold.
* CARD ② is to be submitted to the Immigration Inspector at the time of your departure from Japan.

外国人出国記録 EMBARKATION CARD FOR FOREIGNER ②

HB 8902843　22

氏　名（漢　字）(Name)	氏 Family Name	名 Given Names
国　籍 Nationality as shown on passport	生年月日 Date of Birth	Day日 Month月 Year年
外国人登録証明書番号 Alien registration certificate number		
航空機便名·船名 Flight No./Vessel		
降　機　地 Port of Disembarkation		
署　名 Signature		

KA1HB890284322

外国人入国記録 DISEMBARKATION CARD FOR FOREIGNER ①

HB 8902843　21

氏　名（漢　字）(Name)	氏 Family Name	名 Given Names		
国　籍 Nationality as shown on passport		生年月日 Date of Birth	Day日 Month月 Year年	男 ① Male　女 ② Female
現　住　所 Home Address	国名 Country name	都市名 City name	職　業 Occupation	
旅券番号 Passport number		航空機便名·船名 Last flight No./Vessel	乗　機　地 Which airport did you board this flight or ship?	
渡航目的 Purpose of visit	□観光 Tourism　□商用 Business　□親族訪問 Visiting relatives　□トランジット Transit　□その他 Others (　　)		日本滞在予定期間 Intended Length of stay in Japan	Years 年　Month 月　Days 日
日本の連絡先 Intended address in Japan		TEL		

裏面を見てください。See the back →

KA1HB890284321

以下の質問について，該当するものに☑を記入してください。
Please check the applicable items.

1　あなたは，日本から退去強制されたこと，出国命令により出国したこと，又は，日本への上陸を拒否されたことがありますか？
Have you ever been deported from Japan, have you ever departed from Japan under a departure order, or have you ever been denied entry to Japan?
□ はい Yes　□ いいえ No

2　あなたは，日本国又は日本国以外の国において，刑事事件で有罪判決を受けたことがありますか？
Have you ever been found guilty in a criminal case in Japan or in another country?
□ はい Yes　□ いいえ No

3　あなたは，現在，麻薬，大麻，あへん若しくは覚せい剤等の規制薬物又は銃砲，刀剣類若しくは火薬類を所持していますか？
Do you presently have in your possession narcotics, marijuana, opium, stimulants, or other drugs, swords, explosives or other such items?
□ はい Yes　□ いいえ No

4　あなたは，現在，現金をいくら所持していますか？
How much money in cash do you presently have in your possession? ________ (円, $, W, 元, その他 Other(　　))

以上の記載内容は事実と相違ありません。
I hereby declare that the statement given above is true and accurate.
署名 Signature ________　年 Year　月 Month　日 Day

05.06 NCL

图 5-3　日本出入境卡样本（正反面）

【步骤三】他国（日本）入境

飞机抵达日本东京机场后，要办理一系列的入境手续。这些手续大致包括卫生检疫、办理入境手续、领取托运行李等几项。

（1）卫生检疫　日本入境不需查验黄皮书，只要求填写健康申报单。

（2）办理入境手续　日本入境检查通道分日本人、再入国通道和外国人专用通道 3 种。领队带领旅游团队可选择外国人专用通道。领队要提醒游客不能抢行，在入境柜台前不能照相，也不能大声喧哗。

1）将贴有日本国入境签证的护照和填写好的出入境卡一起交给日本入国管理局（东京入国管理局）的检查官。

2）接受盘问。入境检查官员可能会就入境的原因进行简单盘问，领队及游客面对入境检查官员的诸项提问不必紧张，要予以配合，从容回答。如果不能说清楚，可将当地国家负责接待此团的旅行社总经理的姓名及电话告之。

3）完成入境检查。经审验无误，入境检查官员在护照上加盖入境章后，将护照、机票退还。至此领队及游客即通过入境关卡，正式进入日本。

（3）领取托运行李

（4）办理入境海关手续　作为领队应负责地向游客说明日本的海关规定，并认真负责地填写海关申报报单。领队应当告诫游客，如海关人员进行抽查，应当服从配合检查，而不要与之争执。海关人员要求查验游客证件时要予以服从，如要求开箱检查，要立刻配合自行打开行李接受检查，不要迟疑。如果海关人员示意通过，则要立刻带行李迅速通过。

（5）与接待社导游会合　办完上面的各项手续，应举起领队旗，带全体游客到出口与前来迎接的日本导游张××会合。与日本导游见面后，主动与她交换名片，并进行简单的工作交流，内容包括：

1）介绍团队的简单情况，进行自我介绍，确认相互身份，以避免接错团。

2）机场与景点的距离和行驶时间。

3）清点好托运的行李，照顾游客和行李上车。

任务 2-2 的实施步骤

【步骤一】办理日本离境

现在行程已经进行到第七天了，领队带领游客来到了大阪关西国际机场，为游客办理日本的离境手续。

（1）办理登机手续　准备好全团的护照、机票；行李托运；换领登机牌；将证件、机票、登机牌发给游客，提醒注意事项。

（2）交纳离境机场税

（3）办理移民局离境手续　提醒游客检查护照中的出境卡。游客出境时，无须再重新填写出境卡，只要交护照给入境官员即可。

（4）办理海关手续，通过海关柜台　领队应将日本海关对离境携带物品限制情况事先告知游客，并在必要时帮助游客填写海关申报单，并协助游客与海关人员进行交涉。

机场海关检查是以抽查的方式进行。通常是无申报物品的游客无须填写海关申报单，径直走过海关柜台即可。如游客携带了限制物品，应主动申报以免出现麻烦。

（5）办理购物退税手续　作为领队，应了解日本的购物退税规定，协助游客办理退税手续。

（6）准备登机　领队应提醒游客所乘航班 JL785 的登机时间为日本时间 10:00，在×登机门登机，不要误机。

【步骤二】带团归国入境

现在是北京时间 14:40，你和 16 名游客抵达了北京首都国际机场，将为游客办理归国入境手续。

（1）接受检验检疫　飞机落地后，领队带游客在经过“中国检验检疫”的柜台时，将填写完成的“入境健康检疫申明卡”交出，如无例外，就可以通过检疫柜台继续前行。

（2）接受入境边防检查　由领队带领游客在边检站柜台前排队，接受边防检查站的入境检查。将护照交给入境检查员，检查员核准后在护照上加盖入境验讫章，将护照还给游客，则入境边检手续完成，游客即可入境。

（3）领取托运行李，团队解散　游客取回自己的托运行李后，领队应礼貌地与每一位游客一一致谢道别，团队就此解散。

课堂训练与测评

（1）我国一旅行团到澳大利亚旅游，在澳大利亚海关接受入境检查时，一位旅客随身携带的月饼被澳方工作人员查获，另一位旅客携带的十枚无铅松花蛋更引起澳方工作人员的严重关注，甚至叫来了警犬和边防警察。原来，澳方工作人员没见过这种黑乎乎的东西，以为是毒品或者是其他违禁化学品。当中国游客不得已当场吞下一枚松花蛋后，事情才有了转机，澳方工作人员方相信这的确是一种方便食品。但是澳大利亚检疫法规定，禁止含有蛋、肉馅的食品（包括月饼）入境，违者将被处以 220 澳元至 6 万澳元的罚款甚至监禁。而中国游客均未在入境卡上填写携带有上述违禁品，所以两位游客受到食品销毁并罚款 1 000 澳元的处罚。

问题：在这个案例中，领队工作存在哪些失误？

（2）神奇的非洲是不少中国公民理想的旅游目的地。北京某旅行社以商务考察的名义组织了一个 24 人的旅游团到非洲旅游。游客不仅欣赏了非洲美丽的景色，感受了古老的文化和奇异的民族风情，也被各式各样的旅游纪念品尤其是象牙制品所陶醉，游客大都对之有强烈的购买欲望。在购买前，客人纷纷向领队询问是否能顺利带回国。领队虽是位新手，首次带团赴非洲，但非常负责，她首先询问了当地导游，获知可以带出境；接着又通过国际电话向北京组团社询问，获知中国入境也不成问题，于是告诉客人可以放心购买。但没想到的是，团队在欧洲转机时却被拦了下来，原来，许多欧洲国家为了保护大象，禁止象牙制品出入境，违者最高可处以两年以下监禁。结果，游客们不仅所携带的象牙制品全部被没收，而且还被罚款，游客们怨声载道，领队自然成为大家埋怨、指责的对象。

问题：在这个案例中，领队工作存在哪些失误？应如何避免？

由以上两个案例可以看出，领队应具备哪些出入境知识？

任务 3　境外游览服务

任务目标

- 掌握领队致欢迎词和欢送词的内容和技巧。
- 掌握领队安排游客吃、住、行、游、购、娱等服务要点和操作规范，以及与导游做好配合工作的方法。

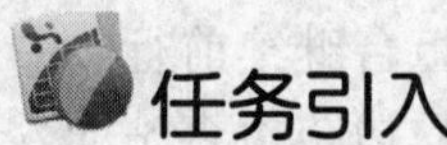

任务引入

目前你所带的16人旅游团已经顺利抵达日本东京，作为领队，你应该怎样与日本导游进行配合？主要的工作内容有哪些？

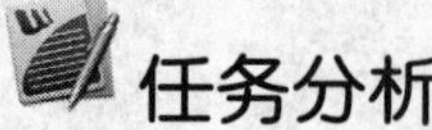

任务分析

领队在境外带团期间的主要工作是围绕着为游客安排好食、宿、行、游、购、娱等几项工作进行的。每一项工作的完成，领队都需要做到心中有数。团队在境外旅游期间要以导游为主、领队为辅的前提下开展工作，保证旅游计划的圆满完成。

相关知识

游客参加出境旅游的终极目的，是为了享受在境外国家（地区）实地旅游的过程，经过出入境、乘坐飞机等过程抵达另外的国家，就是为了寻找和体验在境外游览观光、住宿用餐、购物逛街等的真实感觉。

境外的接待旅行社，是中国国内的组团旅行社的合作伙伴。整个旅行计划的完成，必须要有合作伙伴间的有效配合。在旅行游览的整个过程中，领队为游客提供的服务要得到最集中的体现。

在境外旅游期间，领队为游客提供的服务，都要通过与当地导游的配合一起完成。旅行计划中所涉及的食、宿、行、游、购、娱各项要素的实现，都需要在当地以导游为主、领队为辅的合作过程中进行。

一、领队与导游的工作合作

为确保旅游计划的实施和完成，领队应尽力配合当地导游的工作。但是，领队也应当始终记住自己所负担的“督促接待社及其导游员按约定履行旅游合同”的责任。

1. 领队致欢迎词引出境外导游

领队是一个出境旅游团队的核心，因而团队运行程序中所有环节的衔接，都需要由领队来完成。游客经过一堆烦琐的手续入境他国，面对一个陌生的环境，自然会有一种陌生的感觉。此时，团队中的核心——领队——就需要出场稳定大家的情绪。旅游团抵达任何城市的时候，最先讲话的都应该是领队。

从机场出来，到旅游车上坐定，领队就应当开始第一次的正式讲话。领队要认真对待这次讲话，内容可以借鉴中国国内导游服务程序中的“欢迎词”的大致样式。讲话内容应该包括如下几项：

（1）代表组团旅行社感谢游客参加旅游团。

（2）对游客经历了漫长的旅程顺利抵达目的地表示祝贺并预祝在此地的旅行顺利愉快。

（3）表达本人愿为游客提供良好服务的真诚愿望。

（4）向游客介绍导游。

导游在这样的情形下出场，就会显得十分自然。需要避免的是，从机场出来，导游指挥大家上车后，直接就开始了城市介绍。这样的做法会使领队的作用削弱，程序的衔接上也显得生硬。在领队与导游进行工作沟通之前，先不要匆忙向游客宣布日程。

2. 与导游商定沟通

（1）按照日程表逐项核对　首先应与导游核对双方所持的行程计划表是否一致，确认下榻饭店、游览景点、停留天数、离开时间等内容，如果发现有不一致的地方，应当马上请导游与接待社联系。

（2）领队需要将所带团队的特殊性向导游介绍　为方便导游及时安排准备，应向导游介绍旅游团的成员组成，尤其是团内的重要游客和有特殊需求的游客。

（3）为方便与导游的沟通，领队应在车上第一排就座　平日游览期间，领队应始终在旅行车的第一排就座。距离导游较近，可以方便与导游沟通。如果领队要与车内的游客进行交流，可以在车辆行驶中时不时到后面走动。

（4）行进中出现的问题　游览当中，如果遇到严重交通堵塞、天气转坏、视野极差等情况，导游与领队就需要及时商定解决的办法，对当日行程进行必要的调整。如果是仅限于前后次序的调整，领队与导游商定即可；如果牵涉行程游览项目的取消，则必须由领队在征询游客的意见后再行决定。

（5）领队应及时向导游反馈游客意见　因领队地位的特殊性，领队与游客的关系较导游与游客之间的关系更为密切，因而游客的意见和要求，可以由领队向导游进行反馈。

二、境外住店及用餐服务

1. 住店服务

（1）入住饭店服务　领队分房间并提醒和告知游客注意事项，如中外星级标准的差别、小费问题、房间物品的使用、国外的行为礼仪等。

抵达饭店后，领队要为游客办理入住手续并分配房间。根据预先准备的分房表，安排游客入住。然后请饭店前台服务员帮助把分房表复印若干份，留底后将复印件交导游及饭店前台留存备查。

入住饭店的手续，常常由领队亲自办理，导游只是在一旁协助。因为分房表在领队手中，填写房号、分发钥匙的工作由领队直接来做更为方便。针对中国游客的特点，领队在给游客发钥匙之前，要提醒导游对饭店的设施进行介绍。一般包括以下方面：

1）付费服务，收费电视，电话通知服务生送热水要付小费等。国外有些饭店的卫生间，除了毛巾和小香皂外，其他物品都需要向服务生要，并要支付另外的费用。

2）可能发生的问题：游客使用热水杯不能烫坏桌面；不能用房间台灯烘烤洗过的衣物；不能用房间内的热水器煮方便面；欧洲饭店的浴室大多没有地漏，洗衣、洗澡时不能让水流出来弄湿地毯等。

3）将自己的联络方式、房间号码告诉所有游客。在分发钥匙前，应先宣布自己的房间号码，在全部钥匙分发完毕之后，再重申一次自己的房间号码，以方便领队与团员之间的沟通。

4）将饭店的卡片发给游客，每人一张，可到饭店总台拿饭店卡片发给游客，以便游客自由活动，离开饭店后可以安全返回。领队要告诉游客，乘坐出租车时可将此卡片交给司机；如果迷路，可以将卡片拿出来以寻求他人帮助。

（2）离店服务　在旅游团准备离开酒店前往下一站时，领队应提前将一些注意事项告诉游客。在旅游团赶赴下一站的前一天，应与导游磋商并确定第二天的离店时间，将移交行李和出发集合时间等通知游客。

1）提醒游客与饭店结账。

2）提醒游客带齐全部私人物品，并清点游客，托运行李。

2．游客就餐时的服务

告知游客中西餐的差异，用餐的礼仪。游客用餐过程中，领队应当随时走动，以提供帮助。同时，领队应当将国外的一些用餐习俗告诉游客。

三、游览观光服务

1．让游客清楚了解每日的行程计划

（1）抵达某地的首日，领队与导游就应将本地的计划行程告诉游客。如果需要有所调整，领队在与导游磋商后，要将调整后的日程及时通知到每一位游客。

在每一天游览开始前，领队上车后的第一件事就是告知当日行程。旅行团的当日计划要让游客心里有数，不仅上车后要讲清当日的计划行程，并且在一天当中，还要多次提及。如在午后，对当日下午的行程，应再次重复，以便使游客具有清晰的认识和遵循计划的意识。

（2）对次日行程、出发时间和注意事项要提前预告。

2．协助当地导游完成旅游景点的导游讲解工作

进行景点及团队行进中的导游讲解，是当地导游最主要的工作。作为领队，应监督当地导游完成这项工作。在导游的讲解过程中，应给予必要的辅助。如果导游对其中的部分内容讲解不清或涉及的人名、地名翻译不清楚，领队在旁边可轻声提醒导游。

3．留意游客动向，保护游客安全

每抵达一处景点，都要告诉游客在景点停留的时间（一般由导游负责，领队协助），以及参观游览结束后集合的时间和地点，还应向游客讲明游览过程中的注意事项。要告诉游客，如果游客没有跟上团队走散了，在哪里可以和团队会合，并希望游客能把手机打开，以便在游客走散后进行联络。

在游览中，领队主要的工作任务是组织协调，随时清点人数，以防游客走失。因而，领队应始终走在团队的最后，与导游形成首尾呼应。

四、购物及娱乐服务

1．购物服务

购物是中国游客的一个重要项目。一般旅游团在国外购物所去的商店分为三种：是免税店，旅游商店，购物中心或百货商场。免税店是出境游客最常去的购物场所。

游客购物时，领队应做的工作如下：

（1）向游客讲清购物停留时间。

（2）向游客介绍购物的有关注意事项，如商品的品牌、保质期、质地等。

（3）随时向游客提供在购物过程中所需要的服务，如语言翻译、汇率换算、介绍托运手续等。

（4）提醒游客购物的注意事项，如购物退税的规定、限制携带出入境数量、商品规格制式与我国的差异、售后维修与保养工作、使用信用卡等。

（5）监督导游将安排购物的次数限定在行程中规定的次数之内，如导游增加购物次数需与领队商量，并且必须征得全体游客的同意。

（6）要引导游客到环境良好、舒适、安全的场所购物，如果导游带领游客在反锁大门的商店内购物，领队应以游客的安全为由立即向导游提出质疑。

（7）协助办理游客退货或商品托运等事宜。

2．观看演出

领队应将观看演出的注意事项告知游客，如是否对服装有要求，是否允许拍照、摄像，演出结束后游客与演员合影是否应付小费、该付多少等。

五、其他工作

1．确认返程机票

领队对当地情况不太熟悉的情况下，可以请接团导游或者接待旅行社的计调人员帮助确认团队的回程机票。

2．完成工作记录

（1）按时填写领队日志　领队日志是领队的每日工作记录，需要认真填写。要养成良好的工作习惯，无论当日的行程有多紧、身体有多劳累，也要将每天的领队日志填写完成后再休息入睡。领队日志应当包含领队对接待社、导游、酒店、用餐、景点游览等的简要记录和评价。

（2）回收“旅游服务质量评价表”　领队除了需要完成领队日志外，在全部行程结束时，还需要敦促游客填写“旅游服务质量评价表”，将此表收齐后应带回组团旅行社。

3．进行总结发言

在结束一地的旅行与当地导游、司机告别的时候，领队都应以组团社代表与游客代表的双重身份，即席发表一段总结发言。发言通常会是在赴机场（车站、码头）途中。总结发言内容与欢送词大致相同。

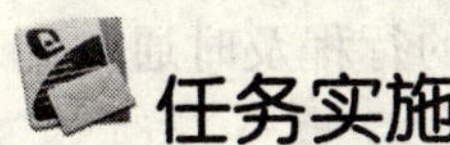

任务实施

【步骤一】领队与导游的工作配合

1．领队要以欢迎词引出导游

领队是一个出境旅游团队的核心，因而团队运行程序中的所有环节衔接，都需要由领队来完成。

从机场出来，到旅游车上坐定，领队就应当开始第一次的正式讲话。领队要认真对待这次讲话，内容可以借鉴中国国内导游服务程序中的“欢迎词”的大致样式。领队欢迎词模拟如下：

各位游客朋友：下午好！

首先我代表国际旅行社欢迎大家参加这次的“日本七天六晚浪漫之旅”，经过 4 个多小时的空中飞行，我们现在已经顺利抵达了日本首都——东京。我们7天的日本旅游已经正式开始了，我相信在今后7天时间里，我们能一起度过一个愉快的假期并预祝大家旅途愉快。

我是本次旅游团的领队，我叫姜××，在行前说明会上与大家已经见过面。在今后的几天时间里，我将陪伴大家度过一段美好的时光。如果大家有什么事情需要我的帮助，尽管跟我说，我将非常乐意为各位服务。

我们此行在日本的接待旅行社是亚洲世界旅行社，张××小姐是我们在整个日本旅程中的全陪导游。下面我们用热烈的掌声欢迎张小姐为我们介绍这座繁华的大都市。

2．领队与导游进行日程核对和沟通

（1）核对旅游团日程。

（2）领队需要将所带团队的特殊性向导游介绍。为方便导游及时安排准备，应向日本导游介绍该团的成员身份以及成员之间的关系：有4对家庭组合，旅游团成员对日本的历史文化、风土民情等兴趣较浓，团员中有一位游客全程食素，一位回族游客全程清真饮食。请导游提前与餐厅联系。

【步骤二】入住酒店、游览、用餐和退房

1．安排游客下榻饭店

（1）领队在导游的协助下办理入住饭店手续。

（2）提醒导游对饭店设施进行介绍。要特别注意提示旅游途中所住饭店与我国饭店的不同规定与要求。例如：日本饭店一般备有牙膏、牙刷、洗发液、浴液、拖鞋等；原则上日本饭店不需给小费；日式旅馆榻榻米房间一般是4人一间，白天是起居室，晚间为卧室，由旅馆店员准备专用被褥；日式旅馆备有拖鞋和浴衣，客人入住后可马上换上浴衣出入旅店任何地方；穿浴衣的方法是左侧搭右侧；日本的电压几乎都是110伏特，主要是两脚扁插头，但很多饭店的电压设备，可以兼用110伏特和220伏特，以便旅客任意使用电动剃须刀、吹风机等电器；房间内的自来水可以直接饮用，绝对安全。

（3）将自己的联络方式、房间号码告诉所有游客，以方便领队与团员之间的沟通。

（4）可到饭店总台拿到饭店卡片发给游客，以便游客自由活动，离开饭店后可以安全返回。

2．领队在游览当中的主要工作

（1）抵达东京首日，领队应告诉游客在东京的计划行程。在游览出发前，还应将当天的行程安排告诉游客，使游客心中有数。如果行程有调整，要将调整后的行程及时通知到每一位游客。

（2）对次日行程要提前预告。当天游览结束后，将次日的行程、出发时间和注意事项提前告诉游客，如果第二天的行程中有对着装的要求，或晚上有活动安排返回饭店时间会很晚，更应该着重提醒游客。

（3）协助导游完成对旅游景点的讲解工作。在游览中领队主要的工作任务是组织协调，随时清点人数，以防游客走失。因此，领队应始终走在团队的最后，与导游形成首尾呼应。

3．游客就餐时的服务

（1）向大家简单介绍餐馆的名字及日本菜肴的特色，如生鱼片、寿司等。

（2）引导游客到餐厅入座，并介绍餐馆的有关设施，如洗手间的位置等。

（3）向游客说明酒水的类别。

（4）介绍日本的用餐礼仪。

4．离开下榻饭店

在离店前一天，应与导游磋商并确定第二天的离店时间，将移交行李和出发集合时间等通知游客。具体为：7:00 叫早；7:30 出行李；7:30 用早餐；8:30 出发。

（1）提醒游客与饭店结账。

（2）提醒游客带齐全部私人物品，并清点游客、托运行李。在离开饭店赶赴机场时，还应当对游客拟托运的行李数量进行清点。

【步骤三】购物及欣赏表演

1．完成计划行程中的购物安排

在游客购物时，领队所做的工作如下：

（1）向游客讲清购物停留时间。

（2）向游客介绍购物的有关注意事项，尤其是中国游客前往日本旅游时喜欢购买电子产品，应提醒游客注意商品的品牌、保质期、质量等。

日本免税店里的小型家用电器质量非常好，价格也很便宜。但是要注意电压和制式，如日本电器电压为 110 伏、中国电器电压为 220 伏，电视图像显示方式日本制式为 NISS、中国制式为 PAL，日本的百货公司和商店大都在晚上八点左右就关门了，因此要注意购物时间的安排。

（3）随时向游客提供在购物过程中所需要的服务，如语言翻译、汇率换算、介绍托运手续等。

（4）告诉游客购物退税的规定。

（5）监督导游安排购物的次数和每次购物时间，如果导游要增加购物次数，需要与领队商量，并且必须征得全体游客的同意。

（6）如果游客需要退货，领队及导游应帮助游客进行办理，但事先需向游客讲清注意事项。

2．欣赏表演

在东京游览期间，领队和游客们一起自费观看了日本传统表演艺术——歌舞伎剧。在观看演出前，应简单介绍日本歌舞伎剧的发展历史和特点以及所观看的节目内容、特点，并告知游客观看演出的限制，如不允许照相、摄像，不允许吃零食、喝饮料等。引导游客入座。

【步骤四】其他工作

1．确认返程机票

到了行程的第 5 天（离站前 72 小时），领队应打电话给航空公司对大阪至北京的 JL785 航班国际机票进行回程确认。

2．完成工作记录

（1）每日填写领队日志。

（2）发放并回收“旅游服务质量评价表”。

3．离境前的总结致词

第 7 天，整个日本旅游的行程马上就要结束了。在旅游巴士赴大阪机场的路上，领队应进行简单的总结发言，并将小费付给导游与司机表示感谢。

发言通常是在赴机场（车站、码头）的途中，形式可借鉴国内导游的欢送词。

课堂训练与测评

有一个旅游商务考察团从广州前往欧洲六国进行十日缤纷游，从广州转经香港出境，法国巴黎入境，全程游览法国、德国、荷兰、卢森堡、比利时、瑞士六国，主要游览：法国巴黎的卢浮宫、协和广场、香榭丽舍大街、凯旋门、埃菲尔铁塔、塞纳河；卢森堡大峡谷、英雄纪念碑、宪法广场、圣母教堂；德国科隆大教堂、莱茵河，法兰克福罗马贝格广场、市政厅、大教堂；荷兰阿姆斯特丹风车村、市中心水坝广场、王宫、新教堂、国家纪念馆；比利时布鲁塞尔原子塔、布鲁塞尔大广场；瑞士琉森湖、苏黎世城市风光、苏黎世湖。在德国和瑞士，导游各安排了一次购物活动。最后从法兰克福乘机抵达我国香港，从香港入境。

问题：

（1）请根据这个旅游团的行程安排，以领队身份写出一份领队“欢迎词”引出导游，并进行角色演练致欢迎词。

（2）从我国香港乘机飞往法国巴黎的飞行途中，领队需要做哪些事情？

（3）身为这个旅游团的领队，请写出一份领队总结致词。

（4）该旅游团在欧洲购物时，领队应如何协助游客办理购物退税手续？

（5）根据本任务，完成一份领队日志。

课外阅读

境外购物退税知识

1. 什么是“购物退税”

购物退税是指将外国旅游者在旅游目的地国购买的商品价格中所含在该国生产和流通过程中已经交纳的间接税（在我国主要是增值税和消费税）退还给旅游者的政府行为。购物退税始于欧洲，目前已发展至包括日本、韩国、新加坡等国在内的50余个国家，在各国贸易发展过程中已成为一项重要的国际惯例。

2. 购物退税的基本条件

虽然购物退税的具体条件在不同国家是不尽相同的，但是退税的条件都存在一定的共性：

（1）购买者非本国公民。

（2）商品的用途是自用或者是家庭用。

（3）消费的金额达到购物退税点。

（4）商品在购买后，在各国规定的时间内离境，一般为1～3个月。

（5）有些商品不在规定的“不能申请退税项目内”，如在免税店购买的烟、酒，在餐饮、住宿、干洗衣物、停车、交通运输等项目上的花费。

（6）正确办理退税手续。

（7）符合各个国家设定的特定退税要求。

3. 购物退税的步骤

（1）在免税商店进行购物。免税店的英文名称为“Duty Free Shop”或“Tax Free Shop”，有这些标志的都是免税商店，一般都集中在市中心和机场、口岸等地方。旅游者在免税店购买商品，除了得到一张正式的购物发票外，营业员还会为游客填写一式三份的退税申请表，上面要填写游客的护照号码和在本国的地址，上面会填上所购物品的价格和应退的金额，购物发票和退税申请表放在一起，等出海关时检查用，而所购买的免税商品也不能放在行李里，最好单独放在一起，随身携带，等海关的退税站检查后退还税款。要注意：商店规模的大小以及商品种类的不同，会影响到是否提供退税服务以及退税金额的百分比，购物时还要详细询问该家店退税金额的百分比。

（2）海关盖章。在离开旅游目的地国时，将退税申请单交给机场海关的官员盖章，作为出口证明，必须向该国海关官员出示购买的未经使用的商品、发票和护照，所以，应在办理登机手续之前申请退税。如果合格，海关将在全球退税支票上加盖验放章。

（3）游客可以选择退现金、支票或者退到信用卡、银联卡三种退税方式之一。

1）现金退税方式：要持海关验货后的退税单到机场或边境的现金返还处领取现金。因为大机场各部门间的距离较远，在安排上至少留有30分钟时间用以获得海关图章和退税款。

2）支票退税方式：消费者填好单据寄回有关地点后，海关人员会将支票邮寄至消费者所留下的地址。邮寄的方式除耗时之外，消费者还得多花寄支票的邮资，待消费者收到支票之后，必须去银行存取。

3）信用卡退税方式：消费者在填退税单时，留下信用卡卡号及其他相关信息，并向商店索要专用信封。出境安检时，将所购物品与退税单交给海关检查，海关核实无误后会在两联退税单上盖章。留存一联，再将另一联装入商店提供的专用信封，并投入机场的退税专用邮箱。在三个月内，商店会将退回的税金打入信用卡账户，消费者可以在信用卡账单上找到退税金额入账的明细。

如果旅游目的地是单一国度，退税就在旅游者离境时办理，但如果是在欧洲进行多国之旅，那么只要是欧盟的会员国家，虽然各国的退税规定与比例不同，但手续只需在最后一个出境国统一办理。比如，消费者相继在巴塞罗那、巴黎、米兰旅游购物，最后自意大利出境离开欧洲，由于西班牙、法国以及意大利都属于欧盟的一员，因此，消费者于巴塞罗纳及巴黎所填写、保存的退税单，必须统一在意大利的国际机场一并办理。值得特别提醒的是，西班牙、法国与意大利各有不同的退税规定与标准，虽然消费者手持西班牙与法国的退税单至意大利办理，但所有规定仍必须依照各退税单的来源国家。注意：英国虽不是欧盟的一员，但办理退税时仍比照欧盟国，可于最后的离境国机场办理退税。

任务4　散团后的善后工作

任务目标

- 掌握领队归来后的后续工作内容和程序。

- 掌握领队接团工作总结和特殊事情的书面报告内容与编写格式要求。
- 掌握与游客保持联系的方式和技巧。

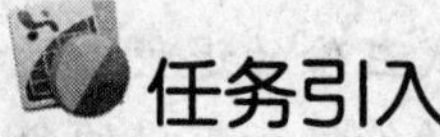

任务引入

领队带团归来回到了旅行社，应该做哪些收尾工作？

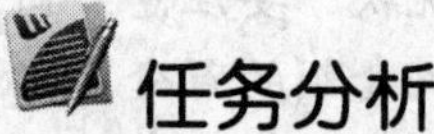

任务分析

散团后的善后工作是领队整个带团工作的最后一环。领队应尽快到旅行社完成工作交接，只有完成了交接工作，才代表着一次完整带团工作的结束。工作交接内容包括口头和书面的工作汇报、上交资料凭证、处理好账务等事宜。散团后，领队还应通过多种方式与游客保持友好联系。

相关知识

带团结束归国后，带团工作并没有结束，领队应尽快到旅行社完成工作交接。领队的一次完整的接团工作，是从团队出发前与旅行社计调人员的工作交接开始的，一定要到团队归来后，与旅行社计调人员的工作交接完成后才算结束。只有完成了交接工作，才代表着一次完整带团工作的结束。带团归来后的工作交接相对出团前的交接相比，要简单许多，但仍然需要领队以认真的态度来对待，妥善完成。

一、与组团社计调人员进行工作交接

回到组团社后，领队应与旅行社计调人员进行工作交接，其交接分口头工作汇报和书面报告两部分。

1. 口头工作汇报

进行口头的工作汇报时，需要对所带团队进行简单的过程描述和基本评价，对发生的问题及解决的过程分项进行概要汇报。如果有对团队的行程安排、地面接待的改进意见及其他合理化建议，也可以一并提出。

2. 书面报告

向旅行社计调人员交接的文字资料，除组团旅行社所需求填写的“领队日志”、“旅游服务质量评价表”之外，也包括此团运行过程中产生的其他资料，如邀请函、团队名单等。

（1）领队日志按照要求每日填写的领队日志，记载了团队从出发到归来的主要情况和信息，包括住宿酒店、用餐、游览、导游服务、当日交通工具运用等各方面的细节，是团队运行的原始记录，领队将其交给旅行社计调人员后，应当归入该团的档案中。

交回来的领队日志应当保持完整，所有应该逐日填写的内容均已经按照要求填好，没有断断续续的情况。

旅行社计调人员应对领队交回的领队日志进行认真翻阅，如发现其中有缺失的内容，应要求领队进行填补。对领队在领队日志中反映的问题要及时进行处理，避免同样的问

题在下一团工作过程中再次出现。对其中的重要问题，应报出境部部门经理知晓。

（2）旅游服务质量评价表　在行前说明会上发给游客的旅游服务质量评价表，在旅程中收回后，带回交给旅行社计调人员。

旅游服务质量评价表集中了游客对旅行社提供的境外旅游、食宿、导游等多项服务的评价意见，是来自游客的最直接的反映，对旅行社提高工作水准大有帮助。旅游服务质量评价表通常由旅行社的客户服务部门收存。

3．协助旅行社办理销签

销签就是从国外旅游回国后，要将旅游团游客的护照、签证先交还给组团社，组团社要把每位团员护照和签证上本次出国旅游的所有出入境时在边防海关加盖的所有章的复印本送交大使馆或签证处，以此证明本团所有成员都按时回国，没有在境外滞留。

销签主要体现了旅行社对大使馆的承诺，表示该旅行社办理出境游业务的信誉（主要是保证游客不在国外滞留的信誉）。旅行社把所有相关内容复印完后，会马上把护照还给游客。

目前销签手续还部分延续着，但是只局限于某些国家和城市，大多数大使馆都取消了这一规定。但是，如果游客遇到需要办理销签手续的大使馆，应该全力配合旅行社完成销签手续，否则会对下次出行有一定的影响。

4．将特殊事情的书面报告和接团工作总结同时交付

（1）领队对带团期间发生的特殊事情应进行书面报告　对团队在旅游期间发生的一些重要情况，提供单独的书面报告。团内发生过的一些事情，包括团队游客过生日、游客之间发生争吵、行李丢失、游客被窃等问题，只要是领队认为有必要进行汇报的问题或在旅行当中发生的较重要事件，领队都应以书面报告的形式进行详细记录，以备日后查询。

（2）领队的接团个人工作总结　接团工作总结，应当包括本人对所带领的出境旅游团的认识、对目的地国家的讲解要点以及对改进线路产品的一些建议。

总结经验对于领队的认识提高和业务能力增长十分重要。在总结中提出的对线路产品的建议，也可以使领队的业务智慧得到很好的体现。

5．交齐其他与该团有关的资料凭证

（1）有证据作用的凭证。团队在旅行期间，如果行程变更、增加自费项目、取消景点游览等，按照要求，都应有游客的签字确认。如团队发生过这些情况，有游客签字的单据，领队均应该进行收存，带回并交付旅行社计调人员归档。这些凭证可以留作证据，以备不时之需。

（2）领队日志以及领队为特殊事件所写的书面报告等资料，都应由旅行社计调人员收齐归卷入档。按照国家有关要求，旅行社的全部业务档案应当至少保存 3 年才能进行处理。

二、做好所带团的账务处理

（1）按照旅行社的要求按时进行报账。带着报账的收据及凭证到旅游公司进行报账。

（2）支付领队带团酬劳并结清其他支出。

三、保持与游客的联络

1．带团归来不应与游客彻底告别

（1）将游客作为旅行社的人脉资源加以重视　许多领队带团回来，就与游客彻底告别，这其实是一种工作失误。出境旅游短则几天，长则数周，与游客之间，日日相见，同甘共苦，一起感受了异国他乡的美丽，因此可以有许多共同的感受一起交流。

（2）争取将一次性游客变成常规游客　游客有再次出境旅游的可能，应保持与游客建立起的信任关系，为游客介绍新的旅游线路，争取让游客成为旅行社的回头客。

2. 用多种方式与游客保持联系

（1）将照片冲洗出来寄给游客　将游客视为朋友，将旅途当中为游客拍摄的照片冲洗出来后寄给游客。游客看到照片后，也会将领队视为朋友。

（2）通过多种手段与游客进行情感交流　通过电话、短信、Email、MSN、QQ 等沟通工具，与游客交流感受，表达问候并感谢游客参加了旅游团，使其对领队及组团旅行社留下良好的印象。为游客下次选择同一家旅行社出行，起到很好的铺垫作用。

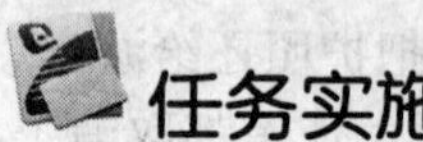

任务实施

【步骤一】与组团社计调人员进行工作交接

（1）口头工作汇报：对所带团队在日本开展旅游活动的过程进行简单描述和基本评价，对发生的问题及解决的过程分项进行概要汇报。如果有改进意见及其他合理化建议，也可以一并提出。

（2）提交团队名单、领队日志、旅游服务质量评价表、带团过程中特殊事情的书面报告和接团工作总结等。

（3）交齐其他与该团有关的资料凭证，如有证据作用的凭证、游客来函等资料。

【步骤二】做好所带团的账务处理

（1）按照旅行社的要求按时进行报账。尽快带着报账的收据及凭证到旅行社报账。

（2）支付领队带团酬劳并结清其他支出。

【步骤三】保持与游客的联络

通过多种方式与游客保持友好联系，联络方式可包括：电话、节假日短信祝福、Email、MSN、QQ 等，使游客对领队及组团旅行社留下良好的印象，为游客下次参加同一家的旅行社出行，起到很好的铺垫作用。

课堂训练与测评

（1）请设计一份“出境旅游团旅游服务质量评价表”。

（2）你所带的旅游团中的一位游客，在泰国观看演出时不慎丢失了一部价值 300 美元的相机，请就此事提供一份书面报告。

项目6

导游讲解技法

任务1 导游讲解的常用方法

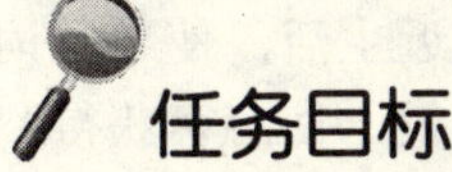

任务目标

- 掌握导游讲解的基本原则与不同讲解方法，注意讲解与游览、口头语言与身体语言、讲解与游客的兴趣、讲解内容与讲解时机的关系，以便取得最佳的讲解效果。
- 掌握导游讲解不同的方法所具有的不同效果，能够熟练应用不同种类的讲解方法。
- 具备遵循导游讲解的基本原则组织导游讲解的能力。
- 具备根据不同情形运用讲解规则的能力，能根据需要调整自己的讲解风格。

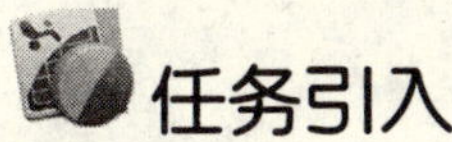

任务引入

➲ 任务1-1

小廖做事一向有板有眼、严肃认真。他的导游讲解知识丰富，内容翔实，可是游客对他的评价并不高，主要是因为小廖的讲解计划性太强，不会根据旅游对象的不同而进行调整，显得死板、教条，缺乏灵活变通，从而影响了游客对他的印象。请你帮他进行针对性训练，改正其缺点。

➲ 任务1-2

王辉刚从学校毕业不久就在一家旅行社做了导游。在每次的导游带团中，王辉总是尽职尽责，将导游词的内容条理清晰地背诵出来。因为刚从学校毕业不久，他选择的都是词语优美、用语规范的典雅导游词，其中不时还会夹杂一些古诗词，游客反映这些内容深奥难懂；同时，王辉的普通话非常标准，声音也非常有磁性，双手一直交叉握在腹部，给人一种老师讲课的感觉，游客反映这种讲话方式过于严肃。面对批评，王辉感到很苦恼，他觉得自己的工作没有获得应有的好评。王辉的表现存在哪些问题，应如何改进？

➲ 任务1-3

导游郑小勇工作认真负责，对于沿途计划要讲解的景点都做了详细的准备。一次去山区游览时，一群游客对不属于景点范围的奇山异石产生了兴趣，便向郑小勇询问其详细情况。郑小勇以此内容不属于计划内容为由拒绝，弄得游客们很不开心。他也很想能够和游客友好相处，请你帮他分析一下以后再碰到类似情况该如何处理。

任务分析

【任务 1-1】常言道“到了哪山唱哪歌”，意思是强调因地制宜、入乡随俗，要懂得灵活应变。在具体的导游讲解活动中，固然需要按照计划安排导游讲解内容，使游客对于自己的行动有着明确的目标，但是也要掌握灵活性原则，要学会根据具体的环境调整自己的讲解方式、进度、内容和策略。这就要求小廖的讲解必须因人而异，因时制宜，因地制宜，能够触景生情，随机应变。

【任务 1-2】王辉的讲解存在两个问题：一是违背了导游词使用口头语言的原则，而将文雅的书面语言作为导游词，影响了人们的信息接收；二是在导游词的讲解过程中，没有注意身体语言的使用，从而影响了表达的效果和情感的统一性。因此，王辉必须尽快实现书面化向口语化的转变，尽量贴近生活，使导游词与身体语言相结合，更好地传情达意，提升导游讲解的质量，使游客获得聆听导游词的精神享受。

【任务 1-3】郑小勇的问题主要有以下两点：一是忽视了针对性和灵活性原则，二是在讲解方法上违背即兴讲解原则。在游客提出计划之外的景点导游要求时，郑小勇应根据当时游客的需要进行应对，可根据平时对于景点的了解和自己的知识，组织内容立即进行讲解。即兴讲解往往比较突然，强调反应迅速，要求导游能够在很短的时间内组织内容充实、语句流畅的讲解。这需要导游员具有丰富的知识储备。

相关知识

一、导游讲解的原则

1. 针对性原则

满足游客求知、求新的需要。游客有不同的旅游目的，文化修养、知识水平和审美情趣也不同，这就要求导游人员在导游语言运用、服务态度、讲解方法和技巧方面具有针对性。导游要按游客实际需要有的放矢，因人而异。否则就不会有好的效果。

（1）了解游客的动机和目的　游客的旅游目的主要有观光、度假、公出、访友、商务。

（2）了解游客的层次　水平高的游客，要讲得深一些；一般市民，要讲得通俗一些，或穿插一些小故事。

（3）了解游客的地域　地域不同，文化背景、风俗、生活习惯、价值观也不同。不能用接待北京人的方式接待上海人，不能用接待中国人方式接待外国人。

2. 计划性原则

按照游客需求、不同时间、不同地点等条件，有计划地安排导游讲解内容，做到目的性和科学性相结合。

3. 灵活性原则

灵活性原则，就是要因人而异、因时制宜、因地制宜。

因人：不同的游客有不同的审美情趣。

因时：四季更迭，时辰更替，因时制宜。

因地：最佳观赏点会因季节不同而各异。

灵活性还在于能触景生情，随机应变。特别是沿途导游，不能千篇一律，要见物生情，讲解内容应能信手拈来，即成妙趣。见什么讲什么，见商场讲购物，见马路讲交通，见农田讲农业，见酒店讲旅游。

4. 趣味性原则

讲解过程中要合理运用语言艺术和技巧，做到生动、形象、幽默、风趣，增加讲解的吸引力和感染力，才能使游客感到有意思。

二、把握讲解规则

1. 讲解与游览相结合

旅游是一种综合的审美活动。导游员的讲解并不能代替游客的游览，因此，导游员并不是讲得越多越好，而是要把握节奏，要将讲解和游览相结合，以讲解为主，以旅游者游览为辅，有导有游。

2. 口头语言与身体语言相结合

身体语言能增加导游讲解的生动性，适当的手势、动作和表情可引起游客的兴趣，影响导游的讲解效果。

3. 讲解与游客的兴趣相结合

导游讲解要有针对性，这就要求导游人员有较强的观察力，注意研究游客的心理，并根据游客的反应调整讲解内容和讲解方式。

4. 讲解内容与讲解时机相结合

把握好讲解时机对导游讲解的效果有促进作用。例如，游览长江三峡，在船行驶到巫山神女峰之前，导游员要预先讲述神女峰的由来和神话传说，当船行驶到巫山时，应停止讲解，让游客自己去欣赏，然后在旁边稍加讲解，会收到意想不到的效果。

三、导游讲解方法

导游讲解方法应适合景观的性质和特点。对于自然景观，应对其外在美加以宣扬；对于人文景观，应挖掘其内在美。

1. 知识性讲解

（1）详细叙述法　此法主要用于专业知识的讲解。通过此法的运用，使客人详尽地了解了景点中某些有关专业知识方面的内容。

（2）阐述见解法　该法是指对于景点中尚存在的疑难问题提出自己独到见解的讲解方法。在为游客，特别是为专业学术团体讲解某些专业内容和问题时，导游应在大量事实及论据的基础上，以科学的态度，分析和讲出自己对这些内容和问题的独到见解。以“我认为……”、“我的看法是……”的方式去讲解。

（3）讲授法　该法主要是针对某些专业知识的讲解而言，可分为专场讲授和现场讲授两种。专场讲授，是指在客人参观景点前，在宾馆会议室等地，就欲去景点的专业内容，为客人们作详细、系统的说明和介绍，如敦煌莫高窟的开凿历史、开凿原因等。现场讲授，是指在参观景点时，现场为客人讲解某一景物所涉及的专业知识。

2．艺术性讲解

（1）描述法　就是运用具体、形象和富有文采的语言对眼前的景观进行描绘，使其细微的特点显现于游客眼前。例如，在景色如画的苏州西湖洞庭山的石公山上，一位导游员对游客描绘说：

“朋友们，我们现在身处人间仙境之中，瞧！我们身后是一片蓊蓊郁郁的丛林，前面是碧水幽荡的太湖。青山绕绿水，绿水映青山。看这边，仿佛是山上的石头掉进了水中，湖水拥抱了山石。这难得的景色，真可谓是天外有天，山外有山，岛中有岛……”

（2）突出风格法　一般都是从建筑物的造型、风格和文化艺术价值等角度来讲解，使游客充分感受到其中所蕴含的深厚的文化气息。例如，下面这篇介绍安徽歙县民居的导游词：

这里的民居以“老屋阁”和“呈坎文化古村”为代表。其中，“看屋阁”是一处典型的民居代表。它又名“吴息之住宅”，坐落在县城西18.5公里的溪南村，是一座明代中期的建筑。阁是砖木结构的两层楼房，下层矮，上层高，占地342平方米。坐东北朝西南，五间二厅，“口”字形四合院前进楼下明间为明厅，后进楼下明间为客厅。狭长的天井中央，有石板砌成的水池。阁正面为水平形高墙，侧立面采取不对称方式，与水平形高墙相结合，形成参差错落的外观，墙面抹石灰，墙顶盖蝴蝶瓦。大门上有门罩，用水磨砖做成外实线脚，顶覆以瓦榄。阁内梁架、斗拱装饰，雕刻精美，双步梁端饰以云雕，梁架上承受瓜柱用莲瓣式平盘斗，宅内不用天花板，阁栅外露。木作均不加揉漆，看其木纹透露，富有自然之美。阁后种植竹、桃、枇杷，春夏之间，景色宜人。该阁采用一种曲线较多的华丽活泼的建筑设计，在明代住宅建筑中具有代表性。

（3）引用法　引用本国的谚语、俗语、俚语等进行讲解，引用客人十分熟悉的名歌、名作、名句等向客人介绍沿途的相关景物。这不仅能增强讲解语言的生动性，而且能起到言简意赅，以一当十的作用，还可以活跃导游活动气氛。

（4）衬托法　衬托法利用已被人们广为熟悉、广为流传的一些事物、景点来衬托所要介绍的事物和景点，以突出它的地位和影响，说明其存在的重要性，如下面这段讲解石林的导游词：

各位团友，我们现在去石林参观。石林位于昆明东南，距昆明100公里，是世界绝无仅有的喀斯特地貌自然风景区。在昆明有一句俗话：“到昆明不去石林，等于没来云南。”一个美国旅行家把石林称为世界第八大奇景。世界公认的七大奇景是：中国的万里长城、埃及的金字塔、罗马斗兽场、巴比伦的空中花园、亚历山大墓、圣索非亚教堂、印度泰姬陵。诸位团友，七大奇景都是人工建造的，石林是自然景物，是大自然的功劳，不能相提并论。

3．趣味性讲解

（1）幽默法　导游语言的幽默艺术技巧，在很大程度上依赖于语言修辞手法的综合运用，它不同于一般意义上的修辞，而是以营造幽默意境为目的。幽默意境主要由语言的反常组合来体现，即语言组合与其有关知识相违，完全超出人们可以预料的范围。下面是几种幽默导游语言的艺术技巧：

1）语义交叉。语义交叉就是用巧妙的比喻、比拟等手法，使表面意义和其所暗含的带有一定双关性的内在意义构成交叉，使人在领悟真正含义后发出会心的微笑。例如：

①“……明天你们就要离开广州了，在告别之前，我将带各位去珠江去拍纪念照，和珠江来一次亲密接触，不知各位意下如何？”

②“我们的广州民众对客人历来十分热情，即使是冬季，也可以热得大家汗流浃背，穿不住西装外套。”

第①种用“亲密接触”一词将珠江人格化了，把这种人与人之间的亲密行为用在这里，也就有了几分幽默。第②种用人的“热”情和天气的炎“热”形成交叉，营造了幽默的意境。

2）移花接木。把某种场合中显得十分自然的词语移至另一种不同的场合，使之与新环境构成超出人正常设想和合理预想的种种矛盾，从而产生幽默效果。例如：

一位导游员在带游客参观三顾祠讲到刘备和诸葛亮时说道：“刘备何等人？人家是皇室之后，有贵族血统，大小也是个县级干部……诸葛亮呢，布衣出身，草头百姓一个，读过几天书，也就是个有知识的青年农民……”

这位导游员将“县级干部”、“青年农民”这些现代名词移植进来，从而增添了讲解的幽默情趣。

3）正题歪解。以一种轻松、调侃的态度，对一个问题故意进行主观臆断或歪曲的解释。例如：

一批游客在游览云南香格里拉碧塔海时，见到沿途参天大树的树枝上挂有许多绿色的植物，就问导游那是什么。导游员幽默地说：“树老了，那些是树的胡须。”过一会儿才说：“那些是寄生植物……山上特有的草，也是制云南白药的原料之一。”

值得注意的是，在导游讲解时，对游客的提问，首先用“歪解”调剂一下气氛是可以的，但不能用它作为正式回答客人提问的方法，否则就容易显得敷衍塞责，使游客产生不悦。

4）一语双关。利用词语的谐音和多义性条件，有意使话语构成双重意义，使字面含义和实际含义不谐调。双关又分谐音双关和语义双关。谐音双关是利用词语的同音或近音条件构成双重意义，使字面意义和实际意义不谐调。语义双关是利用词语的多义性（本义和转义），使语句所表达的内容出现两种不同的解释，彼此之间产生双关。例如：

一位导游员在介绍故宫的午门时说：“皇帝是了不起的‘爷们儿’，这中间的门也是了不起的‘爷门儿’。每当皇帝经过这午门时，都要敲响大钟、大鼓伴奏才行……”

例中“爷们儿”和“爷门儿”的谐音双关，以语言为纽带，将两个不同的词义联在一起，使人通过联想产生幽默感。

5）借题发挥。就是指为了活跃气氛，增加情趣，故意把正经话说成俏皮话。例如：

一位导游员在提醒即将离境的日本游客勿忘物品时说：“请大家不要忘记所携带的行李物品，如果忘了，我得拎着送到日本去，不需感谢，只向您报销交通费就行了。交通费是够贵啊！”客人大笑之余，会格外注意自己的行李。

6）自我解嘲。在遇到无可奈何的情况时，以乐观的态度进行自我解嘲，使人获得精神上的满足。例如：

旅行车在一段坑坑洼洼的道路上行驶，游客中有人抱怨。这时，导游员说："请大家稍微放松一下，我们的汽车正在给大家做身体按摩运动，按摩时间大约为10分钟，不另收费。"引得游客哄然大笑起来。

这位导游员以"苦"中求乐的口吻把一件本来不轻松愉快的事说得痛快淋漓。

7）仿拟套用。将现成的词语改动个别词或字，制造一个新的词语，从而造成不谐调的矛盾。例如：

一位导游员在接待一批港澳游客时说："前几天，我接待了一批欧洲客人，他们说我是'民间外交家'。今天，我接待的游客都是中国人，看来我又成了'民间内交家'了。"

这位导游员仿"民间外交家"造出"民间内交家"，使正、反词互相映衬，给人们新鲜、风趣之感。

8）颠倒语句。针对游客熟悉的某句格言、口号、定理或概念，用词序颠倒的手法，营造出耐人寻味的幽默意境。例如：

一个旅行团要去游览长城，但因下大雪，公路不通，为了使游客们能如愿以偿地游览长城，导游员决定乘火车到八达岭，征得游客同意后，他说："不到长城非好汉，好汉非得到长城。"今天，我一定要让大家当"好汉"。

话语不仅幽默风趣，而且还饱含着诚心为游客服务的热情。

9）故意夸饰。以事实为基础，为了抒发情意，故意言过其实，使人得到鲜明的印象，而又感到真切。例如：

一个旅行团即将结束在广东的旅游，导游员说："你们即将离开广东，广东留给你们一样难忘的东西，它不在你的拎包里和口袋中，而在你们身上。请想一想，它是什么？"导游员停顿了一下，接着说："它就是你们被广东的阳光晒黑了的皮肤，你们留下了友情，而把广东的夏天带走了！"话音刚落，他就赢得了热烈的笑声和掌声。

夏天是不可能被带走的，但夏天的阳光把游客的皮肤晒黑了，这位导游员故意强调事物的特征，夸张地说游客"把夏天带走了"，在富有诗意的想象中创造了幽默感。

10）讲笑话的技巧。在旅途中，为了活跃气氛，导游员常常要给游客讲讲笑话。讲笑话既需要一定的天赋，也需要一定的训练和指导。讲笑话的技巧包括抓住时机、夸张模仿、优雅敏捷。

总之，幽默是一种力量，这种力量是按照概率法则来发挥作用的。当幽默运用适当时，它就能给人以知识、信心和启发，使人乐观向上。

（2）虚实结合法　虚实结合法的"实"是指景物的实体、实物、史实、艺术价值等，"虚"指的是与景点有关的民间传说、神话故事、趣闻轶事等。"虚"与"实"必须有机结合，以"实"为主，以"虚"为辅，并以"虚"加深"实"的存在。我国众多的旅游景观，大都沉积着一定的神话传说和民间故事，如杭州西湖"断桥残雪"景观连接着白娘娘和许仙的神话故事，苏州狮子林"立雪堂"同"程门立雪"的典故有关系。一则娓娓叙来的生动寓言或优美的神话故事，配上眼前的景致，会激起人们轻松愉快的遐想和兴趣。但是，如果在讲解景物时加入了太多的故事传说，甚至把传说当成景物本身，只会使旅游者感到不真实。有的导游员在介绍路南石林时，只字不提喀斯特地貌的特征和形成原因，却为大家讲阿诗玛的故事，也许旅游者听的时候颇感有趣，但听后却会感到不足。

4. 发挥性讲解

（1）见景说景法　见景说景法是指导游员在行车、游览途中看到各种景物就信手拈来进行介绍、讲解的技法。在旅游途中，火车、汽车路过各地，游客可以看见各种景物，导游员要见山说山，见水说水，见人说人，见物说物，以帮助旅游者了解旅游地，活跃旅游气氛。这就要求导游人员要对所在旅游地的一切情况都非常清楚，讲解起来如数家珍，显得十分自然和亲切。

（2）借景抒情法　借景抒情法是见物生情、借题发挥的一种导游讲解方法。导游人员不能就事论事地介绍景物，而是要借题发挥，利用所见景物使游客产生联想，并使导游讲解的内容与所见景物和谐统一，使其情景交融。例如，旅游团参观故宫太和门广场和高大巍峨的太和殿时，导游人员可适当描述皇帝登基时的壮观场面：金銮殿香烟缭绕，殿前鼓乐喧天，广场上的气氛庄严肃穆；皇帝升殿，文武百官三跪九叩，高呼万岁、万万岁。游客望着宏伟的太和殿，听着导游讲解，一定会非常愉悦。

（3）寓教于景法　并不是所有的景点都可以用美来诠释，有些景点需要我们去发掘它所蕴含的可以为我们所借鉴的人生哲理。如果能根据这类景点的特点，教给游客一些做人的道理，就会加深导游活动的深度，赢得游客的钦佩和赞赏。下面是导游员林某1990年参加"全国旅游业青年服务技能表演大赛"时，为自选项目"天涯海角"所作的导游词：

（假设导游和客人乘车准备前往一个新的旅游点——天涯海角，车子出发了）

女士们、先生们，早上好！今天我们去参观一个新的旅游景点，这就是天涯海角。为什么要将此地称为"天涯海角"呢？世界上真的有"天涯海角"这样一个地方吗？这正是我要告诉大家的。

第一，"天涯海角"这一名称是根据古代宗教学说"天圆地方"这一理论延伸出来的，这种理论认为：天是圆的，地是方的。假如这种理论成立，那么在这个世界上肯定有某个地方是边缘或者是尽头，即"天边"。那么它又在哪里呢？历史上的说法是，它在这里，就在海南岛的最南端、三亚市以西24公里，也就是今天我们要去的地方。

这是原因之一，即理论根据。

第二，众所周知，前苏联有个叫西伯利亚的地方。那里一年四季冰天雪地、荒无人烟、萧瑟凄凉，是专门用来流放犯人的。在我国古代尤其是唐宋两朝，这一带就是中原地区的"西伯利亚"，是封建王朝的流放地。为什么要选择这里而不选择别处呢？因为这里交通闭塞，人烟稀少，瘟疫流行，常年干旱，天气酷热，环境极为恶劣。这是原因之二，可以说是地理因素。

第三，唐宋两朝，许多被流放至此的人，由于路途艰难，人地生疏，水土不服，加之情绪低落、悲观失望，极少有人活着回到中原的。在他们看来，"天涯海角"不仅仅是指地球的尽头，而且意味着人生末日的到来。难怪被流放至此的唐朝两度宰相李德裕称之为"鬼门关"。他曾写诗曰："一去一万里，千去千不还；崖州在何处，生度鬼门关。"（唐代称"三亚"市为"崖州"）这可以说是当时的真实写照啊！此乃原因之三，即历史原因。

由于以上三个原因，人们称此地为"天涯海角"。在北京旅游时，人们常说"不到长城非好汉"，今天我要说："不到天涯海角誓不罢休。"我为诸位能有机会到此一游而感到骄傲，大家想想，在我们漫长的人生道路上，假如有机会到过天涯海角，这个被李德裕“高度赞誉”为“鬼门关”的地方，试问在我们今后的人生道路上，还有什么克服不了的艰难困苦呢？一切困难与天涯海角相比皆显得无足轻重、暗淡无光了。

（4）制造联想法　制造联想法是一种在导游讲解中就所见景物制造意境，使旅游者产生联想而领略其奥妙和内涵的技巧。如果导游员能使游客进入意境，达到探索美、欣赏美的境界，产生比现实更美好的感觉，那么导游工作就是成功的。例如：

讲解太湖的透、皱、漏、瘦、丑的特点，导游员可以这样说：“假设用一桶水从石顶上浇下来，则水将沿空隙而下，如群龙喷水。如在石下置炉生烟，则烟将从千隙百孔中冒上去，如群龙吐雾，香烟缭绕。”

此情此景，尽管虚设，但听者犹如身临其境、亲见其景。运用制造联想法，首先导游人员自己得善于联想，如果自己想象力平庸，又如何去引导游客浮想联翩？因此，导游人员在日常生活中要注意培养和提高自己的形象思维能力，让自己的导游效果更上一层楼。

（5）由点及面法　导游员把旅游者感兴趣的某件事，从客观的角度进行表象化导游的同时，有意识地延伸到一个面，与所要阐述的观点自然联系，进行实质性的导游。由点及面法通常用于沿途导游中。在沿途导游中，如旅游者来自海外，导游员不但要向旅游者介绍我国的大好河山、风土人情、悠久历史，而且还要适当地向旅游者宣传我国的大政方针、政治经济形势，使旅游者加深对我国的了解，消除个别旅游者由于受某些报道所产生的偏见，充分发挥导游员的“民间外交家”的作用，力求做到，既达到宣传目的，又避免使旅游者产生说教或强加于人之感。譬如，有的旅游者对我国农村房屋建筑很感兴趣。这时，导游员就可以向他们介绍我国农村房屋建筑式样的变迁。

5．引导性讲解

（1）问答法　在导游讲解时先提问后讲解或穿插问和答的方法叫“问答法”。问答法就是导游员在导游讲解中为了避免个人从头到尾唱独角戏，利用讲后有问、问后再答的办法调动客人的积极性，巧妙地抓住游客的注意力，让客人主动参与，达到活跃气氛的目的。一般来说，问答包括三个方面：客问我答；我问客答；自问自答。

1）客问我答。要注意避免两种倾向：①不要打乱自己的导游安排，一听有问题就立即回答，要有选择地回答，无关的以后再答。②应避免自己不耐烦，只顾滔滔不绝地讲解，根本不顾客人的问题。有经验的导游员能把讲解和答问有机地结合在一起，收到讲答自然、浑然一体的效果。例如：

游客问：“听说云南的地方风味‘过桥米线’有一个美丽的传说，您能够给我们讲讲吗？”

导游员：“可以，我就向诸位讲解一下‘过桥米线’的美丽传说吧！从前有一个书生，为了赴京赶考，特地找了一个清静之处苦心攻读。他的妻子心疼丈夫，担心他用功过度，累坏身体，就每天精心煮好鸡汤，烫好米线，将热腾腾的米线送到丈夫那儿。她每天都要经过一座桥，所以按这种做法作出的米线就叫过桥米线。妻子的体贴关心，使丈夫深受感动。吃了米线，他更加刻苦用功，终于进京考中状元。他在衣锦荣归之时，特地在家乡建起了一座状元楼，以表示永远不忘爱妻的深情厚谊。所以，过桥米线成了夫妻恩爱的象征。”

经过导游员的讲解，许多游客听了以后，都争着要吃过桥米线。这与其说是为了品尝一下过桥米线的美味，不如说是他们想借此来“体验”一下夫妻恩爱的感情。

2）我问客答。关键在于导游人员的“问”，要问到点子上，能启发游客开动脑筋。导游员提问应注意以下几点：问题要恰当，难度适中；要问大家感兴趣的问题，掌握好适宜的时机和地点；尽量利用客人的回答了解客人的需要。例如：

天坛祈年殿的琉璃瓦为什么是蓝色的？回音壁为什么能够传声？大观楼长联有多少字？中国三大名楼是哪几座？四大名楼又是哪几座？

此类问题，游客稍动脑筋就可以回答。因此，导游所提的问题应事先有所设计和考虑，使问题富有思想性、趣味性和教育性。

3）自问自答。要求讲解生动详尽，具有知识性和趣味性。对于一般旅游者来说，导游员提出的问题有一定难度，而且有可能出乎旅游者的意料，一旦由导游员作出回答，其答案往往与旅游者的答案并不一样，甚至完全相反，因而能加深旅游者的印象。例如：

“各位朋友，现在我们参观的是著名的卢沟桥，它已经有 800 多年的历史了，如今仍然十分坚固。想必大家都注意到了桥上姿态各异的石狮子，可是你们是否知道：桥上到底有多少只石狮子呢？这个问题我先不告诉大家，朋友们可以自己在参观的时候留意一下……今天我们的参观到这里就结束了，在和大家说再见之前，还是让我告诉大家卢沟桥上石狮子的准确数目。1962 年，北京市文物工作队用编号的办法，计算出石狮子的总数为 485 只，1983 年统计的数字为 492 只，再加上华表顶上 4 只石狮、伏地 2 只石狮，一共是 498 只。你们数对了吗？”

（2）制造悬念法　所谓制造悬念法，即导游人员在导游讲解时常提出一些令人感兴趣的话题，但又故意不道明原委，激起游客急于知道答案的欲望，使其产生悬念的方法。制造悬念法，俗称“卖关子”、“吊胃口”，通常是导游人员先提出问题，但不告之下文或暂不回答，让游客去思考、琢磨、判断，最后才讲出结果。制造悬念的具体方法有很多，最高超的方法就是通过连续提出几个环环相扣的问题，调足游客的胃口，才公布答案。例如：

苏州网师园有一座亭子，名叫“月到风来亭”。这座亭子临池而建，朝向东方，亭子后面安有一面硕大的镜子，能够将前面的景物尽揽其中。游客到此游览时，导游人员可以故意制造悬念：“皓月当空的夜晚，在这里就会出现三个月亮。”这句话一定会激发游客们的好奇心理：“算上天上和池中的月亮也只有两个，怎会有第三个月亮呢？”当游客的脸上露出迷惑不解的表情时，导游人员才点破：“第三个月亮在镜中。”游客顿时恍然大悟，高兴之余定会赞叹大镜子的安置之妙。

6．说明性讲解

（1）逻辑说明法　运用逻辑进行叙事说理。导游人员在导游活动中，为了使游客对景点有一个清晰、理性的认识，往往采用逻辑说明的方法。主要的逻辑说明方法有比较法、分析法与综合法、演绎法与归纳法。

1）比较法。两种或两种以上同类的事物辨别其异同或高下的方法。人们常说“有比较才有鉴别”。只有通过比较，才能对事物有所区分。在导游语言中，应用比较法的场合很多，如“长江是世界名列第三的长河”就是通过比较得出的结论，因为它的长度仅次于南美洲的亚马逊河和非洲的尼罗河。如对黄山进行讲解时，可将黄山与中国其他的名山进行比较：

“朋友们，黄山的美不仅仅在于它的奇峰多，还在于它把中国各大名山的独特之处集于一身，泰山的雄伟、华山的险峻、衡山的烟云、庐山的瀑布、雁荡山的巧石、峨眉山的清凉……你都可以在黄山上看到、感受到。特别是满山的奇松、怪石、云海、温泉，被誉为黄山‘四绝’，谁见了都会禁不住地赞叹。”

2）分析法与综合法。分析法是指把一件事物、一种现象或一个概念分成若干个组成部分，然后找出这些部分的本质属性和彼此之间的关系。综合法则是指把分析的对象或现象的各个部分、各种属性联合成一个统一的整体。例如，下面这段导游词运用的就是分析法：

朋友们，我们就快到颐和园了，现在我简要地给大家介绍一下中国的园林。中国古代园林分为三类：一是皇家园林，我们马上要去的颐和园就属于皇家园林；二是私家园林，大家过几天要去的苏州拙政园则属于私家园林；三是寺庙园林。皇家园林的特点是规模宏大，真山真水较多，园中建筑色彩富丽堂皇，建筑体形高大。私家园林的特点是规模较小，常用假山假水、小巧玲珑的建筑来表现其淡雅、素净的风格。寺庙园林的特点是庙堂建筑置于幽静的园林环绕之中。

3）演绎法与归纳法。演绎法与归纳法都是推理的方法，前者是由一般原理推出关于特殊情况下的结论，三段论就是演绎法的一种形式。后者是由一系列具体的事实概括出一般原理。这两个方法是相互对应的。例如，导游人员在介绍石林时说：

岩溶地貌在国外叫喀斯特地貌，这个名称来源于前南斯拉夫伊斯的利亚半岛北部与意大利交界的喀斯特高原的名称，是石灰岩等碳酸盐类岩石，受到含二氧化碳的流水长期侵蚀，加上沉积作用而形成的地貌。据科学家考证，路南地区在 6 亿年前的元古代到约 3.5 亿年前的晚古生代是一片汪洋大海，经历了地质史上较大的海浸和强烈的地张裂作用，堆积了巨厚（1 000～2 000 米）的石灰岩层。石林位于路南地区，它就是这些巨厚的石灰岩层在漫长的自然变迁中逐渐发育形成的，所以，从地质学上说，石林的地貌属于岩溶地貌，即喀斯特地貌。

（2）数字说明法 数字说明法是一种引用具体的数字精确地说明事物的形体特性、性能特点和功用大小的方法。用数字说明，是导游员导游讲解时常用的方法之一。例如，介绍昆明：

“昆明市地处云贵高原中部，位于东经 102.43°，北纬 25.02°，海拔 1 894 米，面积 15 560 平方公里，是云南省的省会，全国历史文化名城之一，有着 3 000 多年的历史。全年平均气温约为 15℃，是世界上著名的春城。”

这一连串的数字很好地说明了昆明市的人文和地理。数字说明可以用基数，也可以用序数，还可以用“××之最”之类的词。

（3）解释说明法 对某个名称、某种事物、某种说法作进一步的解释说明，这种方法叫“解释说明法”。解释和说明，是为了让游客对名称的产生与由来、说法的含义及演变、事物的本质和特征有一个全面、清楚的了解，以丰富旅游者的知识，增加旅游的乐趣。例如，中国人盖房子为什么讲究坐南朝北？中国为什么叫“中国”？北京为什么叫“北京”？再如，太行山西叫山西，太行山东叫山东，洞庭湖之北叫湖北，洞庭湖之南叫湖南，以及花城、泉城、钢城、江城等名称的由来。向旅游者提及这些名称时，对其由来、特点都可作进一步说明。

（4）类比说明法 以熟喻生，达到触类旁通的导游讲解方法。导游人员如用游客熟悉的事物与眼前的景物相比较，定会使游客感到亲切和便于理解，达到事半功倍的导游效果。

类比分为同类相似类比和同类相异类比两种。

1）同类相似类比，即将相似的两物进行比较。例如，中日两国在历史上、文字上，各自都有了发展。我们在导游时，也可以利用这些相似之处来向客人进行导游讲解，客人会觉得很有趣，很容易理解接受。当我们讲到历史年代时，更应该与日本的朝代进行对比讲解，否则游客没有时间的概念，无法理解，是不会有好效果的。再如，向澳大利亚人介绍上海，只要说“上海就是中国的悉尼”，这样一讲，就把上海同悉尼这个港口、商业中心的城市特点类比起来，便于客人很快了解上海。在讲解西安半坡文化村时，如果讲解为“半坡人的生活在很大程度上和当今美国居住在‘保留地’的印第安人的生活习性很相似”。那么美国客人就会恍然大悟。

2）同类相异类比，即将两种景物比出规模、质量、风格、水平、价值等方面的不同。例如，在规模上可将唐代的长安城与东罗马帝国的首都君士坦丁堡相比；在价值上可将秦始皇陵地宫宝藏同古埃及第十八朝法老图坦卡蒙陵墓的藏宝相比；在宫殿建筑和皇家园林风格和艺术上，可将北京的故宫和巴黎附近的凡尔赛宫相比，还可将颐和园与凡尔赛宫花园相比。

类比说明法可在物与物之间以及时间之间进行比较。导游人员在导游讲解时，可进行时代类比。以故宫的建设年代为例，如果向游客介绍说故宫建成于明永乐十八年，外国游客听了效果不会好，因为外国游客很少知道这究竟是哪一年；如果介绍说故宫建成于 1420 年，讲解效果比第一种好一些，这样介绍起码给出了一个通用的时间概念，但仍给人历史久远的印象；如果介绍说在哥伦布发现新大陆前 72 年、莎士比亚诞生前 144 年，中国人就建成了面前的宏伟建筑群，讲解效果最佳。最后一种介绍方法不仅便于外国游客记住故宫的修建年代，留下深刻印象，还会使外国游客产生中国人了不起、中华文明历史悠久的感觉。

7．概括讲解法

（1）简单概述法　简单概述法就是用直截了当的语言，简明扼要地一次性介绍一个参观游览项目。它的特点是言简意赅、重点突出，给旅游者以深刻印象。这种方法在导游工作中最为常用，适合于一般旅游团和游览项目。例如，来到某一景点，大家游兴正浓，争先想进去看个痛快的时候，导游却在大门口长篇大论，就会引起游客的不耐烦。此时应采用简单概述法，将景点年代、规模、布局等主要情况作一简单说明，给游客以初步印象，然后再进入参观，边看边介绍。

（2）要点概括法　所谓要点概括法，是指对所游览的景观，摘其关键点予以概括的讲解方法。例如：

在讲解颐和园的“园中园”——谐趣园时，导游员可以说：“这一建筑的特点主要体现了一个‘趣’字，我们归纳为‘八趣’。”

一谓“时”趣。四季景色变化明显而且各具特色。

二谓“水”趣。三亩方塘，碧波巍巍，水源自竹丛中隐隐而来，通过暗沟悄悄而去。玉琴峡，清水落池，发出悦耳的叮咚声。

三谓“桥”趣。数亩水面，不同形式的桥建有七八座，长者 20 米有余，短者不足 2 米，其中知鱼桥还有一段趣事。

四谓“书”趣。园内碑刻、对联颇多，喜爱书法的人们可尽情领略其中的妙趣。

五谓“楼”趣。“嘱新楼”从园外看是一座三开间平房。进入谐趣园站在湖边向西看，则是一座造型别致、环境清幽的二层楼，这是因为造园工匠们巧妙地利用了地形地貌，使人的视觉总是处在一种变化莫测的环境之中。

六谓“画”趣。园内建筑上共绘有几百幅内容不一、手法洗练的苏式彩画，造型逼真，画面风趣。

七谓“廊”趣。湖的周围修建了知春亭、引镜、洗秋、饮绿、海碧、知春堂、小有天、兰亭、湛清轩、涵远堂、嘱新楼、澄爽斋等建筑，用三步一回、五步一折的曲廊连接在一起，形成其错落相间、玲珑可爱的风格。

八谓“仿”趣。到过无锡寄畅园的人都可以看出，谐趣园仿寄畅园，但仿中又有创新，创新中又不失原貌。既仿寄畅，又高于寄畅，游人可细细品味。

（3）画龙点睛法　这是一种用凝练的词句概括所游览景点的独特之处，给游客留下深刻印象的导游讲解方法。游客边听导游人员讲解边观赏景物，既看到了“林”，又欣赏了“树”，一般都会有一番议论，导游人员这时可作适当总结，以简练的语言，甚至几个字来点出景物精华之所在。例如，对南京则可用“古、大、重、绿”四字来描绘其风光特点，“古”是指南京有着悠久的历史，曾是六朝古都；“大”是指南京有中国最大的河、最长的桥以及最高的城墙；“重”是指南京在历史和地理两方面都举足轻重；“绿”是指南京树木繁多，平均每一个人占有10余棵树，绿色也是南京的突出特点之一。

这种方法有利于加深游客对景点的印象，但要注意不能为了突出特点而信口开河。

8．重点讲解法

（1）突出重点法　所谓突出重点法，就是导游人员在导游讲解中不是面面俱到，而是突出某一方面的讲解方法。如果导游人员讲解模糊，没有突出重点，游览结束后，肯定不会给游客留下深刻的印象。导游人员讲解时应有的放矢，做到轻重搭配、详略得当、重点突出。所突出的内容包括以下三点：

1）具有代表性的景点景观。导游员要事先选定代表性景观，并提前做好讲解的计划。所选取的代表性景点景观必须具有自己的特点，而且在整个景区中具有典型性。例如，到武汉的旅游团队，一般导游人员都会带领游客游览黄鹤楼，因为在黄鹤楼上可以俯瞰武汉三镇的风景，可以感觉到武汉“水城”的独特风采。

2）景点的与众不同之处。旅游资源重要的吸引力之一是其独特性。独具特色的旅游景点是旅游赖以发展的依托，也是游客关注的焦点。导游讲解应注意发掘景点的独特性，把讲解的重点放在此处并尽力突出。

3）可称著的景点。在某一景点，导游人员可根据实际情况想出这个景点可以称著的特点，如介绍这是世界（中国、某省、某市、某地）最大（最长、最古老、最高，甚至可以说是最小）的景观，引起游客的兴致。例如，北京故宫是世界上规模最大的宫殿建筑群，长城是世界上最伟大的古代人类建筑工程之一，天安门广场是世界上最大的城市中心广场，洛阳白马寺是中国最早的佛教寺庙等。如果“之最”算不上，第二、第三也值得一提。这样的导游讲解突出了景点的价值，定会激发游客的游兴。

（2）分段讲解法　对比较小的、次要的景点，导游人员可采用平铺直叙法进行导游讲解，但对规模大的重要景点就不能面面俱到、平铺直叙地介绍了，而应采用分段讲解法。

分段讲解法是指将一处大景点分为前后衔接的若干部分来讲解。在前往景点的途中或在景点入口处的示意图前，导游人员用概述法介绍景点（包括历史沿革、占地面积、欣赏价值等），并介绍主要景观的名称，使游客对即将游览的景点有一个初步的印象，达到“见树先见林”的效果，使之有一睹为快的要求，然后到现场顺次游览。导游人员在讲解这一景区时，注意不要过多涉及下一景区的景物，但在快要结束这一景区的游览时，要适当地讲一讲下一个景区，目的是为了引起游客对下一景区的兴趣，并使导游讲解一环扣一环，环环扣人心弦。例如，游览颐和园时，旅游团队的参观路线一般由东宫门进，从如意门出，所以通常导游人员分三段进行讲解，即以仁寿殿为中心的政治活动区，以慈禧的寝宫乐寿堂和戊戌变法失败后的“天子监狱”为中心的帝后生活区，以及游览区的昆明湖和前山（长廊、排云殿至佛香阁的中轴线和石舫）。

总之，将分段讲解法用于大规模景点的介绍，关键在于要将“面”分割成“点”，用“点”来反映“面”，使“点”与“面”得到完美的结合。

值得注意的是，分段讲解法正日益受到导游人员的青睐。随着我国对外开放城市的增多，老的旅游景点的充实和新的旅游景点的增添，饭店设施的完善以及交通条件的改善，同 20 世纪 80 年代末相比，大多数来我国的旅游者在有限的旅行日程中增加了更多的城市，缩短了每个城市的逗留天数。但参观的景点并未明显减少，而仅仅是缩短了每个景点的游览时间，在客观上为导游员增加了景点导游的难度。这就要求导游员根据游览的景点布局按参观线路的顺序进行分解导游。当然，在带领旅游者进行逐项参观分解导游前，导游员应对整体景点的背景及参观的线路、停留的时间进行概括讲解，既照顾到个别需要单独活动的旅游者，又能使全团的客人对景点的轮廓和内容有个大体的了解。适时地运用这种导游法，有时可以避免浪费时间，避开拥挤的人群，吸引旅游者的注意力，增强导游的效果。

9．即兴讲解法

即兴讲解法，是指导游员在情急之下，调动自己的思维并发表讲解。即兴讲解法强调“快”与“动”，要在很短的时间内调动思维并流畅地遣词造句，是难度很大的一种讲解方法，它依赖于导游员丰富的知识内涵。一般来说，导游员做即兴讲解并不难，但要讲得很精彩就存在问题，即兴讲解不是即兴乱说。我们可以掌握以下一些技巧：

（1）讲解与游客相关的一切事情，如语言、职业、工作等，并用具体事情来表示某种感情。注意：游客是我们服务的对象，导游员应多使用柔性的服务用语。

（2）讲解当时的场景，如天气、景点的情况等。

（3）讲解游客感兴趣的问题，如果自己在这方面又很了解，可以详细地讲解。这样游客就会觉得你的知识很渊博。

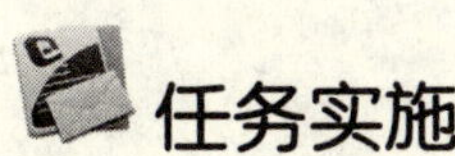

任务实施

任务 1-1 的实施步骤

【步骤一】帮助小廖学习导游活动的基本原则，在坚持计划性的基础上，学会灵活应变，随机处理。分析出小廖导游过程中存在的主要症结之后，建议他注意观察其他导游在讲解过程中采用的灵活应变的方法，并进行纠正训练。

【步骤二】发挥小廖准备认真、知识丰富的特长，令其讲解尽显专业水准，满足游客们的导游需求。同时，应帮助小廖树立良好、亲切的个人形象，用温和、幽默的语言增进导游与游客们之间的关系，避免给人留下严肃有余、活泼不足的不良印象。

任务 1-2 的实施步骤

【步骤一】帮助王辉认识书面语和口语之间的巨大差别，并领会其在日常表达中的不同功效。在选择（或写作）导游词时，应该根据对象确定不同的导游词。如果面对的是学历层次一般的市民，应该选择贴近生活、富于平民气息的导游词，同时不宜在其中引经据典，给人死板的印象；如果面对的是文化层次比较高的游客，可以适当增加名人诗词的比重，但是仍然应该注意尽量用口语化、生活化的语言加以表达，因为游客参加旅行团的目的是休闲、放松，而不是在旅途中学习。

【步骤二】王辉应该注意导游过程中的两个基本原则，即口头语言与身体语言相结合的原则，以及趣味性原则。在讲解的过程中，导游员应注意身体语言与口头语言的配合，从而做到情真意切，富于感染力。同时，在讲解过程中，导游员应该根据实际需要，不时加入一些大家感兴趣的内容，以吸引游客的兴致，调节旅途单调的气氛。

任务 1-3 的实施步骤

【步骤一】帮助分析郑小勇的优点和缺点。郑小勇的优点是做事认真，讲解前准备充分，有备无患；缺点是对灵活性原则注意不够，缺乏随机应变的经验，显得比较呆板。应加强随机应变能力的训练，面对突发情况能够迅速采取对策。

【步骤二】在游客提出临时的、新增的景物的讲解要求时，郑小勇应该迅速地利用自己的知识储备和讲解经验，组织一篇思路清晰、言语流畅的导游词，并即兴表达出来。

课堂训练与测评

（1）试用分段讲解法讲解自己熟悉的一个景点。

（2）试用虚实结合法讲解自己熟悉的一个景点。

（3）试用要点概括法讲解自己所在的城市。

（4）试用问答法讲解自己熟悉的一个景点。

（5）试用制造悬念法讲解自己熟悉的一个景点。

（6）请选取当地某一景区的资料，尝试运用两种以上的讲解方法将资料改编成导游词，并作模拟讲解。

任务 2　导游讲解风格的培养

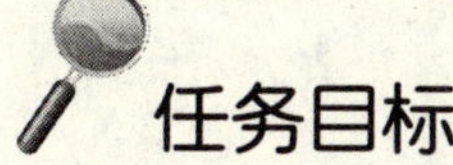

任务目标

- 掌握导游讲解风格的几种类型及风格形成的不同阶段。
- 掌握导游讲解风格形成的外部因素和主观因素。
- 能够根据主客观条件形成自己的导游风格，并能根据环境的变化改变风格。

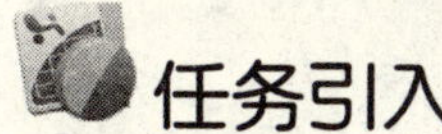

任务引入

➲ 任务 2-1

苗伟是广州某旅行社的导游。他接待了一个由广州某大学文学院的老师组成的旅游团，去肇庆旅游。苗伟的口才很好，之前带领许多市民参观时，均采用“海阔天空故事派”的风格讲解，得到了游客的好评。但是，这一次带领由大学文学院教师组成的旅游团，他的“海阔天空故事派”的风格不仅没有赢得掌声和笑声，反而激起了几位资深老教授的批评，认为语言过于浮夸。在你看来，苗伟现在存在的缺点是什么？

➲ 任务 2-2

小陈是刚刚从大学毕业的学生，现在一家旅行社做导游。因为她大学时所学的专业就是旅游管理，所以她觉得做导游是一件非常容易的事。在刚开始学习做导游时，她通过看导游书、背导游词、跟老导游上团等方式，觉得导游讲解可以按部就班，是一项很轻松的工作。因此，在准备导游词的过程中，她拿着书到景点逐个对，逐段背，深奥一些的内容也准备了一些。她认为，只要能把自己知道的景点知识说出来就是一名合格的导游。你认为小陈的观点有无问题？应该如何看待导游讲解？

任务分析

【任务 2-1】苗伟存在的问题是：虽然发挥了自己的特长，但是没有注意根据导游对象的差异采取不同的措施。之前他接待的游客多为文化程度一般的市民，因此适宜采用“海阔天空故事派”的讲解风格，但是，在接待大学文学院教师旅游团的时候则显得不太恰当。对于爱好文学、文化的对象来说，“咬文嚼字文学派”显得更为适合。在旅游景点的导游讲解中，苗伟应该增加对于书碑、匾额、对联等人文景点的介绍。

【任务 2-2】小陈的问题主要是对于导游词讲解风格形成的不同阶段认识不足，忽视了导游词讲解风格的形成不仅需要经过长时间的锻炼，还需要经历学习模仿、成熟定型和发展创新等几个主要阶段。由于没有意识到导游词讲解还有一个成熟、创新的要求，小陈只停留在背诵、讲出导游词的阶段，而忽略了游客的心理、讲解的风格和特点。导游员在讲解导游词的过程中，都存在一个长期磨砺、形成自己特点的过程，只有经历了实践的锻炼，才可能朝着更深的层次发展。

相关知识

导游讲解是一门艺术。所谓艺术，是指富有创造性的方式和方法，导游员必须根据不同的导游客体，即景点和游客以及不同游客的不同需要编讲不同的导游词。这一点从客观上表明了导游工作的艺术性和创造性。这种创造性既带有明显的个性色彩又极具针对性，既符合导游个性又符合游客需要，这就形成了导游风格。

一、导游讲解风格类型

如同其他艺术形式一样，风格相近的艺术会形成艺术流派，导游艺术也有流派。

1．海阔天空故事派

由于具有相似的文化背景、相同的宗教信仰、相近的思维方式，相当多的东南亚游客喜欢中国美丽的故事和动听的传说，而所有的人文景观背后都有一段历史掌故和民间传说。每一块石头、每一段石刻文字都可以述说一段有趣的故事，于是历史和杜撰、科学和神话、真实和虚构奇妙地交织在一起，有的娓娓动听，有的荒诞离奇，给本来就为游玩散心的游客带来一点轻松，还可作为饭后茶余的谈资。东南亚游客和国内游客通常喜欢这种风格的讲解。

2．咬文嚼字文学派

书碑、匾额、对联是历史的记录、景观的诠释。导游员既可以由此演绎出许多故事，也可就景观本身进行讲解。讲故事容易，游客听起来会觉得很轻松；而解释字面则往往枯燥无味，但恰到好处的一段文字会给人只可意会不可言传的奇妙感觉。

苏州拙政园中部的香洲是一座集桥、台、轩、榭、楼各种建筑美于一体的画舫，既有具象的模仿，又有抽象的集成。面对实例介绍中国人在“似与不似之间”的审美观和含蓄抽象的表意方式，解释不远处小山顶上“待霜亭”和网师园西部“殿春移”的寓意，文字的含义便被层层剥开，露出了思维的、哲理的内核，中国人的文学精神、文化精神由此可见一斑。文化层次较高的欧洲游客和国内游客，喜欢这种介绍。但是，这种风格类型不易掌握技巧，很难真正达到深入浅出。

3．字正腔圆播音派

旅游业的发展、成熟使导游从业人员的专业化水平迅速提高，旅游专业的毕业生大量补充进导游队伍。他们受过专业训练，有一定的导游基础和外语水平，好学而有悟性，讲解时能够较好地掌握语音语调和语速。现成的导游资料和导游词可以使他们很快进入角色，成为声情并茂、字正腔圆的播音派。他们的最大特点是，在向游客景点美感的同时，传递着语言的美感，真正是“有声有色”的完美结合。

二、导游讲解风格形成的阶段

1. 学习模仿

看导游书、背导游词、跟老导游上团，是所有导游第一阶段的必修课。有的导游员，会拿着书到景点逐个对、逐段背，深奥一些的内容，或不求甚解地照搬照说，或干脆略去不说，同时还自我解嘲："游客不爱听这些。"仅苏州园林的水，可谈的话题就不少："水随山转，山因水活，水是园林的魂，水造成了园林的空间、倒影，营造出宁静致远的意境。水在纵向上与小山形成对比，在横向上由于桥梁的分隔形成若干层次，增加源远流长的动感，动观流水静观山，总之，水是苏州园林中虚实、动静、远近、高下、阴阳对比中不可或缺的因素。正是这些对比，造就了苏州园林移步换景、处处入画的妙不可言的景致。"上述每一句话都可编出一大段导游词来。新导游短时间内不可能领会这么多，尽管记了、背了，实地导游时也往往用不上。如果只是干巴巴地说上一两句话，只知其一，不知其二，无法扩展内容，索性不说。经过多次的实地导游，有那么一天，你会突然发现，远处的水分为几条支流潺潺而来，围着山转一圈又流回去，水在眼前动起来，"水随山转，山因水活"的诗句突然冒了出来。一种灵感，一种一点就通的兴奋感顿时产生，于是导游词中立即增加了一段生动的内容。也许又一个冬季，光秃秃的树枝在水中倒映着水墨画般的枝条，"半潭秋水一房山"的诗句突然涌上心头。于是，在解释这副对联时，又多了一点切身的感觉。初学阶段的强记、硬背，无论当时是否用得上，都为以后的逐步理解、领会、融会贯通打下了基础。这一阶段的导游，都是在"讲我知道的"，只顾着把刚学到的知识说出去，根本无暇留意游客的心理，更不可能"讲你想知道的"。经过长期实践，通过了解游客的各种反应，以及他们或赞许或疑惑的目光，对导游词逐一取舍。经过一次次突发灵感的"觉悟"和对导游词的筛选，进入了导游的第二阶段。

2. 成熟定型

成熟的导游员必须具备以下三种能力：①驾驭语言的能力。"简洁是才能的姐妹"。旅游者在景观处的逗留时间有限。这期间既要观赏，又要拍照，还要听讲解，更要回味，导游员的讲解就不能太啰唆，语言必须精练。②驾驭游客情感的能力。如果一名导游员出色地驾驭了语言，言辞达意，就会对游客产生吸引力，同时，导游员能用自己的心去感受景观、体会景观、传达这种感觉，游客就会被感染。不要以为曾去过这些景点无数次，闭着眼睛也能描绘出景色，其实，景点的四季景色各不相同，春晓秋雾夏雨冬雪感觉也不一样。导游要永远保持新鲜感，要打动游客，自己先要受感动。③驾驭导游技巧的能力。下面是几个不可或缺的导游技巧。

（1）铺垫景点的讲解要简练。例如，建造苏州园林的社会原因、园林的封闭性、园外小巷的必要性，以及园主与山水同在的退隐意识等，都要交代。

（2）各有侧重。苏州园林虽各有特点，但在旅游者看来，不免大同小异。导游讲解应力避重复"同"，而应侧重各自的"异"。到拙政园讲解水面处理，它的舒展空阔和山水画的关系；进留园后，高墙窄弄的逼仄感和拙政园的平远山水对比强烈，因此，着重介绍留园的空间处理更能让游客体会其妙处。网师园则小巧玲珑，可居、可行、可画、可听、可思，典型的住宅花园特点。

（3）比较。为了让游客有深层的认识，需要把皇家花园和私家花园作比较，把对称的、树木修剪成几何状的、草坪设置喷泉和雕塑的西方花园与中国花园作比较。不仅是外观上的比较，还可作理念上的比较。日本的枯山水园林，虽然承袭了中国一池三岛的观念，但枯山水则以更为抽象的、理念的形式，以砂石象征沙滩，引申为水，替代中国园林中的水。通过各类比较，眼前的景物特征才能明朗清晰，丰满完整。据问卷调查，80%的导游经常将所讲内容与所在园相关内容作比较。

（4）呼应。对各景观相关、相同部分的介绍不要重复，但要主线明确，前后呼应。如长廊及廊间书条石的曲直对比、黑白对比，粉墙前竹与石的阴柔与阳刚、真与假的对比，亭台楼阁空间处理中的虚实对比，驳岸犬牙交错的阴阳、动静对比，乃至墙角边芭蕉与竹影的阴晴对比……所有这些，都以中国哲学思想为主线贯穿其中，有立意，有说明，前呼后应，成为一篇完整的文章。

3．发展创新

导游风格没有固定的模式，只要用心，进入发展创新阶段并不难。问卷调查结果表明，在导游经验的积累过程中，18%的人经历了否定自我的阶段，55%的人有所创新，其实这两者应该有密切的联系，不否定过去的我，很难创造一个新的我。这里所说的创新，范围很广，大到某个学术观点，小到导游技巧和导游词。不少导游员在长年的积累过程中自如地运用了许多讲解技巧，讲史实，虚实结合，穿插传说与故事，让客人在轻松愉快的氛围中加深印象；讲年代，参照类比，用游客所在国的相应年代表述；讲数字，用看得见、摸得着的事物比照。这样的讲解就比课堂讲解更加生动、有趣，印象更深刻。

导游虽然不是专家，但在实践中，也可能发表比较专业的意见。拙政园中部历来种荷，周围建筑也以荷命名，如“荷风四面”、“远香堂”、“藕香榭”。园中年年种荷花，近两年办荷展，硕大的荷花荷叶高出水面一米多，盖满了整个池塘。从未见过荷花的游客称赞它的美丽，但是从造园原理加以分析，从直观角度进行鉴赏，实在难以恭维。因为荷叶盖满池塘，看不到水面，园中以水为景的优势丧失殆尽。但是，古人种荷又是怎么回事呢？那时人们把荷花种在缸里，再把缸埋在池底，水芙蓉较少，且出污泥而不染，亭亭玉立，可以想象它的美丽。导游的讲解是需要动脑筋分析的，不能盲从，仁者见仁，智者见智，要讲出自己的见地，创作出自己的导游词。我国的旅游业是朝阳产业，导游是年轻的职业，历史赋予导游一个极好的发展机遇，丰富的景观为导游提供了一个无限广阔的施展才能的舞台。每个导游都应根据自己的特点、特长，寻找自己的位置，并根据导游成长、成熟的客观规律，刻苦学习，努力工作，尽快缩短发展进程，成为有风格色彩、有人格魅力的导游。

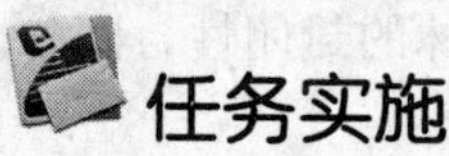

任务实施

任务 2-1 的实施步骤

【步骤一】帮助苗伟分析其导游词讲解的特点，指出其导游讲解风格类型单一的问题，使其能够根据不同游客的文化、工作和需要来调整讲解内容和导游风格，以便有的放矢，取得好的导游效果。

【步骤二】 苗伟应该在平时多注意文化积累，尤其要经常储备导游的一些景点的历史和文化知识，以备不时之需。同时，为了提高自身的文化素质，他还应该坚持学习，尤其是历史知识、文化典故、风俗文化等内容，应多在平时积累。

任务 2-2 的实施步骤

【步骤一】 帮助小陈认识导游词讲解风格形成的不同阶段，充分认识到导游工作的长期性和挑战性，使其知道导游工作需要经历学习模仿、成熟定型和发展创新等几个主要阶段。因此，导游词讲解不能只停留在背诵、讲出导游词的阶段，而应该充分考虑到游客的心理、讲解的风格和景点的实际等各种情况。

【步骤二】 小陈应该树立长期学习和锻炼的思想。导游员导游讲解风格的形成，存在一个不断锻炼、认识自我和形成特点的过程，只有在充分的实践中才能朝着更高的目标前进。

课堂训练与测评

（1）假设你接待的旅游团是某大学人文学院教师旅游团，请选取当地一处景点，根据游客的身份和文化程度，采用“咬文嚼字文学派”的风格作模拟讲解。

（2）假设你接待的旅游团是某中学学生旅游团，请选取当地一处景点，根据游客的身份和文化程度，采用“海阔天空故事派”的风格作模拟讲解。

项目7 导游应变技能

任务1 漏接、空接、错接事故的预防与处理

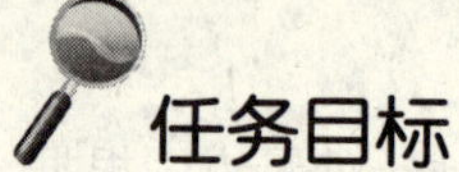

任务目标

- 熟悉漏接、空接、错接事故的内容及原因。
- 掌握漏接、空接、错接事故的预防及处理措施。

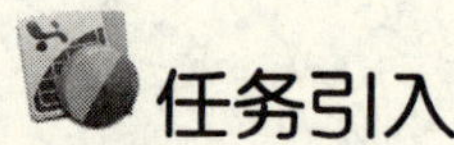

任务引入

➲ 任务1-1

9月20日上午8:30，广州某旅行社门市接待人员接到杭州组团社电话，原定于21日下午6:40到达的旅游团，因出发地订票的原因，改为21日上午10:20提前到达，须提前接站。门市接待人员因有急事，在未能和旅行社计调取得联系的情况下，就在计调的办公桌上留下便条告知此事，然后离去。计调回社后，没有注意到办公桌上的便条，直到21日上午10:50，组团社全陪从白云机场打来电话，计调才知此事。请问：如果你是地接，你会如何处理此事？

➲ 任务1-2

某旅游团计划于10月1日上午10:00乘CA3451航班由广州飞抵成都，导游员小张按接待计划上的时间前往机场，但未能接到该团，如果你是小张，你会怎么办？当得知该团将于第二天上午抵达时，你又该如何处理？

➲ 任务1-3

甲社的导游员把乙社的一个旅游团误认为是自己的团而接走，车抵饭店才发现接错了。请问，导游员该如何处理此事？如果你是地陪，为防止此类事故发生，应从哪些方面着手？

任务分析

【任务 1-1】杭州旅游团一行到达白云机场后没有地陪导游来接，属于漏接事故。造成漏接事故的原因是广州某旅行社工作人员的疏忽，没有将航班变更、游客提前到达时间告诉导游，但不管是何种原因，都会招致游客的抱怨、发火甚至投诉。地陪要详细地向游客说明情况，诚恳地赔礼道歉，并积极采取补救措施，更好地做好服务工作，挽回影响。

【任务 1-2】没有接到旅游团，属于空接事故。导游必须查明旅游团的去向，在查明旅游团去向之前，原则上应与司机在接站点等候，没有得到旅行社的准确答复，不可离开。当得知该团将于第二天上午抵达时，必须重新安排食宿、游览及接团事宜。

【任务 1-3】错接了旅游团，造成的后果是严重的，真正要接的旅游团没有接来，旅游团还有可能在机场等候或被其他人接走。错接事故发生后，导游人员要迅速报告旅行社，尽快搞清楚团队归属，再作具体处理。作为导游，要有责任心，重视错接事故的预防措施。

相关知识

一、漏接

1. 漏接事故的原因分析

漏接是指旅游团（者）抵达一站后，无导游人员迎接的现象。导致漏接的原因是多方面的，并不都是导游人员的责任。对游客来说，无论是哪方面的原因都是不应该的，因此，游客见到导游人员后都会抱怨、发火甚至投诉，这都是正常的。这时，导游人员应设身处地为游客着想，尽快消除游客的不满情绪，做好工作，挽回影响。

（1）由于导游人员的主观原因造成漏接

1）导游人员未按预定的时间抵达接站地点。

2）导游人员工作疏忽，将接站地点搞错。

3）由于某种原因，旅游团原定乘坐的交通工具班次或车次变更，使旅游团提前抵达，但导游人员没有认真阅读变更后的计划，仍按原计划去接团。

4）新旧时刻表交替，导游人员没有查对新时刻表，仍按旧时刻表时间去接团。

（2）客观原因造成的漏接

1）由于交通部门的原因，原定班次或车次变更，旅游团提前到达，但接待社有关部门没有接到上一站旅行社的通知。

2）本站接待社接到上一站变更通知，但没有及时通知该团导游人员。

2. 漏接事故的预防

（1）认真阅读计划　导游人员接到任务后，应了解旅游团抵达的日期、时间、接站地点（具体是哪个机场、车站、码头），并亲自核对清楚。

（2）核实交通工具到达的准确时间　旅游团抵达的当天，导游人员应与旅行社有关部门联系，弄清班次或车次是否有变更，并及时与机场（车站、码头）联系，核实抵达的确切时间。

（3）提前抵达接站地点　导游人员应与司机商定好出发时间，留出充足的行车时间，保证按规定提前半小时到达接站地点。

3．漏接事故的处理

由于主观原因造成的漏接，导游人员应实事求是地向游客说明情况，诚恳地赔礼道歉，用自己的实际行动，如提供更加热情周到的服务，来取得游客的谅解。另外，还可采取弥补措施，高质量地完成计划内的全部活动内容。

由于客观原因造成的漏接，导游人员不要认为与己无关而草率行事，应该立即与旅行社有关部门联系以查明原因，并向游客进行耐心细致的解释，以防引起误解，与此同时，应尽量采取弥补措施，努力完成接待计划，使游客的损失降到最低。必要时，请旅行社领导出面赔礼道歉，或酌情给游客一定的物质补偿。

二、空接

空接是指旅游团由于某种原因推迟抵达某站，导游人员仍按原计划预定的班次或车次接站而没有接到旅游团。

1．空接事故的原因

（1）接待社没有接到上一站的通知　由于天气原因或某种故障，旅游团（者）仍滞留在上一站或途中。而上一站旅行社并不知道这种临时的变化，没有通知下一站接待社。此时，全陪或领队也无法通知接待社。

（2）上一站忘记通知　由于某种原因，上一站旅行社将该团原定的航班或车次变更，变更后旅行团推迟抵达。但上一站有关人员由于工作疏忽，没有通知下一站接待社，造成空接。

（3）接待社忘记通知地陪更改计划　接到了上一站的变更通知，但接待社有关人员没有及时通知该团地陪，造成空接。

（4）游客本身原因　由于游客本人生病、急事或其他原因，临时决定取消旅游，没乘飞机或火车前往下一站，但又没及时通知下一站接待社，造成空接。

2．空接事故的处理

（1）导游人员应立即与本社有关部门联系，查明原因。

（2）如推迟时间不长，可留在接站地点继续等候，迎接旅游团的到来，同时通知各接待单位。

（3）如推迟时间较长，导游人员应按本社有关部门的安排，重新落实接团事宜。

三、错接

错接是指导游人员接了不应由他接的旅游团（者），错接属于责任事故。

1．错接事故的预防

（1）导游人员应提前到达接站地点迎接旅游团。

（2）接团时认真核实相关事务。导游人员要认真逐一核实游客客源地、旅游目的地、组团旅行社的名称、旅游团的代号和人数、全陪或领队姓名（无全陪或领队的团要核实游客的姓名）、下榻饭店等。

（3）警惕并严防社会其他人员非法接走旅游团。

2. 错接事故的处理

（1）若错接发生在同一家旅行社接待的两个旅游团，导游人员应立即向相关领导汇报，经领导同意，地陪可不再交换旅游团，全陪应交换旅游团并向游客道歉。

（2）若错接的是另外一家旅行社的旅游团，导游人员应立即向旅行社领导汇报，设法尽快交换旅游团，并向游客实事求是地说明情况并诚恳道歉。

（3）如果自己应接的团队还在机场、车站、码头，无人迎接，应立即报告旅行社尽快安排接站。

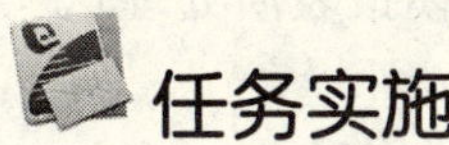

任务实施

任务 1-1 的实施步骤

【步骤一】 以最快的速度，带车到达火车站。

【步骤二】 实事求是地向游客说明情况，诚恳地赔礼道歉，力求游客的谅解。

【步骤三】 必要时请旅行社的领导出面赔礼道歉或酌情给游客一定的物质补偿，如小礼品。

【步骤四】 用更加热情周到的服务，高质量地完成计划内的全部活动内容，以消除因漏接给游客带来的不愉快。

任务 1-2 的实施步骤

【步骤一】 应马上与旅行社联系。

【步骤二】 得知该团将于第二天上午抵达成都，应通知膳宿接待单位退掉当天的餐宿，预订第二天的餐宿。

【步骤三】 重新安排在成都的活动日程。

【步骤四】 与司机商定第二天接团的时间。

任务 1-3 的实施步骤

错接事故发生后的处理步骤如下：

【步骤一】 尽快与甲旅行社联系，报告所发生的情况，并与所要接的团队全陪取得联系，了解到目前所要接的团队情况，是被他人接走了，还是仍在机场等候。

【步骤二】 安抚错接团队游客的情绪并致歉，尽快搞清楚团队归属，报告乙旅行社。

【步骤三】 向甲旅行社领导汇报后，要设法尽快交换旅游团，向游客如实地说明情况并致歉。

防止错接事故发生的措施如下：

【步骤一】 站在出站口醒目的位置上举起接站牌，以便领队、全陪（或游客）前来联系。

【步骤二】 主动根据游客的民族特征、衣着、组团社的徽记等分析判断或上前委婉询问。

【步骤三】及时找到领队和全陪，问清姓名、国别（地区）、团号和人数。
【步骤四】如该团无领队和全陪，应与该团成员核对团名、国别（地区）及团员姓名等。

课堂训练与测评

(1)导游小吴前往机场接由G市飞往A市的一对英国夫妇，他们乘坐的航班是CZ2578，该航班于北京时间9:30起飞，于11:30抵达A市。小吴在途中接到旅行社计调部张经理打来的电话，说该夫妇改乘9:00的航班，已于11:00到达机场，要他迅速赶到机场去接。当小吴到达机场，他又接到张经理的电话，告知他客人已自行打车到饭店了。若你是小吴，你该怎么办？问题出在哪里？

（2）小郝是旅游管理专业的学生，刚取得导游证，他想利用暑期到旅行社带团实践，旅行社派他去机场接一个来自上海的“广东五日游”旅游团，当他把游客接到东方宾馆时才发现接错了团，请扮演小郝（找其他同学扮演旅行社领导和游客等），模拟表演处理这一事故的过程。

任务2 误机（车、船）事故的预防与处理

任务目标

- 了解造成误机（车、船）事故的原因。
- 掌握误机（车、船）事故的预防措施。
- 能正确处理误机（车、船）事故。

任务引入

DH1156团将于10月2日15:30乘火车离A市赴D市。地陪小王带领该团游览了大昭寺后，于13:00将该团带到市中心购物。13:40全团上车后，发现少了两名客人。于是小王让领队照顾全团在原地等候，自己和全陪分头去找这两名客人。等找到客人，回到车上时，离火车开车时间只有20分钟了。驾驶员立即开车，但是当汽车抵达火车站时，火车已驶离站台，如果你是小王，你会怎么处理这件事？

任务分析

这是属于导游安排不当造成的误车事故。小王在旅游团即将乘火车离开本地前，不应安排到市中心购物，丢失客人后也不应该和全陪分头去找人，而是应将车票交给全陪，请他带团前往火车站，小王找到客人后再坐出租车赶往火车站。事故既然发生了，导游应该积极采取补救措施，弥补过错，挽回影响。

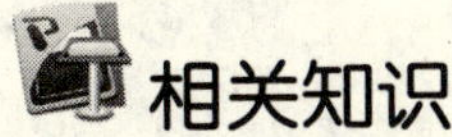

相关知识

一、误机（车、船）事故的原因

1．非责任事故

非责任事故是指由于游客方面原因或途中遇到交通事故、严重堵车、汽车发生故障等突发情况造成的迟误。

2．责任事故

责任事故是指由于导游人员或旅行社其他人员工作上的差错所造成的迟误。

（1）导游人员安排日程不当，没有按规定提前到达机场（车站、码头）。

（2）导游人员没有认真核实交通票据；交通工具班次已变更，但旅行社有关人员没有及时通知导游人员等。

二、误机（车、船）事故的预防

地陪、全陪要提前做好旅游团离站交通票据的落实工作，并核对日期、班次、时间、目的地等。如果交通票据没落实，带团期间要随时与旅行社有关部门联系，了解班次有无变化。

临行前不安排旅游团到范围广、地域复杂的景点参观游览，不安排旅游团到热闹的地方购物或自由活动。尽可能安排充裕的时间去机场（车站、码头），保证旅游团按以下规定时间到达离站地点：乘国内航班，要提前 1.5 小时到达机场；乘国际航班出境或去沿海城市的航班要提前 2 小时到达机场；乘火车则要提前 1 小时到达火车站。

三、误机（车、船）事故的处理

（1）导游人员应立即向旅行社领导及有关部门报告，请求协助。

（2）地陪和旅行社尽快与机场（车站、码头）联系，争取让游客乘最近班次的交通工具离开本站，或采取包机（车厢、船）或改乘其他交通工具前往下一站。

（3）稳定旅游团（者）的情绪，安排好在当地滞留期间的食宿、游览等事宜。

（4）及时通知下一站，对日程作相应的调整。

（5）向旅游团（者）赔礼道歉。

（6）写出事故报告，查清事故的原因和责任，相关责任者应承担经济损失并受处分。

任务实施

【步骤一】立即与车站调度室联系，商量怎样尽早让旅行团离开本地。

【步骤二】报告旅行社领导，请示处理意见。

【步骤三】请旅行社有关部门安排好该团的食宿。

【步骤四】请旅行社有关部门通知 D 市接待旅行社，告之该团不能按原计划抵达 D 市。

【步骤五】安排好该团离开 A 市前的游览活动。

【步骤六】妥善处理行李。

【步骤七】离开A市的车次确定后，提醒内勤及时通知D市接待旅行社。

课堂训练与测评

（1）某旅游团在哈尔滨旅游后，乘旅行社大巴赶往火车站，准备去下一站海拉尔，在前往火车站的途中，其他车辆发生了重大的交通事故，造成严重的堵车，时间一点一点过去，车子在短时间内还是无法通行，作为导游，面对这种情况应该如何处理？

（2）导游在旅游团抵达前五天拿到接待计划，并领到该团前往桂林的机票。由于当时飞往桂林的CZ9241航班一直是每日12:10起飞的，所以导游凭经验并未审核机票，其他人员也未提及。实际上当日此航班已变更为10:10起飞，当团队在10:15抵达时，飞机已经起飞，如果你是导游，你会如何处理这一误机事故？

任务3　旅游安全事故的预防与处理

任务目标

- 掌握交通事故、治安事故、火灾事故、食物中毒等旅游安全事故的预防措施。
- 能正确处理各种旅游安全事故。

任务引入

广州的旅游团在四川旅游，在从九寨沟去黄龙的路上，一个急转弯，车子撞到了路边的山岩上，前面靠窗的三位游客受伤了，面对这种突如其来的交通事故，作为导游，你应该如何处理？

任务分析

游程中出现的交通事故，不是导游人员所能预料、控制的。遇有交通事故发生，只要导游人员没有负重伤，神智还清楚，就应立即采取措施，冷静、果断地处理事故，并做好善后工作。

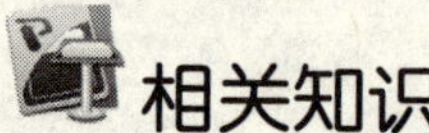

相关知识

国家旅游局在《旅游安全管理暂行办法实施细则》中规定：凡涉及游客人身、财产安全的事故均为旅游安全事故。旅行社接待过程中可能发生的旅游安全事故，主要包括交通、治安、火灾、食物中毒等事故。

一、交通事故的预防和处理

1．交通事故的预防

导游人员在接待工作中应该具有安全意识，协助司机做好安全行车工作。接待游客前，要提醒司机检查车辆，发现事故隐患要及时提出更换车辆的建议。导游人员在安排活动日程的时间上要留有余地，不催促司机为抢时间、赶日程而违章、超速行驶。遇有天气不好、交通拥挤、路况不好等情况，要主动提醒司机注意安全、谨慎驾驶。导游人员应阻止非本车司机开车。要提醒司机不要饮酒。如遇司机酒后开车，导游人员要立即阻止，并向旅行社领导汇报，请求改派其他车辆或调换司机。

2．交通事故的处理

由于交通事故类型不同，处理方法也很难统一，一般情况下，导游人员应采取如下措施应对交通事故。

（1）立即组织抢救　发生交通事故出现伤亡时，导游人员应立即组织现场人员迅速抢救受伤的游客，特别是抢救重伤员。

（2）保护现场，立即报案　事故发生后，不要在忙乱中破坏现场，应指定专人保护现场，并尽快通知交通、公安部门（交通事故报警台电话是122），请求派人来现场调查处理。

（3）迅速向旅行社汇报　将受伤者送往医院后，导游人员应迅速向接待社领导报告交通事故及游客伤亡的情况，听取下一步的工作安排。

（4）做好全团游客的安抚工作　交通事故发生后，导游人员应做好团内其他游客的安抚工作，继续组织安排好参观游览活动。事故原因查清后，要向全团游客说明情况。

（5）写出书面报告　交通事故处理结束后，导游人员要写出事故报告，其内容包括：事故的原因和经过；抢救经过、治疗情况；事故责任及对责任者的处理；游客的情绪及对处理的反应等。报告力求详细、准确、清楚（最好和领队联署报告）。

二、治安事故的预防和处理

在旅游活动过程中，遇到坏人行凶、诈骗、偷窃、抢劫，导致游客身心及财物受到不同程度的损害，统称治安事故。

1．治安事故的预防

导游人员在接待工作中要时刻提高警惕，采取有效措施防止治安事故的发生。

（1）提醒游客不要将房号随便告诉陌生人；不要让陌生人或自称饭店维修人员随便进入房间；出入房间锁好门，尤其是夜间不可贸然开门，以防止发生意外；不要与私人兑换外币等。

（2）进住饭店后，导游人员应建议游客将贵重财物存入饭店保险柜，不要随身携带或放在房间内。

（3）离开游览车时，导游人员要提醒游客不要将证件或贵重物品遗留在车内。游客下车后，导游人员要提醒司机关好车窗、锁好车门。

（4）在旅游活动中，导游人员要始终和游客在一起，注意观察周围的环境，经常清点人数。

（5）汽车行驶途中，不得停车让无关人员上车，若有不明身份者拦车，导游人员要提醒司机不要停车。

2. 治安事故的处理

导游人员在陪同旅游团（者）参观游览过程中遇到治安事故时，必须挺身而出保护游客，绝不能置身事外，更不得临阵脱逃。一旦发生治安事故，导游人员应做好如下工作：

（1）保护游客的人身、财产安全　若歹徒向游客行凶、抢劫财物，在场的导游人员应毫不犹豫地挺身而出，勇敢地保护游客，并立即将游客转移到安全地点，力争与在场群众、当地公安人员缉拿罪犯。

（2）立即报警　治安事故发生后，导游人员应立即向当地公安部门报案并积极协助破案。报案时要实事求是地介绍事故发生的时间、地点和经过，提供作案者的特征，受害者的姓名、性别、国籍、伤势，以及损失物品的名称、数量、型号、特征等。

（3）及时向领导报告　导游人员要及时向旅行社领导报告事故发生的情况并请求指示，情况严重时应请领导前来指挥、处理。

（4）安抚游客的情绪　治安事故发生后，导游人员应采取必要措施安抚游客的情绪，努力使旅游活动顺利地进行下去。

（5）写出书面报告　导游人员应写出详细、准确的书面报告，报告除上述内容外，还应写明案件的性质、采取的应急措施、侦破情况、受害者和旅游团其他成员的情绪及有关反应、要求等。

（6）协助领导做好善后工作　导游人员应在领导的指挥下，准备好必要的证明、资料，处理好各项善后事宜。

三、火灾事故的预防和处理

1. 火灾事故的预防

在旅游活动中，为了防止火灾事故的发生，导游人员应提醒游客不携带易燃、易爆物品，不乱扔烟头和火种。向游客讲明交通运输部门的有关规定，不得将不准作为行李运输的物品夹带在行李中。

为了保证游客在火灾发生时能够尽快疏散，导游人员应做好以下两项工作。

（1）熟悉饭店楼层的太平门、安全出口、安全楼梯的位置及安全转移的路线，并向游客介绍。

（2）导游人员应牢记火警电话（119），掌握领队和游客所住房间的号码。

2. 火灾事故的处理

一旦发生火灾，导游人员应立即报警并迅速通知领队及全团游客。配合有关工作人员，听从统一指挥，迅速通过安全出口疏散游客。

如果情况紧急，千万不要搭乘电梯或匆忙跳楼，导游人员要镇定地判断火情，引导大家自救；若身上着火，可就地打滚，或用厚重衣物压灭火苗；必须穿过浓烟时，要用浸湿的衣物披裹身体，捂着口鼻，贴近地面顺墙爬行；大火封门无法逃出时，可用浸湿的衣物、被褥堵塞门缝或泼水降温，等待救援；摇动色彩鲜艳的衣物呼唤救援人员。

游客得救后，导游人员应立即组织抢救受伤者，若有重伤者应迅速送往医院，若有人死亡，要按有关规定处理；采取各种措施安抚游客的情绪，解决因火灾造成的生活方面的困难，设法使旅游活动继续进行；协助领导处理好善后事宜；写出翔实的书面报告。

四、食物中毒

游客因食用变质或不干净的食物常会发生食物中毒。其特点是潜伏期短、发病快且常常集体发病，若抢救不及时会有生命危险。

发现游客食物中毒，导游人员应尽快采取相应措施：设法让食物中毒者催吐并多喝水以加速排泄，缓解毒性；立即将患者送医院抢救，请医生开具诊断证明；迅速报告旅行社并追究供餐单位的责任。

为防止食物中毒事故的发生，导游人员应谨记：严格执行在旅游定点餐厅就餐的规定；提醒游客不要在小摊上购买食物；用餐时，若发现食物、饮料不卫生，或有异味变质的情况，导游人员应立即要求更换，并要求餐厅负责人出面道歉，必要时向旅行社领导汇报。

任务实施

【步骤一】立即组织现场人员迅速抢救受伤的游客。

【步骤二】指定全陪保护现场，并尽快通知交通、公安部门，请求派人来现场调查处理。

【步骤三】将受伤者送往医院后，迅速向接待社领导报告交通事故及游客受伤的情况，听取下一步的工作安排。

【步骤四】做好团内其他游客的安抚工作，继续组织安排好参观游览活动。事故原因查清后，向全团游客说明情况

【步骤五】写出事故报告，内容包括：事故的原因和经过；抢救经过、治疗情况；事故责任及对责任者的处理；游客的情绪及对处理的反应等。

课堂训练与测评

（1）某旅游团在内蒙古旅游时，下榻在一个三星级饭店，住在第五层和第六层，在晚上 11 点的时候，刚睡熟的人们在急促的火警声中被惊醒，饭店第三层着火了，此时此刻，作为导游，你应该怎么做？

（2）在你带团的过程中，客人因食用蟹发生集体食物中毒，每位同学扮演导游的角色（演导游时，找其他同学扮演客人），处理这一食物中毒事故。

任务 4　旅游者遗失证件、钱物、行李的预防与处理

任务目标

- 掌握在旅游过程中预防游客遗失证件、钱物、行李的措施。
- 能妥善处理游客证件、钱物、行李遗失事故。

任务引入

➲ 任务 4-1

某旅游团从 A 地飞往 B 地，在 A 地机场办理登机手续时，要求检查护照。全陪匆匆地向游客收取护照，办理完登机手续后，他随手将护照递给了领队，自己向游客分发登机牌。到 B 地后，游客约翰告诉全陪他的护照不见了，还说在 A 地机场收护照后没有还给他，但领队说他肯定将护照还给了约翰。如果你是全陪，该怎么处理？什么才是导游员对待游客的护照等证件的正确态度？

➲ 任务 4-2

导游员小胡接待的某旅游团原计划于 10 月 20 日 18:00 乘飞机飞离 B 市到 H 市。19 日晚饭后，小胡突然接到内勤通知，该团因故必须乘 20 日 9:00 的航班提前离开 B 市。该团即将抵达机场时，团员史密斯夫人神色慌张地告诉小胡，她将一枚钻石戒指遗忘在饭店梳妆桌上，要求立即返回饭店。如果你是小胡，接到内勤变更通知后，应如何处理？得知史密斯夫人将戒指遗失时又该如何处理？

任务分析

【任务 4-1】这是一起涉及外国游客丢失证件的事故。没有护照游客回不了国，导游要帮助游客寻找或重新补办护照。在 A 地机场，全陪的做法有不妥之处：一是需要证件时不应由全陪直接向游客收取，用完后应将证件交还领队，且应当面点数；二是不应由全陪发登机牌，而应该由领队发。

【任务 4-2】导游首先面临的是由于特殊的原因需要缩短旅游团在本地游览时间的问题，需要妥善处理。接着，旅游团即将抵达机场时，又得知外国游客将贵重物品遗忘在饭店，要求返回去寻找，如何在确保不影响行程的情况下，使钻石戒指物归原主，这是导游必须要帮助解决的问题，应该妥善进行处理。

相关知识

一、遗失证件、钱物、行李的预防

旅游期间，经常会发生游客丢失证件、钱物、行李的事情，这种情况的发生不仅给游客造成诸多不便和一定的经济损失，也给导游人员的工作带来不少麻烦和困难。因此，导游人员应经常提醒游客在这些方面的安全性，采取各种措施预防此类问题的发生。

（1）做提醒工作。参观游览时，导游人员要提醒游客带好随身物品和提包；在热闹、拥挤的场所和购物时，导游人员要提醒游客保管好自己的钱包、提包和贵重物品；离开饭店时，导游人员要提醒游客带好随身行李物品，检查旅行证件是否带齐。

（2）导游人员在工作中需要游客的证件时，要经由领队收取，用毕立即如数归还，不要代为保管；还要提醒游客保管好自己的证件。

（3）切实做好每次行李的清点、交接工作。

（4）游客下车后，导游人员每次都要提醒司机清车、关窗，并锁好车门。

二、遗失证件的处理

当游客丢失证件时，导游人员应先请游客冷静地回忆，详细了解丢失情况，尽量协助寻找。如确已丢失，应马上报告地接社，由地接社同组团社联系，根据组团社或接待社的安排，协助游客向有关部门报失，补办必要的手续。所需费用由游客自理。

1. 遗失外国护照和签证

（1）由旅行社出具证明。

（2）请失主准备照片。

（3）失主本人持证明去当地公安局（外国人出入境管理处）报失，由公安局出具证明。

（4）持公安局的证明去所在国驻华使、领馆申请补办新护照。

（5）领到新护照后，再去公安局办理签证手续。

2. 补办团队签证

补办团队签证须有签证副本和团队成员护照，并重新打印全体成员名单，填写有关申请表（可由一名游客填写，其他成员附名单），然后到公安局（外国人出入境管理处）进行补办。

3. 遗失中国护照和签证

（1）华侨遗失护照和签证

1）失主准备照片。

2）当地接待旅行社开具证明。

3）失主持遗失证明到省、市、自治区公安局（厅）或授权的公安机关申请办理新护照。

4）持新护照去其侨居国驻华使馆办理入境签证手续。

（2）中国公民出境旅游时遗失护照、签证

1）请当地陪同协助在接待社开具遗失证明，再持遗失证明到当地警察机构报案，取得警察机构开具的报案证明。

2）持当地警察机构的报案证明和遗失者照片及有关护照资料到我国驻该国使、领馆办理新护照。

3）新护照领到后，携带必备的材料和证明到所在国移民局办理签证。

4. 遗失港澳居民来往内地通行证

失主持当地接待旅行社的证明向遗失地的市、县公安部门报失，经查实后由公安机关的出入境管理部门签发一次性有效的《中华人民共和国出境通行证》。

5. 遗失我国台湾同胞旅行证明

失主向遗失地的中国大陆旅行社或户口管理部门或侨办报失，核实后发给一次性有效的出入境通行证。

6. 遗失中华人民共和国居民身份证

由当地旅行社核实后开具证明，失主持证明到公安局报失，经核实后开具身份证明。

三、遗失财物的处理

游客遗失财物，导游人员要详细了解遗失物的形状、特征、价值，分析物品遗失的可能时间和地点并积极帮助寻找。若遗失的是进关时登记并须带出境的或保险的贵重物品，接待旅行社要出具证明，失主持证明到当地公安局开具遗失证明，以备出海关时查验或向保险公司索赔。

证件、财物特别是贵重物品被盗是治安事故，导游人员须立即向公安部门和保险公司报案，协助有关人员查清线索，力争破案，找回被盗窃证件、物品，挽回不良影响；若找不回被盗物品，导游人员要协助失主持旅行社的证明到当地公安机关开具失窃证明书，以便出关时查验或向保险公司索赔；同时还要提供热情周到的服务，安慰失主，缓解其不安情绪。

四、遗失行李的处理

1. 来华途中遗失行李

海外游客的行李在来华途中遗失，虽然不是导游人员的责任，但应帮助游客追回行李。

（1）失主到机场失物登记处办理行李遗失和认领手续。失主须出示机票及行李牌，详细说明始发站、转运站，说清楚行李件数以及遗失行李的大小、形状、颜色、标记、特征等，并一一填入失物登记表；将失主要下榻饭店的名称、房间号和电话号码（如果已经知道的话）告诉登记处，并记下登记处的电话和联系人，记下有关航空公司办事处的地址、电话，以便联系。

（2）游客在当地游览期间，导游人员要不时打电话询问寻找行李的情况，一时找不回行李，要协助失主购置必要的生活用品。

（3）如果离开本地前行李还没有找到，导游人员应帮助失主将接待旅行社的名称、全程旅游线路以及各地可能下榻的饭店名称转告有关航空公司，以便行李找到后运往最适宜地点交还失主。

（4）行李确系遗失，失主可向有关航空公司索赔。

2. 在中国境内遗失行李

游客在中国境内旅游期间遗失行李，一般是交通部门或行李员的责任，但导游人员应高度重视，负责查找。

（1）冷静分析情况，找出差错的环节。

1）如果游客在出站前领取行李时找不到已托运的行李，很有可能是在上一站行李交接或行李托运过程中出现了差错，此时，导游人员可采取以下措施：①带失主到失物登记处办理行李遗失和认领手续。由失主出示机票和行李牌，填写遗失行李登记表。②立即向旅行社领导汇报，请其安排有关部门和人员与机场、上一站旅行社、民航等单位联系，积极寻找。

2）如果游客抵达饭店后仍旧没有拿到行李，则问题可能出在饭店内或本地交接或运送行李过程中，此时，地陪应采取如下措施：①和全陪、领队一起先在本团成员所住房间寻找，查看是否饭店行李员送错了房间，或是本团客人误拿了行李。②如找不到，就应与饭店行李科迅速取得联系，请其设法查寻。③如饭店行李科工作人员仍找不到，应向旅行社汇报。

（2）主动做好失主的工作。若发生行李遗失的事故，导游人员应向失主表示歉意，并帮助其解决因行李遗失而带来的生活方面的困难。

（3）经常与有关方面联系，询问查找工作的进展情况。

（4）若找回了行李要及时归还；如果确定行李已经遗失，则应由旅行社领导出面向失主说明情况，表示歉意。

（5）按惯例帮助失主向有关部门索赔。

（6）事后写出书面报告。报告中要写清行李遗失的经过、原因、查找过程及失主和其他团员的反应等情况。

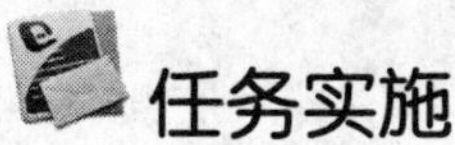

任务实施

任务 4-1 的任务实施

【步骤一】问清情况，帮助游客回忆：确定没有收到护照还是忘在什么地方。

【步骤二】与领队联系：确定没有将护照还给游客还是已经还给游客了，以求分清责任。

【步骤三】与领队一起协助游客寻找护照。

【步骤四】确定护照丢失，地方接待旅行社要开具遗失护照证明。

【步骤五】失主持旅行社的证明到当地公安局挂失并开具遗失证明。

【步骤六】失主持公安局的遗失证明到他所在国驻华使、领馆申请领取新护照或临时证件。

【步骤七】领到新证件后要到我国省、市、自治区级公安局或其派出机构办理签证手续。

【步骤八】费用问题待分清责任后处理。

对国外游客的证件，导游员的正确做法是：不保管游客的护照等证件；需要时由领队收取，中方导游员在接收证件时要点清数目，用完后立即将证件交还领队并点清数目；旅游团离开本地或离境时，导游员要检查自己的行李，若有游客的证件，立即归还。

任务 4-2 的实施步骤

1．接到航班变更通知后

【步骤一】立即与全陪联系。

【步骤二】对领队和团中有影响人士实事求是地说明情况，诚恳地赔礼道歉，求得他们的谅解和支持；然后分别做全团的工作。

【步骤三】请旅行社领导出面说明情况并道歉；经领导批准，赠送纪念品。

2．基本安抚旅游团后

【步骤一】通知饭店有关部门，协助饭店与有关游客结清账目。

【步骤二】与领队商定第二天叫早、出行李、用早餐和出发的时间，由领队向大家宣布。

【步骤三】提醒旅行社通知下一站接待旅行社。

3. 得知史密斯夫人的戒指遗忘在饭店房间梳妆桌上后

【步骤一】阻止史密斯夫人返回饭店寻找戒指，并说明原因。

【步骤二】用手机或到机场后立即与饭店联系（或通过旅行社与饭店联系），请其协助寻找。

【步骤三】找到戒指后，请饭店或旅行社立即派人将戒指送到机场，交还史密斯夫人；如果时间来不及，请他们将戒指送到下一站H市旅游团下榻的饭店；将找到戒指的消息告诉史密斯夫人并告知处理办法；所需费用由史密斯夫人自理；如果找不到戒指，表示歉意，让她详细回忆，让饭店继续寻找。

【步骤四】钻石戒指是珍贵物品，确定找不着时，要让旅行社开具遗失证明，再到当地公安局挂失，开具证明，设法送交史密斯夫人，以便她出中国海关及回国后向保险公司索赔。

课堂训练与测评

（1）某旅游团从A地飞抵B地，地陪小宋在机场接到客人，就带领客人前往饭店入住。在办理好饭店登记手续后，有一位游客找到他，告知他的行李不见了。请扮演地陪小宋，对行李遗失问题的处理进行情景模拟。

（2）全陪小张带领广东某旅游团参加北京双飞六天游，第五天下午游完长城回到饭店，有一名游客告诉小张他的身份证不见了。请分别扮演全陪和地陪对小张身份证遗失问题进行处理。

任务5　旅游者走失的预防与处理

任务目标

- 掌握预防游客走失的措施。
- 能妥善处理游览活动中游客走失的事故和自由活动时游客走失的事故。

任务引入

一个来自成都的旅游团，在广州越秀公园游览时，其中一位游客6岁的孩子走失了，家长非常着急，导游应该如何处理游客走失的事故？

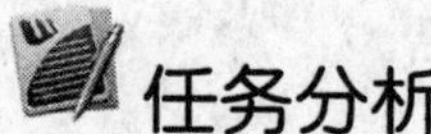

任务分析

这是一起在游览活动中游客走失的事故。在导游接待中，不丢失游客是确保工作质量的标准之一，导游员不能有丝毫懈怠和麻痹的思想。一旦丢失游客，导游应妥善处理寻找游客与继续旅游的关系。

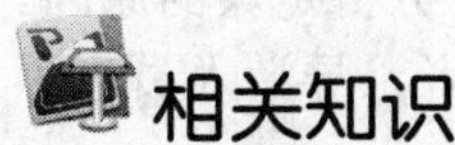

相关知识

在参观游览或自由活动时，时常发生游客走失的情况。一般说来，造成游客走失的原因有三种：一是导游人员没有向游客讲清停车位置或景点的游览路线；二是游客对某种现象或事物产生兴趣，或在某处滞留时间较长而脱离团队自己走失；三是在自由活动、外出购物时游客没有记清地址和路线而走失。无论哪种情况，都会使游客感到焦虑和恐慌，严重时会影响整个旅游计划的完成，甚至会危及游客的生命财产安全。一旦有游客走失，导游人员应立即采取有效措施。

一、游客走失的预防

游客走失虽然不一定是导游人员的责任，但与导游人员责任心不强、工作不细致有很大的关系。为防止此类事故发生，导游人员应做好以下工作。

（1）做好提醒工作。提醒游客记住接待社的名称、旅游车的车号和标志，下榻饭店的名称、电话号码，带上饭店的店徽等。导游人员可以事先征得游客同意，在游客名册上登记其手机号码，必要时可能会派上用场。

团体游览时，地陪要提醒游客不要走散。自由活动时，应提醒游客不要走得太远，不要回饭店太晚，不要去热闹、拥挤、秩序乱的地方。

（2）做好各项安排的预报。在出发前或旅游车离开饭店后，地陪要向游客报告一天的行程，上午、下午游览点，吃午饭、晚饭的餐厅名称和地址。

到达游览点后，地陪要在景点示意图前向游客介绍游览线路，告知旅游车的停车地点，强调集合时间和地点，再次提醒游客记住旅游车的特征和车号。

（3）时刻和游客在一起，经常清点人数。

（4）地陪、全陪和领队应密切配合，全陪和领队要主动负责做好旅游团的断后工作。

（5）导游人员要以高超的导游技巧和丰富的讲解内容吸引游客。

二、游客走失的处理

1. 游览活动中游客走失

（1）了解情况，迅速寻找　导游人员应立即向其他游客、景点工作人员了解情况并迅速寻找。地陪、全陪和领队要密切配合，一般情况下是全陪、领队分头去找，地陪带领其他游客继续游览。

（2）向有关部门报告　在经过认真寻找后仍然找不到走失者，应立即向游览地的派出所和管理部门求助，特别是在面积大、范围广、进出口多的游览点，因寻找工作难度大，争取当地有关部门的帮助尤其必要。

（3）与饭店联系　在寻找过程中，导游人员可与饭店前台、楼层服务台联系，请他们注意该游客是否已经回到饭店。

（4）向旅行社报告　如果采取了以上措施仍找不到走失的游客，地陪应向旅行社及时报告并请求帮助，必要时请示领导，向公安部门报案。

（5）做好善后工作　找到走失的游客后，导游人员要做好善后工作，分析走失的原因。如果属导游人员的责任，导游人员应向游客赔礼道歉；如果责任在走失者，导游人员也不应指责或训斥对方，而应对其进行安慰，讲清利害关系，提醒以后注意。

（6）写出事故报告　若发生严重的走失事故，导游人员要写出书面报告，详细记述游客走失经过、寻找经过、走失原因、善后处理情况及游客的反应等。

2. 自由活动时游客走失

（1）立即报告旅行社。游客若是自己外出时走失，导游人员得知情况后，应立即报告旅行社请求指示和协助，通过有关部门通报管区的公安部门和交通部门提供走失者可辨认的特征，请求沿途寻找。

（2）做好善后工作。走失者回到饭店后，导游人员应表示高兴并问清情况，必要时应提出善意的批评，提醒走失者引以为戒，避免走失事故再次出现。

（3）游客走失后出现其他情况，应视具体情况作为治安事故或其他事故处理。

任务实施

【步骤一】了解情况，迅速寻找。导游人员应立即向小孩家长、其他游客、越秀公园工作人员了解情况并迅速寻找。地陪与全陪要密切配合，全陪去找小孩，地陪带领其他游客继续游览。

【步骤二】向有关部门报告。在经过认真寻找后仍然找不到走失的小孩，应立即向游览地的派出所和管理部门求助。

【步骤三】与饭店联系。在寻找过程中，导游人员可与饭店前台、楼层服务台联系，请他们注意该小孩是否已经回到饭店。

【步骤四】向旅行社报告。如果采取了以上措施仍找不到走失的小孩，地陪应向旅行社及时报告并请求帮助，必要时请示领导，向公安部门报案。

【步骤五】做好善后工作。找到走失的小孩后，导游人员要做好善后工作，分析走失的原因。如果属导游人员的责任，导游人员应向游客赔礼道歉；如果责任在走失者，导游人员也不应指责或训斥对方，而应对其进行安慰，讲清利害关系，提醒以后注意。

【步骤六】写出事故报告。导游人员要写出书面报告，详细记述游客走失经过、寻找经过、走失原因、善后处理情况及游客的反应等。

课堂训练与测评

某旅游团到海拉尔旅游，游客们听说俄罗斯商城有很多物美价廉的俄罗斯小商品卖，都积极要求前往。导游员小陈只好安排他们在自由活动时间自行前往。没想到，在吃晚饭时清点人数却发现少了一人，其室友说她在俄罗斯商城一家店买套娃时还碰见了她。请扮演导游小陈，处理这一事故。

任务6 旅途中常见急救护理知识的运用

任务目标

- 掌握各种突发疾病的急救方法和遇险急救措施。
- 掌握游客患病的预防措施。
- 能够妥善处理游客患病、受伤或死亡的问题。

任务引入

美 CTS 旅游团一行 18 人按计划于 4 月 8 日由 K 市飞往 M 市，4 月 12 日离境。在从 K 市飞往 M 市的途中，团内一位老人心脏病复发，其夫人手足无措……该团抵达 M 市后，老人马上被送往医院，经抢救脱离危险，但仍需住院治疗。半个月后老人痊愈、返美。老人在途中心脏病复发，全陪应该采取哪些措施？在医院抢救过程中，地陪要做哪些工作？老人仍需住院治疗期间，地陪又要做哪些工作？

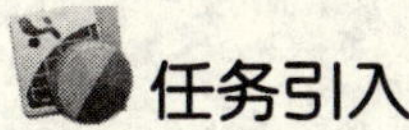

任务分析

导游在长期的导游生涯中难免会遇到游客在游程中患急性病的问题，如果导游没有科学的急救知识，不能当机立断处理这类突发疾病的事故，延迟急救治疗时间，可能会因此导致游客的死亡，所以导游人员必须掌握处理游客突发疾病事故的能力。游客在医院抢救过程中和住院治疗期间，地陪还需要做好请领队、游客家人等到场、详细记录患病前后情况、不时探望、帮助游客办理相关手续等工作。

相关知识

旅游者在随团出行的过程中可能会因为气候、饮食、起居的改变而身体不适或出现疾病；在旅途过程中也有可能因为天气或人为原因遭遇突发事件。导游员应该掌握基本的卫生常识和突发安全事件的处理方法，只有这样才能更好地为游客服务，在紧急时刻避免或减轻游客的危险。

一、患病急救方法

1. 晕车（机、船）的处理方法

晕车、晕机、晕船者，旅行前不应饱食，少食油腻食物，多食些易消化的食物；乘车时最好往前坐，减少振动，同时要坐顺方向座位，少看外面移动物体或闭目养神；如需服

用药物，最好让其服用自备药或医生提供的药；可能时让其坐在较平衡的座位上；长途旅行中旅游者晕机（车、船），导游人员可请乘务员协助。

2．中暑的处理方法

中暑的处理方法如图 7-1 所示。

图 7-1 中暑的处理方法

中暑的主要症状是大汗、口渴、头昏、耳鸣、眼花、胸闷、恶心、呕吐、发烧，严重者会神志不清甚至昏迷。人长时间处在暴晒、高热、高湿热环境中容易中暑。盛夏旅游时，导游人员在带团时要注意劳逸结合，避免旅游者长时间在骄阳下活动，并注意戴宽边遮阳帽或用遮阳伞，避免直接暴晒；应提醒年老体弱者注意保存体力，多喝水，及时补充水分；应穿透气性好、宽松的衣服，避免饥饿和过度疲劳。若有人中暑，应立即将患者移至阴凉通风处平躺，解开衣领，放松裤带；可能时让其饮用含盐饮料，对发烧者要用冷水或酒精擦身散热，服用必要的防暑药物如十滴水、仁丹等，缓解后让其静坐（卧）休息。严重中暑者如出现神志不清，可掐人中穴（鼻与上唇之间）、双手合谷穴（食指与拇指间，虎口上一寸），以促其苏醒，同时应立即送医院治疗。

3．食物中毒的处理方法

凡是吃了含有某些毒素或被细菌污染的食物而引起的疾病，称为食物中毒。由某些有毒的化学物质，如铅、砷、汞、有机磷农药或生物性毒物如毒蘑菇、河豚等所致的疾病，称为非细菌性食物中毒。由致病细菌所致的称为细菌性食物中毒。其中以细菌性食物中毒最为常见，多发于夏秋季节。

食物中毒对人体的危害很大，其症状是上吐下泻，特点是起病急、发病快、潜伏期短，若救治不及时可能会有生命危险。发现旅游者食物中毒，疑为毒蘑菇、河豚或其他有毒物质中毒时，应立即催吐。先让患者饮水 300～500 毫升，然后用手指刺激其舌根、咽部，呕吐后再饮水，反复进行至呕吐物变清为止。疑为细菌性食物中毒时应禁食。以上病人应尽快送医院，针对病因进行治疗。如旅游者多人集体发病，必须同时报告当地卫生防疫部门，以便立即采取有效的防治措施。严重食物中毒者应立即送医院抢救。同时请医生开具“诊断证明”，并迅速向旅行社领导报告，将“诊断证明”复印备案，并追究供餐单位的责任。食物中毒一般由饮食不卫生引起，导游人员一定要带领旅游者在定点餐馆用餐，并随时提醒旅游者不要食用小摊上的食品；自带食品要确保卫生，尽量不含汤水，不带易腐败变质的食物；发现餐厅食物不洁、变质或有异味时，应立即向供餐单位服务员或负责人指出，并及时采取措施。食物中毒的处理方法如图 7-2 和图 7-3 所示。

图 7-2　多喝盐水反复洗胃

图 7-3　及时催吐

4．晕厥的处理方法

晕厥俗称“晕倒”，是由暂时性脑缺血、脑缺氧所致的短暂的意识丧失。其主要症状是患者突然出现面色苍白、眼前发黑、恶心、脉搏细弱进而丧失知觉。若有人晕厥，应立即使患者平卧于空气流通处，头部略低，松解衣领，抬高下肢以增加脑部血流量，观察其心跳呼吸是否异常，如心跳呼吸正常，可轻拍患者并呼唤其姓名；如不应，可指压其人中穴，待清醒后可喂饮一些糖水；如在室内，应注意通风。若经以上处理仍不见好转，很可能是其他严重疾病所致，应立即送医院诊治。晕厥的处理口诀如图 6-4 所示。

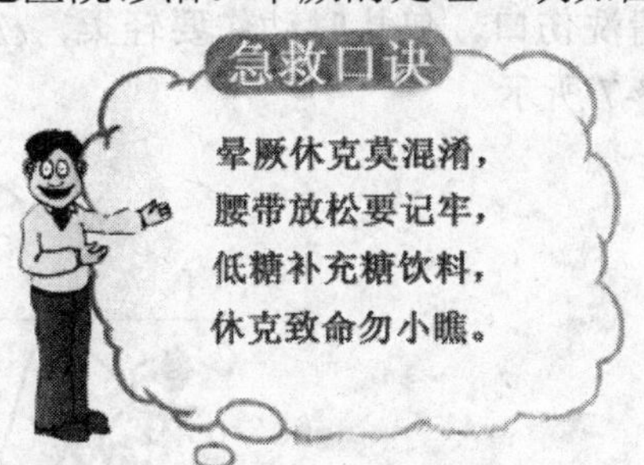

图 7-4　晕厥的处理口诀

5．溺水的紧急处理

图 7-5　溺水的处理

溺水时呼吸道被水堵塞，有大量水吸入肺内，引起缺氧、窒息，造成脸部青紫和肿胀，双眼充血，鼻腔、口腔、气管充满泡沫，肢体冰冷，不省人事，胃内积水，上腹胀大，甚至呼吸、心跳停止。因此，在游览时，导游人员绝对不能同意或带领旅游者到没有开放的江河湖海游泳。下水前提醒旅游者先做全身性准备活动，以免腿抽筋，水性差者不要去深水处游泳。若有人溺水，将溺水者救出水后，迅速将其置于俯卧位（可将患者腹部放在抢救者膝上，如图 7-5 所示），头部朝下，按压其背部使脏水流出。如呼吸、心跳停止，立即进行口对口人工呼吸及胸外按压。待恢复呼吸心跳和知觉后，注意换去湿衣服，给予保温，饮用热糖水或姜糖水，并尽快送医院做进一步治疗。

6．骨折的紧急处理

旅游者发生骨折须及时送医院救治，但在现场，导游人员应做力所能及的初步处理。

首先判断是骨折还是软组织损伤。一般骨折较软组织（即皮下组织、肌肉、韧带等）损伤疼痛更剧烈，受伤部位肿胀淤血明显，四肢骨折可见局部变形，活动明显受限。开放性骨折，折断的骨骼暴露在伤口处；闭合性骨折，皮肤表面无伤口。若为骨折，让患者不要再活动，忌按摩揉搓。若为开放性骨折，应注意止血（详见止血法）。四肢骨折可就地取材进行固定，如用厚纸板、木板、树枝代替夹板，用毛巾等软物垫好后，用布条固定。也可固定在患者的健肢和躯干上，如右腿骨折固定在左腿上，上肢骨折固定在胸部。四肢骨折固定时，注意上肢屈肘，下肢伸直，固定范围包括上下两个关节。若脊椎外伤疑为骨折时，让患者平卧在木板上，应事先固定好才能搬运，以减少神经再次损伤。

7. 止血法

在旅游中，旅游者如不慎受伤出血，应立即采取止血措施。小的伤口进行简单的处置即可止血，较重的外伤在进行以下处置后，应尽快送医院治疗。

（1）指压法。这是简单有效的止血方法。外伤有出血时，立即用手指直接压迫伤口，要稍用力，较小的伤口压迫数分钟即可止血，待血止住再放松。头部及四肢较大出血，无骨折时可较用力下压。指压止血法如图 7-6 所示。

（2）包扎法。指压不能止血的伤口，用清洁的布或纱布、毛巾直接用力按压出血部位，并进行包扎。包扎前最好要清洗伤口，包扎时动作要轻柔，松紧要适度，绷带的结口不要在创伤处。包扎止血法如图 7-7 所示。

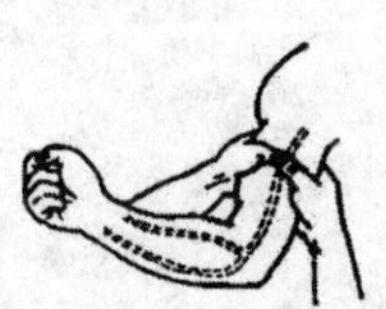

图 7-6 指压止血法

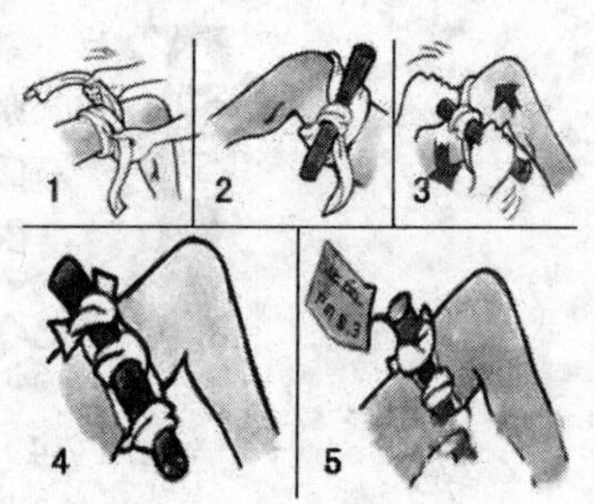

图 7-7 包扎止血法

（3）止血带法。如按压、包扎后，伤口仍出血不止，可用布条、带子代替止血带扎紧止血，上肢较大出血扎在上臂上方，下肢较大出血扎在大腿上方，并同时抬高患肢（上肢可高举过头，卧位抬举下肢），注意每半小时放松止血带 1～2 分钟，直至血止住。

8. 急性心肌梗塞的急救

该病是常见的严重心脏病。患者心脏的冠状动脉因血栓而闭塞，导致相应部位心肌缺血、坏死，使心脏功能失常，严重时可出现心跳骤停，危及患者的生命。旅游者心脏病猝发时，患者自觉胸部（胸部正中、左胸或全胸）持续性剧烈疼痛（也有无痛型的），面色苍白、口唇青紫、大汗淋漓、胸闷、呼吸困难、烦躁不安、脉搏弱等，此时应主动迅速联系附近医院或急救医院让医生前来救治。在医务人员未到之前，应让其平卧休息，有呼吸困难时，上身可垫高（半卧位），不要变换体位或挪动患者，要安慰患者，使其尽量避免紧张和用力。由患者亲属和领队或其他旅游者从患者口袋中寻找备用药物让其服用；密切观察脉搏、呼吸，如脉搏消失，呼吸停止，应立即进行胸外按压和人工呼吸，经医务人员现场救治后，在医生指导和心电监护下送医院抢救。

9. 急性脑梗塞和脑出血的急救

脑梗塞是因脑动脉血栓形成所致局部脑组织水肿、坏死。脑出血是因脑动脉破裂出血，血液渗入脑实质内，以上病理改变均可引起昏迷和瘫痪。发病时，患者出现头痛、眩晕、呕吐，继而神志不清，可见口眼歪斜、上下肢偏瘫。此时，应立即让病人平躺，上身稍垫高，保持安静，头部偏向一侧，以防止呕吐时误吸胃内容物引起窒息。出现昏迷时取出口腔内义齿，保持呼吸道通畅，并尽快送医院进行抢救。

10. 蝎、蜂蜇伤，蛇咬伤的紧急救治

若旅游者被蝎、蜂蜇伤，导游人员要设法将毒刺拔出，用口或吸管吸出毒汁，然后用肥皂水，条件许可时用5%的苏打水或3%的淡氨水洗敷伤口，同时服用止痛药；导游人员、旅游者如识中草药，可用板蓝根、药荷叶、两面针等捣烂外敷；严重者送医院抢救。蛇咬伤处如在手臂或腿部，可在咬伤处上方5～10厘米处用一条带子绑住，但不要切断血液循环。在医护人员治疗之前，用肥皂和水清洗蛇咬伤处，或用消毒过的刀片在蛇毒牙痕处切一道深约半厘米的切口，切口方向应与肢体纵向平行，然后用嘴将毒液吸出吐掉。

11. 虫咬皮炎的处理方法

虫咬皮炎是由某些昆虫，如臭虫、跳蚤、蚊子、黄蜂、蜈蚣等叮咬或接触其毒毛所致的皮肤炎症反应。皮疹可表现为小出血点、丘疹、风团等，常可见皮疹中央有虫咬痕迹，有不同程度的痒或疼痛。可涂花露水和防蚊油，或局部涂清凉油、风油精，或将马齿苋捣烂敷患处；剧痒者及时去医院按医生处方治疗。

12. 日光性皮炎的处理方法

夏季旅游及到海边游泳，人体曝露于日光之下，可引起日光性皮炎。病变均发生于曝露部位，常见面部、前臂及手背。主要表现为弥漫性水肿，患处皮肤灼痛、搔痒，少数人伴有发热、头昏、头痛、乏力等。在外出时应戴宽边帽、头巾或打伞，穿长袖上衣和长裤，曝露部位涂防晒霜。

二、游客患病的预防和处理

由于旅途劳累、气候变化、水土不服、起居习惯改变等原因，游客尤其是年老、体弱的游客常会感到身体不适甚至患病。在旅途中，游客突然患病、患重病、病危的事情也会时有发生。导游人员应尽力避免人为原因致使游客生病。如遇游客患病或突患重病的情况，导游人员要沉着冷静地及时处理，努力使旅游活动继续进行。

1. 游客患病的预防

（1）接待前，导游人员应认真分析、研究旅游团人员情况，根据旅游团成员的年龄、身体状况周密安排游览活动。

（2）制定计划、安排活动日程要留有余地，做到劳逸结合。同日参观的游览项目不能太多；体力消耗大的项目不要集中安排；晚间活动安排时间不宜过长。

（3）提醒游客注意饮食卫生，如不要买小贩的食品、不喝生水和不洁的水等。

（4）做好天气预报工作，提醒游客及时增减衣服、带雨具等；气候干燥的季节要提醒游客多喝水、多吃水果等。

2．游客患一般疾病的处理

（1）劝其及早就医并多休息。游客患一般疾病时，导游人员要劝其尽早去医院看病，并留在饭店内休息。如有需要，应陪同患者前往医院就医。

（2）关心游客的病情。如果游客留在饭店休息，导游人员要前去询问身体状况并安排好用餐，必要时通知餐厅为其提供送餐服务。

（3）向游客讲清看病费用需要自理。

（4）严禁导游人员擅自给患者用药。

3．游客突患重病的处理

（1）在旅行途中游客突然患重病，导游人员应采取措施就地抢救，请求机组人员、列车员或船员在飞机、火车、轮船上寻找医生并通知下一站急救中心和旅行社准备抢救。若乘旅游车前往景点途中游客突患重病，导游人员必须立即将其送往附近的医院，可采取另拦车将其送医院，必要时可暂时中止旅行，让旅游车先开到医院，同时，应及早通知旅行社，请求指示和派人协助。在饭店有游客突患重病，可先由饭店医务人员抢救，然后送医院。

（2）游客病危时，导游人员应立即协同领队和亲友送病人去急救中心或医院抢救，或请医生前来抢救。患者如系国际急救组织的投保者，导游人员还应提醒领队及时与该组织的代理机构联系。

（3）在抢救过程中，导游人员应要求领队或患者的亲友在场，并详细记录患者患病前后的症状及治疗情况。导游人员还应随时向当地接待社反映情况。

（4）若患者病危，导游人员应提醒领队及时通知患者亲属。如患者亲属系外籍人士，导游人员应提醒领队通知所在国使、领馆。患者家属来到后，导游人员应协助其解决生活方面的问题。若找不到亲属，应一切按使、领馆的书面意见处理。

（5）在处理患病游客相关事宜的同时，导游人员应安排好旅游团其他游客的活动，全陪应继续随团旅游。

（6）患者转危为安但仍需住院治疗不能随团返回时，旅行社领导和导游人员（主要是地陪）要经常去医院探望，帮助患者办理各种手续及交通票证等善后事宜。

（7）患者住院及医疗费用自理，患者离团住院时未享受的综合服务费由旅行社之间结算，按规定退还本人；患者亲属的一切费用自理。

三、游客因病死亡的处理

（1）当出现游客死亡的情况时，导游人员应立即向当地接待社报告，按当地接待社领导的指示做好善后工作。同时，导游人员应稳定其他游客的情绪，继续进行没有完成的旅游行程。

（2）如死者的亲属不在身边，导游人员必须立即通知其亲属；如死者的亲属系外籍人士，应提醒领队或经由外事部门及早通知死者所属国驻华使、领馆。

（3）要由参加抢救的医师向死者的亲属、领队及死者的好友详细报告抢救经过，并写出抢救经过报告。

（4）死者的遗物由其亲属或领队、死者生前好友代表、全陪、接待社代表共同清点，列出清单，一式两份，经由上述人员签字后分别保存；遗物由死者的亲属或领队带回（或交使、领馆）。如需要，请领队向全团宣布对死者的抢救经过。

（5）死亡游客的遗体处理，一般应以在当地火化为宜。遗体火化前，应由死者的亲属或领队（或代表）写出火化申请书，交有关方面保存。死者的亲属要求将遗体运回指定地点，除需办理上述手续外，还应由医院对尸体进行防腐处理，由殡仪馆装殓，并发给装殓证明书（灵柩要用铁皮密封，外廓要包装结实）。

（6）如外国游客死亡地点不是出境口岸，应由地方检疫机关发给死亡地点至出境口岸的检疫证明——“外国人运带灵柩（骨灰）许可证”，然后由出境口岸检疫机关发给中华人民共和国××检疫站“尸体/灵柩/进/出境许可证”，再由死者所持护照国驻华使、领馆办理一张遗体灵柩经由国家的通行护照，此证随灵柩一起同行。

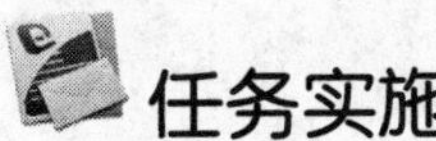

任务实施

（1）全陪在途中应采取以下措施：

【步骤一】让老人平躺，头略高。

【步骤二】让其夫人或旅游团成员在老人身上找药，让其服下。

【步骤三】请空中小姐在飞机上找医生，若有，请其参加救护工作。

【步骤四】请机组与 M 市的急救中心和接待旅行社联系。

（2）老人在医院抢救期间，地陪需做以下工作：

【步骤一】请领队、老人的夫人及旅行社领导到现场。

【步骤二】详细了解老人的心脏病史及治疗情况，做好文字记录，以备医院参考。

【步骤三】医院要采取特殊措施时，要征得老人夫人的同意并由其签字。

【步骤四】老太太身体不支，需要其子女来华时，应协助与其子女联系；子女来到后要安排好他们的生活。

（3）老人脱离危险，但仍需住院治疗时，不仅不能随团活动，而且不能按时离境，地陪要做以下工作：

【步骤一】不时去医院探视，帮助解决老人及亲属生活方面的问题。

【步骤二】帮助办理分离签证手续，必要时办理延长签证手续。

【步骤三】出院时帮其办理出院手续。

【步骤四】帮助老人夫妇重订航班、机座。

【步骤五】上述各项所需费用均由老人自理。在他离团住院期间未享受的综合服务费由中外旅行社之间结算，按旅游协议书规定退还老人。

课堂训练与测评

（1）某中学生旅游团到丹霞山旅游，在花丛中，一位学生被一只黄蜂蜇伤，此时你作为导游应该怎么处理？

（2）案例分析：

一天，全陪发现一位每天准时用早餐的住单人房间的游客没有来吃早饭，他有点纳闷儿，但以为游客已起身外出散步，没有在意。但集合登车时还没有见到此游客，他就找领队询问，领队也不知道；于是打电话给这位游客，没人接听，他们就上楼找。敲门无人答应；门锁着；问楼层服务员，回答说没见有人外出。于是，他们请服务员打开门，发现游客已死在床上。两人吓得跑到前厅，惊恐地告诉大家该游客死亡的消息。地陪当即决定取消当天的游览活动，并赶紧打电话向地方接待旅行社报告消息，请领导前来处理问题。然后，他们就在前厅走来走去，紧张地等待领导。

问题：在上述描述中，导游员在哪些方面做得不对？应该怎样做？

典型旅游景观导游讲解

任务1　地质地貌景观导游

任务目标

- 熟悉地质地貌景观类型，尤其是山岳景观的基本知识，包括成因、类型、景观特征和美学基础。
- 掌握组织游客“游山”的基本程序及山岳景观导游讲解的程序、内容与方法。
- 初步把握不同山地的导游服务与导游讲解技巧。

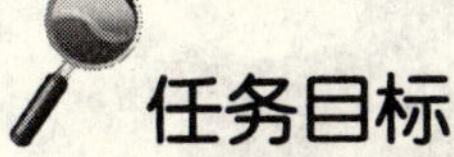

任务引入

7 月份，你将接待一个从杭州前往安徽黄山两日游的专家旅游团，作为导游，你应如何深入细致地开展山地导游服务工作？

任务分析

在大众心中，旅游就是“游山玩水”，可见“山”与“水”在普通游客心目中的地位。在本任务中，导游接待的是一个专家考察旅游团，因此，对导游讲解的要求将会更高。在导游服务过程中，导游必须掌握山地景观的常用科学知识，把握山地景观的游览程序、方式及导游讲解的内涵与技能，在实际导游讲解中做到科普导游、审美引导及文化体验相结合。

相关知识

一、山地的基本知识

陆地上海拔高度在500米以上，相对高度在200米以上，具有明显山顶、山坡和山麓的隆起的高地，统称为山。导游员和游客眼中的山，是以具有美感的、典型的山岳自然景观为主体，同时还渗透着人文景观美，环境优美，能启迪人类智慧、净化人们心灵的山地空间综合体。山地有不同的分类方法，按组成山体的主要岩石不同可分为以下几类：

1．花岗岩山地

花岗岩岩性固结，坚硬抗蚀，基本上不透水。花岗岩所形成的山体造型丰富、质坚形朴，以球状风化、浑圆的外表、“风动石”、圆形岩体露头和“碧海金沙”为其典型景观特征。我国典型的花岗岩山地有泰山、华山、衡山、天柱山、黄山、三清山、九华山、普陀山、天台山、崂山、千山等。这些山都是我国著名的旅游景区。

山地景观特征是主峰明显、群峰簇拥、峭拔危立、雄伟险峻。花岗岩山地的代表有黄山和华山，分别如图8-1和图8-2所示。

图8-1 黄山

图8-2 华山

2．石灰岩、白云岩山地（喀斯特山地）

由于石灰岩是一种可溶性沉积岩石，在喀斯特作用下，形成“千峰耸立，亭亭如竹笋玉立”的景观特征，其造型精巧细腻。由于受自然条件的限制，喀斯特山地的分布具有一定的地带性。我国的桂林、广东肇庆七星岩、云南石林、四川黄龙及九寨沟等为此类山地。恒山岩层为古老的寒武纪奥陶系石灰岩，虽然岩溶发育并不显著，仍可归为岩溶山地。

山地景观特征是山地不高、石峰林立或孤峰突起，造型丰富。喀斯特山地的代表有桂林，如图8-3所示。

图8-3 桂林

图8-4 丹霞山地

3．红砂岩山地（丹霞山地）

丹霞山地（如图8-4所示）是在红色砂砾岩地区发育而成的。目前我国发现的丹霞地貌有350多处，其中广东丹霞山、江西龙虎山、四川青城山、福建武夷山等已列入国家重点风景名胜区。由广东丹霞山、湖南莨山、福建泰宁、贵州赤水、江西龙虎山、浙江江郎山组成的“中国丹霞”作为整体于2010年8月1日成功申报世界自然遗产项目。

山地景观特征是丹山碧水、精巧玲珑。

4．其他岩石构成的山地

（1）火山流纹岩山地　典型代表为位于浙江乐清县的雁荡山，坚硬的火山流纹岩，在外力作用下，形成丰富多彩的造型地貌景观，有我国造型地貌博物馆的美誉。

（2）熔岩山地　以黑龙江五大连池火山为代表的“火山”，历史上多次喷发，岩浆喷发的场面跃然如初，被誉为“火山地貌博物馆”。

（3）砂岩山地　以张家界为代表的武陵源景区，形成独特的砂岩峰林地貌，其景观特征是奇峰林立、造型生动、沟谷纵横、植被茂密。

（4）变质岩与山地　变质岩是在高温高压和矿物质的混合作用下由一种石头自然变质成的另一种石头。变质岩的岩性差别很大，组成的山地风景的风格特色也不同。泰山以山体高大雄伟著称，主体是由古老的花岗闪长岩体变质而成。大理苍山由石灰岩变质后的大理岩构成，山石如玉，山峰险峻，林木苍苍，犹如人间仙境。

二、山岳景观导游与讲解

1．制定合理的游览路线

山地游览活动是点、线、面相结合的游览。在游览中导游员首先要把握整座山体的游览要素，根据游客的预定游览时间，在充分分析旅游团队组成情况和游客身体状况等因素后，选取最具代表性和最具特色的景点、景区及各类景观要素，合理组织游客的行进路线。设计路线时尽量做到不走回头路，景观观赏有张有弛，行进速度有急有缓，步行与特种交通工具交替使用。既要安排好单体景点的定点观赏，同时还要兼顾游客对整座山体的精神与文化的体验过程、合理安排食宿。全程游览路线的设计安排以保障游客的安全为前提。

2．引导游客游览

山地地貌是山地风景总特点的基本骨架。游览山岳，每一个景点都有其自身的特点，一座山有多少景点就会有多少风景特点。但是在众多景点中往往只有少数几个最具代表性，并能代表整座山体的总特征。对于这样的景点，导游员应引导游客重点观赏并详细讲解。

在引导游客游览的过程中，导游员要根据所游览山地的实际，灵活选择观景的方法，引导游客审美，注意观赏的细节。

同为山地，山景因山而异。山地景色因构成山体的岩石性质的内外力作用（特别是局部小构造）、位置、海拔及相对高度、季节变换等因素的差异而呈现不同的景色。导游员在引导游客游览过程中，要注意提醒游客景观的细部差异（因为大中尺度的景观差异游客自身是能够辨别的），以体现导游员对景点的熟悉程度及对游客的关心和服务的态度。

3．选择游览观景的角度、位置和时间

“游山”首先领略的是山的气势和形态。“峰峦须远眺”，观山景必须有一定的距离和恰当的位置，才能看清山之势、山之容。观山之形态，游人站在不同的角度和处在不同的时间会看到不同的造型。苏东坡的“横看成岭侧成峰，远近高低各不同”就已道出了观山的要领。

4．在游览中注意多景物的配合

“山以云为衣”。山即使非常奇秀，如果没有云烟薄雾的衬托，也会显得乏味。山景由于自然气象的烘托，时刻都处在变化之中，从而使山呈现出千姿百态、气象万千的景色。烟云积聚于山间可成“云海”。云海是山中一大奇观，在一些山地区域，由于雨量充沛、水气蒸腾，低层水气凝集成云。游人置身山中，可见时沉时浮、时飞时停的云雾，云雾壮如大海之波涛，人称“云海”。

植被为山之肌肤，各色植被的生长使山显出了生机，使山色更浓。从黄山“四绝”——怪石、奇松、云海、温泉中我们不难看出云海、植物、温泉等相关景物在构成山岳整体形象中的地位和作用。因此，导游员在引导游客游览山体时，要注意引导游客观赏、体味各类景物的配合，使游客真正获得综合美的享受。

5．适时登顶

“名山奇景在绝顶”，登绝顶是游山的最高潮。从游客心理活动分析，一登临绝顶，人就会有一种胜利者的喜悦，能启迪人的心灵；从山岳景观上分析，“站得高、看得远”，山岳绝顶之奇观是在其他任何位置看不到的，如登临绝顶可观日出、日落奇景，有些绝顶之上还可见到“佛光”、“佛灯”等奇观。古人之“登高则志远，临水则志清”、“会当凌绝顶，一览众山小”等诗句已对人们登临山之绝顶的意蕴作了极佳的描述。因此，导游员在组织游客游览山地时，应带游客适时登顶。

6．结合现场讲解，引导游客审美

导游员作为游览活动的领导者，必须拥有一双洒脱的眼睛，不但能欣赏山之真美，还要能体会游山的真乐。通过引导游客观山形、看山色、赏山态、闻山声、嗅山气，来体验山体的形象美、色彩美、动态美、听觉美、嗅觉美，把各种“美”和“乐”传导给他的服务对象——不同的游客。

7．通过景点的安排，灵活运用导游方法，启发游客探求山岳的科学、人文内涵

山岳的岩石及各种地质地貌形迹记录了地球的历史，通过各种奇特的自然景观向人们“讲述”着地质地貌等自然科学内涵。这种“讲述”普通游客要想“看懂”、“听懂”，需要导游员来做“翻译”。

自古以来，中国人爱山、敬山、崇山、朝山，对山有着特殊的感情。山成为人们精神的寄托；山又是中国古代文人文学创作的源泉；佛教、道教的兴盛，又为山岳注入了宗教文化的内涵，“天下名山僧占多”成为中国名山的一大特色。古人说：“山不在高，有仙则灵。”山承载了中国丰富的民间传说和故事，使得中国众多山岳充满了神秘感。

山体所承载的科学和人文内涵，普通游客仅通过游览观赏是难以探求和发现的。这部分内容，需要通过导游员的讲解来得以实现。

任务实施

黄山风景区导游图如图8-5所示。

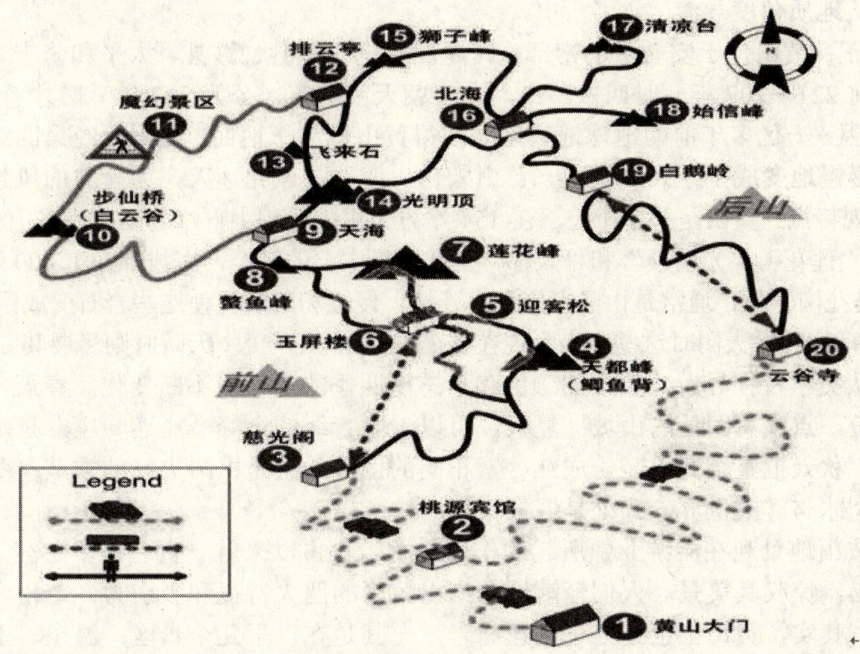

图8-5 黄山风景区导游图

【步骤一】 根据旅游团游览时间、游客身体状况、黄山山体和天气情况来确定游览黄山的旅游线路

1．根据旅游团的具体情况，选择游览黄山的旅游线路

旅游团在黄山的游览时间为两天，第一天早上从山下汤口镇坐车前往黄山景区，从后山云谷寺进入景区，游览白鹅岭、始信峰、黑虎松、北海景区、梦笔生花、十八罗汉朝南海、龙爪松、连理松、猴子观海、团结松等景点，晚上住在山上；第二天观日出，游西海排云亭、仙人晒靴、武松打虎、光明顶、鳌鱼峰、莲花亭、玉屏楼、迎客松等景点，然后从前山慈光阁下山。

2．安排的理由

云谷寺（后山、北山）、慈光阁（南山、前山）是游览黄山主景区线路两端的起点，也是黄山门票售票处，本次选择路线从后山云谷寺上、前山慈光阁下，目的是节省体力。

光明顶是前、后山的分水岭，云谷寺至光明顶为后山，后山秀丽，奇景荟萃，景色清幽，是黄山风光的精华所在，也是游览的重点；光明顶至慈光阁为前山，前山路程较远，景点较后山分散，但前山雄伟，群峰鼎立，众壑纵横，磴道曲折陡峭，异常艰险。如此安排是将黄山精华景点放在第一天——游客体力较好、兴趣较浓的时候，使游客尽情领略黄山的旅游精华。

【步骤二】 登山前的导游服务

在登山前，导游应向游客介绍黄山的基本情况、当日游览范围及主要景点、游览时的注意事项。

1．黄山的基本情况介绍

导游可以从地质角度、美学特征、山地景观在旅游业中所起的作用、文化角度来对黄山进行导游讲解分析。

（1）从地质角度导游。

① 位置：黄山位于安徽省的南部，跨越四县——歙县、黟县、太平和修宁。黄山在秦朝（公元前 221～207 年）时叫做黟山，在唐朝天宝六年（公元 747 年）时才有这个名字。

② 成因：一亿多年前的地球地壳运动使得黄山崛起于地面，后来历经第四纪冰川的侵蚀作用，慢慢地变成了今天的景观。黄山宏伟、庄严、风光迷人，为著名的风景区。

③ 景观特点：黄山是一个奇迹，在 154 平方公里的面积上群峰耸立，许多山峰的名字是名如其形，“莲花”、“光明顶”和“天都”是其中最主要的三个，海拔都在 1 800 米以上。这些山峰都是花岗岩体，通常是由竖直接合点连接。侵蚀和断裂促使这些岩石变成巨大的石柱，形成了高峰和深谷。天阴时这些高山隐现在雾霭中，如虚幻一般，天晴时则尽展其威严与壮丽。

（2）从美学特征导游。黄山的颜色和形态随四季的更替而不断变化。春天，盛开的鲜花色彩缤纷，点缀着四处的山坡；夏天，可以看到青绿的山峰一座连一座，泉水在欢乐地汩汩流着；秋天把整个黄山装扮成红、紫相间的世界，正是枫树火红的季节；冬天则把群山变成一个冰与雾的世界，到处是银枝银石。

（3）按山地景观在旅游业中所起的作用导游。自古以来就一直有许多游客来到黄山，探求其神秘，惊叹其美景。人们渐渐地总结出黄山的四大特征和吸引力：奇松、怪石、云海和温泉。其实，黄山上也到处可见花岗岩，尤其是在以下几个景区：温泉、玉屏楼、西海、北海、云谷寺和松谷庵。黄山作为一座名山，在以安徽一线为主题的旅游线路中起着画龙点睛的作用，是整个旅游讲解的重点所在。

（4）从文化的角度导游。黄山看起来清新、年轻，但却有着悠久的历史，古代的书籍、诗歌、绘画和雕刻都是很好的证明。李白并非歌颂黄山的唯一诗人，唐代诗人贾岛和杜荀鹤也曾来此吟诗作赋。在唐以后的各个朝代中不断有人游览黄山，在诗中表达他们的赞美之情。明朝伟大的地理学家和旅行家徐霞客专门写了两本关于黄山的游记，清朝的新安派大画家渐江和石涛留下了许多幅关于黄山的画。地理学家李四光在其专著《安徽黄山上的第四纪冰川现象》中总结了他个人对黄山的考察成果。一代又一代人的题词随处可见，如“千姿百态黄山云”、“刺天峰”、“清凉世界”、“奇美”和“独具魅力的风景”，这仅仅是其中的几个而已。这些诗一般的词汇配上优美的书法不仅仅是装饰品，他们本身就是一道迷人的风景。

根据以上 4 个方面，编写黄山导游讲解词，例如：

各位游客朋友们：

你们好！现在我们已经到达黄山风景区南边重镇汤口。在这里我先向诸位介绍一下黄山风景的概况。

黄山位于中国安徽省南部黄山市太平县境内，全山面积 1 200 平方公里，其中 154 平方公里为黄山风景区，是黄山的精华部分。黄山在中国唐代以前叫黟山，黟是黑色的意思，因为山上岩石多为青黑色。传说中华民族的先祖轩辕黄帝在完成中原统一大业、开创中华文明之后，来到这里采药炼丹，在温泉里洗澡，因而得道成仙。唐朝著名的皇帝李隆基非常相信这个说法，在天宝六年（公元 747 年）下了一道诏书，将黟山改名黄山。意思是，这座山是黄帝的山。从那以后，黄山这个名字就一直沿用到今天。

朋友们，你们不远千里甚至万里到这里，不就是要亲眼看一看黄山的美吗？不就是要感受一次人生快乐吗？是的，黄山是绝美的，有“天下第一奇山”的美誉，能够登临它，亲眼看看它，确实是人生的一大乐事。黄山历史悠久，经历了漫长的造山运动和地壳抬升，以及冰川和自然风化作用，才形成其特有的峰林结构，呈现给我们一幅有节奏旋律、波澜壮阔、气势磅礴、令人叹为观止的的立体画面。

黄山的美，首先就美在它的奇峰。黄山的座座山峰各有特色，各具神韵。黄山奇峰到底有多少，目前还没有一个确切数字。历史上先后命名的有 36 大峰、36 小峰，近年又有 10 座名峰入选《黄山志》。这 82 座山峰的高度绝大多数都在海拔千米以上，其中最高峰莲花峰高 1 864 米，其次是光明顶（1 841 米），天都峰排行第三（1 829.5 米），这三大峰和风姿独秀的始信峰（1 683 米），哪怕登上这四座奇峰中的一座，也算不虚此行了。

黄山“四绝”是脍炙人口、深入人心的，那黄山“四绝”是哪四绝呢？（游客回答……）对的，在“四绝”当中排在第一的当属奇松。黄山松奇在什么地方呢？首先奇在它无比顽强的生命力。黄山松分布在海拔 800 米以上高山。一般来说，只要有土的方就能长出草木和庄稼，而黄山松则是从坚硬的花岗岩石里长出来的。黄山松的种子被风送到花岗岩的裂缝中去，以无坚不摧、有缝即入的钻劲，在贫瘠的岩缝中发芽、生根、成长。由于生长的环境十分艰苦，因而黄山松生长速度十分缓慢，一棵高不过丈的黄山松，往往树龄上百年，甚至数百年；其次，黄山松还奇在它那特有的天然造型，由于地势崎岖不平，悬崖峭壁纵横堆叠，黄山松无法垂直生长，只能弯弯曲曲地甚至朝下生长。由于要抗暴风、御冰霜，黄山松的针叶短粗，冠平如削，色绿深沉，树干和树枝也极坚韧，极富弹性。由于风吹日晒，许多松树只在一边长出树枝。人们根据它们不同的形态和神韵，分别给它们起了贴切的自然而又典雅有趣的名字，如迎客松、黑虎松、卧龙松、龙爪松、探海松、团结松等。它们是黄山奇松的代表。

怪石是构成黄山胜景的又一“绝”。在黄山到处都可以看到奇形怪状的岩石，这些怪石的造型千差万别，有的像人，有的像物，有的则有一段美丽的神话传说和历史故事，都活灵活现，生动有趣。在 121 处名石中，知名度更高一些的有“飞来石”、“仙人下棋”、“喜鹊登梅”、“猴子观海”、“仙人晒靴”、“蓬莱三岛”、“金鸡叫天门”等。这些怪石有的是庞然大物，有的奇巧玲珑，有的独立成景，有的由几个组合或同奇松巧妙地结合成景。这些怪石因为观赏位置和角度不同，造型也就有所变化，成了一石二景，如“金鸡叫天门”又叫“五老上天都”，“喜鹊登梅”又叫“仙人指路”，就是移步换景的缘故。黄山峰海，无处不石、无石不松、无松不奇。奇松怪石，往往相映成趣。

再说云海。黄山云海之绝，一绝在于其云量大，二绝在于云雾变换之快，三绝在于云日之多，黄山全年平均 250 天有云雾形成。虽然在中国其他名山也能看到云海，但没有一个能比得上黄山云海那样壮观和变幻无穷。因此，人们也把黄山称为“黄海”。黄山云海分为南海、北海、东海、西海和天海，登天都峰、莲花峰和光明顶，可纵观黄山五海，神韵无限。

最后，介绍一下温泉。我们常讲的和游览的温泉是前山的黄山宾馆温泉，古时候又叫汤泉，从紫石峰涌出。用它命名的温泉景区，是进入黄山南大门后最先到达的景区。温泉水量充足，水温常年保持在 42 度左右，水质良好，并含有对人体有益的矿物质，有一定的医疗价值，对皮肤病、风湿病和消化系统的疾病，均有一定的疗效。但是只能浴，不能饮，过去说它可以饮用，是不科学的。

其实，黄山温泉不止一处。在黄山北坡叠嶂峰下，还有一个温泉，叫松谷庵，古称锡泉。它与山南的宾馆温泉水平距离 7.5 公里，标高也近，南北对称，遥相呼应。这也够奇的了。不过，因为它地处偏僻，目前还未开发利用。

除了“四绝”之外，黄山的瀑布、日出和晚霞，也是十分壮观和奇丽的。

黄山四季分明：春天青峰滴翠，山花烂漫；夏季清凉一片，处处飞瀑；秋天天高气爽，红叶如霞；寒冬则是银装素裹，冰雕玉砌。黄山确实是一个旅游、避暑、赏雪的绝好去处。

2．讲解当日游览的范围

模拟如下：

今天我们将会游览黄山风光的精华所在，我们从云谷寺上山，将游览白鹅岭、始信峰、黑虎松、北海景区、梦笔生花、十八罗汉朝南海、龙爪松、连理松、猴子观海、团结松等景点。

3．介绍游览黄山时的注意事项

在登山前要向游客介绍游览黄山时的各方面注意事项，包括交通、饮食、天气着装、购物、摄影、医疗、吸烟安全等方面。在游览过程，导游还应多次强调。

（1）黄山的交通事项。黄山风景区内有游览步道 30 余条，总长 50 000 余米，路宽 1.5～2.5 米。步道为石阶路面，其中有的是用花岗岩条石铺设而成；有的是直接在山体岩石上开凿而成。险要地段设有安全护栏，以确保游人安全；在游览步道中还建有观景台、步行桥，或观景亭，供游人歇息、览胜、避雨之用；黄山游览步道，既有组织连接各景点的作用，又具有引导游客览胜和疏散游人的功能。体力较差的游客也可选择坐缆车或轿子上下山。

（2）黄山的饮食事项。由于黄山上的食物都要靠索道、挑夫从山下运送，所以风景区内的饭菜、水等价格都非常贵，一瓶矿泉水会卖到 10～15 元。山上饭店的餐厅大都提供旅游团包桌套餐，很少零点，一些餐厅供应套餐快餐，很不经济。游客可从山下买些干粮副食品及少量矿泉水自带上山。

（3）黄山的天气与登山着装事项。黄山天气变化无常，时晴时雨，反复无常，且山高风大，不宜打伞，免得连人带伞一起被吹跑。登山前导游应提醒游客最好准备雨衣或在山下购买（山上价格会高很多）。

登山应注意着装，尽量选择运动休闲且宽松挡风的衣服，切忌穿裙子和紧身衣裤登山。山上温度虽然比市区低 8 摄氏度左右，但因整个爬山过程中会出汗，特别是白天，会觉得很热。但最好带件换洗内衣，因出汗把内衣打湿了不换易感冒。年老体弱者和冬季来黄山的游人，可比居家时多带一些御寒衣物。

登山应注意挑选合适的鞋子，以免脚部劳累、起泡。运动鞋、登山鞋、布鞋和旅游鞋等平底鞋均可。切勿穿高跟鞋、拖鞋和皮鞋，以防滑跌而带来登山的不便。

（4）黄山景区的购物事项。风景区有玉器、工艺品及土特产，如茶叶、香菇、石耳等出售，导游应提醒游客若无意购买，不要随意还价。

（5）黄山风景区摄影事项。黄山步步皆有景，但不能边走路边看景，以免发生意外，正所谓“观景不走路，走路不看景”。

在黄山摄影不同于在公园摄影，在公园，被拍照者和拍照人都可以随意后退几步以调整角度。但是在黄山摄影万万不可随意后退，因为身后很可能就是悬崖绝壁，一定要回过头看看有无后退的余地。

（6）登黄山的安全注意事项。山高路陡，尽量少带行李杂物，轻装上阵，以减轻负荷；但要带足够的矿泉水、饮料，以免登山途中因水分流失而口干舌燥。可选择性地带一些高热量的食品来保持体力充沛。

黄山山路陡峭险峻，患有高血压、心脏病者，除随身携带必备的救急药品外，还不宜单人游山，更不宜身临险境。如登山时身体不适，北海宾馆、玉屏楼等地均有门诊部；下山有困难者，山上备有担架，会把病员送到山下黄山宾馆后面的黄山疗养院门诊部就诊。

黄山景区内不可随意吸烟，以防发生火灾。提醒吸烟的游客注意吸烟标志，自觉在吸烟点吸烟。

黄山景区范围大，提醒游客不可随便进入未开发的景区，以免迷失方向。导游要将自己的联系电话和黄山旅游常用电话告知游客，以备特殊情况下求助使用。

【步骤三】登山游览途中的导游服务

（1）把握登山游览节奏。由于黄山山路陡峭险峻，多石阶磴道，且多险段，因此，导游要注意登山的节奏，要有张有弛，不可过快过急，登山时身体宜前俯，不宜过速。到达重要景点，导游应将游客集中，利用游客休息时间进行导游讲解。注意不要边走边讲，因为登山路上游客往往会散成较长的队伍，后面的游客听不到讲解容易产生不满，达不到讲解效果，同时，边走边讲解也不符合登山的安全要求。

（2）全陪和地陪要密切配合，地陪走在队伍前面，为游客指路，全陪要走在队伍后面，时时留意游客动向，防止游客走失。

（3）留给游客一定的摄影时间，并指导游客摄影。在登山游览过程中，游客很容易被山上优美的风景所吸引而迫不及待地取相机摄影，此时，导游要为游客做好摄影指引，告诉游客摄影取景的最佳位置和预留的摄影时间，让游客心中有数，能跟上整个旅游团队的游览节奏。

（4）在游览过程中，要特别留意体弱者、年老者、年幼者的身体状况，多观察、多问候。如果发现有体力不支者，要劝其适当休息或改乘缆车、轿子，不可勉强登山，以免出现意外。

（5）第二天一早观日出，要在前一天游览活动结束前通知游客起床时间和观日出地点，并告知游客晚上尽早休息，恢复体力，观日出时要做好保暖措施。

（6）黄山虽雨天较多，但阴雨连绵的天气很少。早雨午晴，午雨晚晴，或夜雨晨晴，都是常事。若遇到这种情况，游者不必败兴，雨后观景风光更加绮丽，云海、彩虹、瀑布、晚霞等，尤为壮观，览之可尽饱眼福。

【步骤四】下山途中的导游服务

前一天的艰辛登山，已经饱览黄山美景，此时该踏上归途了。虽然经过一晚的休整，但不少朋友这时会感到大腿和小腿都有不同程度的酸痛，这都是正常的。因此，下山时导游要提醒游客“下山尤需缓步”，可走“Z”形，这样既省力又轻松，切忌快速奔跑，以免刹不住，发生意外。

与上山比，下山时游客往往会比较疲劳，这时，导游更应以精彩的讲解来吸引游客，提高游客的游兴。黄山游览上下山一般都是走不同的路线，后山上前山下或者前山上后山下，下山导游讲解时，要讲出沿途景点与上山时的不同特征。比如，本任务中旅游团是从后山上前山下，第一天上山游览后山，旅游景点是黄山精华所在；第二天下山时游览前山，虽然路程较远，景点分散，但前山雄伟，群峰鼎立，众壑纵横，磴道曲折陡峭，异常艰险。

课堂训练与测评

（1）请分别从地质角度、美学特征、山地景观在旅游业中所起的作用、文化角度四个方面对陕西华山、广东丹霞山进行导游讲解分析。

（2）请对比上山和下山的导游讲解服务有什么不同？

（3）选择当地一处山岳，创作导游讲解词，并进行模拟演练。

任务2　水域景观导游

任务目标

- 熟悉不同水域景观的景观美学特征及水体景观审美的基本要素。
- 掌握水域、水体景观的观赏、审美要求和技巧。
- 掌握不同类型水域、水体景观的导游方法和讲解技巧。

任务引入

妇女节期间有一个妇女旅游团前往广东从化碧水湾泡温泉，请开展温泉导游讲解服务。

任务分析

本任务是关于温泉的导游讲解，温泉是水域景观的一部分，是游客在冬季喜欢开展的一项旅游活动。温泉导游讲解要求导游员掌握温泉的景观美学特征、娱乐体验要求和技巧，从科学的角度对温泉进行正确科学的讲解。

相关知识

一、水域景观导游讲解的共性要求

1．灵活运用导游方法

由于水体所具有的旅游多功能性，对于游客来讲，导致其选择以水域为其旅游目的地的因素是综合复杂的，不同的水域承载不同的文化，而游客文化层次又是多样的。因此，导游在实际导游讲解时，必须充分掌握游客旅游目的地的水域景观的特色，在充分分析游客旅游动机的基础上，制定有效的旅游行程与计划；同时进行信息的收集和整理，准备好导游讲解词，备足相关的知识和内容；根据所收集的信息资料和备讲内容，结合游客自身和旅游动机分析，选择好适宜的讲解方法，并灵活运用。

2. 从景观类型讲解其特征、从景观配合讲解其特色

因地制宜，突出个性不同的水体，由于其存在状态的不同，表现出来的景观特征也不同，即使是同一水体类型，由于所处地域环境的差异，各自然地理因素组合的不同，相同类型的水体景观表现出来的特征也存在差异。在导游讲解中，导游员要根据具体水体景观的特点来把握它的特征，突出景观的个性。例如：海洋景观——突出海滨的伟岸、辽阔；江河景观——景色多姿、类型丰富；湖泊景观——大湖泊的广阔，小湖泊的清秀，高山湖泊的神秘奥妙和幽静，突出湖形、湖影和湖色；泉水景观——奇特、多功能及转换性；瀑布景观——三态（形态、声态和色态）变化。

3. 从时代变迁讲解其作用

不同类型的水体景观，不但要联系除水以外的各种自然造景因素，还应从时代变迁讲解其作用，恰如其分地反映其内在的、本质的联系。从历史和现实的状况加以分析，从而揭示其历史文化内涵，丰富原有水体景观，成为旅游者新奇的旅游对象。

从时代变迁讲解江河湖海的作用，可使旅游者全面地了解有关人文造景因素，诸如政治、经济、军事、交通、文化、宗教、民俗等方面的内容。只有将其实际情况正确运用到讲解中去，才能丰富讲解内容和文化底蕴，体现人与自然的完美结合、和谐统一，从而将导游工作开展得有声有色。

以水为主的自然景点之美，不但在于各种水体类型本身，更在于各种水体与其他造景因素的相互配合上，其中包括同自然因素中的地貌、植物、动物、天气和气候等的配合，也包括同人文因素中各种建筑等因素的配合，还包括同历史文化和现实建设成就的配合。

4. 从水的旅游效用，讲人与自然的协调

水对于人类的重要性是不言而喻的，水体景观作为自然景观资源的重要组成部分，在旅游中发挥着巨大的效用。导游员在具体讲解水体景观时，务必介绍水体的旅游效用。水体的主要旅游效用包括：

（1）医疗的效用　如产生医疗作用的天然水主要有矿泉、温泉、海水等。

（2）品茗酿造的效用　良好的水源是品茗酿造的必要条件，而茶、酒是我国重要的旅游商品。有好茶还要有好水，酿好酒离不开好水。在导游讲解水体功能、功效时，导游员可延伸讲解中国的茶文化和酒文化，向游客讲解中国的名茶与名酒。

（3）休闲效用　游客外出旅游的目的之一是休闲娱乐，而水体提供的游泳、泛舟划船、垂钓、潜水、冲浪等活动多是人们乐于接受的休闲活动，不同的活动适合不同年龄段游客的需要。

（4）交通效用　水上交通具有双重功效，既是交通工具，同时又是游览项目。乘游船可避免路途中的颠簸，更重要的是，它能使游人身置“图画”美景中。

二、不同类型水体景观导游讲解

1. 河流导游讲解

由于河流的线状特点，具体讲解程序及讲解方法建议如下：

（1）河流概况介绍　明确讲解的主题思想，确定河流分布区及目的地所处的地理位置。

（2）具体游览河段的讲解　由于流水作用在中上游主要表现为切割，而在中下游主要表现为堆积，因此形成了江河各段落风光的差异，河流源头及上游段常出现峡谷，上升愈强，峡谷愈深，常有陡崖、急流、跌水、怪石等险峻景色以及幽深美妙的意境，中游段则水势平稳缓慢，常有牛轭湖、沼泽湿地相间的帆影渔歌景色，下游段及出口处因地壳沉降幅度的不同以及泥沙沉积物的多少，有三角港或各种三角洲，形成不同的景物。

在具体游览导游时，导游员应根据所游览参观的对象，首先明确具体参观地段的地理位置及在整条河流中所处的地位（包括地理地位、景观地位和文化地位等），讲解方法为多种方法交替使用，对于不同的游客需要灵活讲解。

2. 湖泊导游讲解

（1）湖泊基本情况介绍　湖泊的基本情况可以包括湖泊的位置、面积、海拔、形成历史等方面。可根据不同湖泊的特征来具体介绍，其中，湖泊的成因在地理学上常作为湖泊分类的主要依据，可详细介绍。湖泊按成因可分为构造湖、火山口湖、堰塞湖、岩溶湖、冰川湖、风成湖、河成湖、海成湖。

（2）湖泊景观导赏　观赏湖泊景观，导游员要从湖泊水体的水面、水色、水声、水态、水光等多种角度来对游客进行引导，可结合天空、山体、动植物、建筑等景物进行综合性讲解。在引导性讲解结束后，应留给游客静静欣赏品味和留影拍照的时间。

（3）文化承载的讲解　我国东部淡水湖湖泊区往往是人口集聚区，它孕育了文明，见证了历史。在讲解湖泊景观时，不可缺少地要深入地讲解相关文化。在讲解中，要与周围的人文景物相配合，尽可能地采用名人效应和诗词歌赋借用法，积极引入民间故事和传说增强讲解的效果。例如，在讲解杭州西湖时，必然要讲解西湖十景，而每一景必然引出一段故事、一些名人，如白居易、苏轼、岳飞等。高山湖泊主要位于我国西北部少数民族聚居区，湖泊与当地的宗教信仰、民族文化密不可分，如纳木错、羊卓雍错、玛旁雍错被誉为西藏三大圣湖，在藏民心中有着极高的地位。

3. 瀑布的导游讲解

（1）瀑布的成因讲解　瀑布是河流的一部分，当河水自河床跌坎或悬崖处倾泻而下时，便形成瀑布。瀑布的成因是多种多样的，归纳起来大致有以下几种类型。

1）在软硬岩坎交互出现的河床中，由于岩石对流水侵蚀的抗蚀力不同，在软硬岩石交界处，水流的差别侵蚀形成河床纵剖面上的岩坎，这是河流瀑布形成的主要原因。黄果树瀑布就是这种成因类型的典型例子。

2）由于断层的不均衡升降运动，造成河床坡面的天然不连续所形成的瀑布。这是山地景区和沿海山地瀑布形成的普遍原因，如庐山、黄山、雁荡山的瀑布，贵州的龙宫瀑布。

3）由于火山爆发、熔岩流堰塞河道形成瀑布，如黑龙江镜泊湖吊水楼瀑布。

4）在第四纪冰川分布区，由于冰川运动对地表不均衡的刨蚀作用造成沿途地表起伏跌宕，后河流沿冰川谷地发育，在起伏悬殊的岩坎地带形成瀑布，如美国和加拿大两国间的尼亚加拉瀑布。

（2）瀑布观赏与导游讲解

1）导游讲解时必须交代的三个数据：落差、宽度和水量。

2）游览与讲解的程序。构成瀑布景观的四大要素：一是造瀑层，即河谷中突然形成急坡地段的坚硬岩层，这个坚硬岩层就是造瀑层。如黄果树瀑布的造瀑层是石灰岩，壶口瀑布的造瀑层是厚层绿色坚硬砂岩，吊水楼瀑布的造瀑层是玄武岩。二是有从造瀑层倾泻下来的水体，即瀑布。三是瀑下深潭，一般瀑下有潭，基本结构是一瀑一潭、瀑潭交错分布，形成瀑潭景观。四是瀑前峡谷，它是造瀑层被侵蚀后退的产物，表示瀑布位置仍在向后面移动；峡谷一般不太长，但幽深狭窄。

3）观景与审美引导。瀑布是山水结合、别具风格（形、声、动三态）的旅游资源，它的最大特点是山水完美结合、融为一体。瀑布与青山、深潭、白云、蓝天、文物、古迹相结合，组成一幅幅动态的图画。

瀑布的三态变化：一是瀑布形态，其形态或飞流急泻，或喷珠溅玉，给人以雄、奇、险、壮之美感。二是瀑布声态，或轰鸣之声，或巨雷之声，令人未见瀑布先闻其声，具有“先声夺人”之趣。三是瀑布色态，即瀑布下落时形成的各种颜色。瀑布一般呈白色，文人笔下多描写为白练、白绢、白纱、堆雪、素练、银河等，如李白的“日照香炉生紫烟，遥看瀑布挂前川。飞流直下三千尺，疑是银河落九天。”

4）瀑布旅游功能及人文精神的引申讲解。瀑布以其宏大的造型、磅礴的气概、咆哮的巨响、洁白的色态吸引着无数勇敢者去进取，促进弱者去锻炼，它能开拓沉思者的胸怀，给人以勇敢、坚定、果断等品质的陶冶。

4．泉的导游讲解

（1）泉的成因和成分　泉是地下水的天然露头。当潜水面被地面切断时，地下水即可出露于地面，此种渗出的水常称为渗出水。如果渗出的水源源不断地流走，又具有固定的出口，在地质上就叫泉。

泉水中具有特种化学成分和气体成分，矿化度在 1 克 / 升以上，对人类肌体显示良好生物生理作用的叫矿泉。常见的矿泉有氡泉、氢泉、硅酸泉和碳酸泉等。

（2）泉水景观导游　泉水是造景育景的重要条件，常给人带来幽雅秀丽的景色。泉水还可转化为溪、涧、河、湖，造就出更大的风景场地和丰富多彩的风景特色。

（3）引申文化导游

1）名泉与茶。中国盛产好茶，而好茶的产地往往在名山之中、名湖之滨。而好茶需要有好水，这里所说的好水，即经多层过滤的含有对人体有益成分的水。不同的茶，由于自身特色及制作工艺的不同，对水的要求也不相同。

2）温泉与康体。凡是泉温超过当地年平均气温的泉水（或者水温超过 200℃的泉），都叫做温泉。温泉成因较多，多数温泉是由下渗的雨水和地表水，沿着岩石空隙和断裂处循环至地表深处，受地热烘烤增温后，再出露地表而成；有的是因地壳运动（如火山、断层活动），地下岩浆体在向上侵入地表的过程中，水气、二氧化碳以及某些矿物元素沿着断裂上升，出露地表而成为温泉。有些地壳运动强烈活动地区，在岩浆侵入地表的过程中，地下的高温热水发生汽化，在冲破覆盖表层时，造成水热爆炸现象（其水温达 170℃）。无论是何种原因形成的温泉，在高温和高矿化条件下，水中均含有一定数量的特殊化学成分，故温泉一般是矿泉。

3）泉与酒。“泉井酒醇”为世人所公认。

5．海岸景观导游讲解

（1）海岸类型与特征讲解　我国海岸类型以泥沙质海岸、基岩海岸、生物海岸为主。海滨景观多姿多彩，不少海滨风平浪静、沙细滩平、阳光充足、风景美丽，是开展海滨度假和游览的好去处。

（2）海岸海滩旅游活动导游讲解

1）海岸海滩旅游装备介绍。一般前往海岸海滩旅游应带上墨镜、防晒用品（在海滩强紫外线照射下，男女皆要使用防晒用品保护皮肤）、游泳用具（包括泳衣、泳裤、泳帽、水镜、浴巾、拖鞋等）、沙滩鞋、沙滩裤及防治腹泻的药品等。

2）海岸海滩旅游资源介绍。海岸带旅游资源包括浅滩、沙滩、奇岩巨石、断崖绝壁海岸、众多的岛屿、海底景观、海洋生物以及海上日出、海上落潮等海岸自然风光；作为人文景观的灯塔、渔港、渔村、码头等；以海岸为旅游活动舞台的海水浴、帆船、游艇、舢板、冲浪、潜水、垂钓以及在海滩上拣蛤蜊、贝壳等活动。以海滨疗养为中心的休养娱乐活动已风靡世界，海岸带旅游资源也越来越被世人所瞩目。

3）海岸海滩旅游注意事项介绍。导游带领游客前往海滩，应提醒游客注意海滩游泳安全，要求游客在开发范围内游泳，不可擅自前往未开发区海边玩耍和游泳。注意保管随身物品，贵重物品可寄存在酒店前台。海岸海难开展的旅游项目较多，可观光、休闲、娱乐、运用、疗养等，导游应提醒游客哪些项目是自费项目。

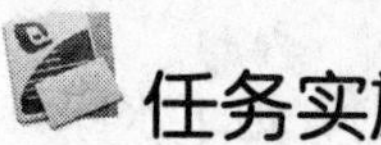

任务实施

【步骤一】介绍游客前去的温泉酒店——碧水湾概况

要注意介绍酒店所在的位置，与游客出发点之间的距离以及路上交通时间；介绍酒店星级、规模、内部设施设备等；介绍酒店内温泉的数量、规模、功能、疗效、特征等方面。

模拟如下：

碧水湾温泉度假村位于广州从化流溪河畔，地处“从化60公里绿色旅游走廊”的中心，是一家按五星级标准建造的集餐饮、住宿、娱乐及大型露天温泉为一体的温泉主题度假村，距离广州大约1小时车程。碧水湾度假村拥有客房200余间，多功能会展中心有8个不同规格的会议室和休息室，可同时容纳近500人。荔香园、丽景阁、小吃广场等不同风味的餐厅可以提供周到的饮食服务，商务中心、购物中心和美容美发中心可满足各类宾客的不同需求。度假村还拥有网球场、篮球场、足球场、乒乓球室、桌球室、矿泉水游泳池等运动设施，夜总会内设有演艺厅、迪斯科舞厅、主题酒吧和卡拉OK包房。大型露天温泉占地38亩（1亩=666.6平方米），拥有33个大小不一的温泉游泳池、戏水池和药浴池，国医馆、沐足廊、按摩廊设施齐全，全部推行祖国医学的养生理论和方法。

碧水湾温泉水温高达70℃，无色无味，水质晶莹，富含多种矿物质，是世界级珍稀苏打型温泉。这样的温泉目前在世界上仅发现两处，一处在从化，另一处在瑞士。碧水湾温泉浴，是泉水和身体共同编写出的诗，浪漫、神奇，富有极强的感召力。多年泡浴实践证明，这里的温泉水对人体的各类骨科疾病、运动神经疾病及高血压、消化系统疾病、妇科疾病都有明显的疗效，是绝佳的休闲养生之地。

【步骤二】介绍浸泡温泉的步骤和注意事项

1. 浸泡温泉的步骤

（1）要先探试池温，用手或脚试探是否合适，不要一下跳进温泉池中。

（2）脚先入池，坐在池边，伸出双脚慢慢浸泡，接着用手不停地将温泉水泼淋全身，最后要让身体慢慢浸入泉水里。

（3）先暖后热，即先浸泡暖的，再来浸泡热的。

（4）要掌握好浸泡的时间，一般温泉浴可分几次反复浸泡，每次为 20～30 分钟。如果感觉口干、胸闷，就上池休息一下，再喝一些水。

（5）要与医学按摩相配合，适当的穴位按摩会加强温泉保健的功效。

（6）要注意冲洗身体，且尽量少用洗发水或沐浴液，用清水冲洗身体即可。

2. 泡温泉的禁忌与不宜

（1）忌空腹、饱腹或酒后泡温泉。

（2）忌极度劳累。睡眠不足或是熬夜的人不宜泡温度很高的温泉。

（3）癌症病人、白血病人、营养不良或是大病初愈者忌泡温泉。

（4）患有心脏病、高血压、动脉硬化的人，泡温泉之前，要先慢慢地用温泉擦拭身体，再去泡温泉，不可以直接浸泡温泉。

（5）患有感冒及各类传染病的人，最好不要泡温泉。

（6）女性在生理期到来时或来之前，以及怀孕初期和末期，最好不要泡温泉。

（7）泡温泉的时间，要视池水的温度来定，若泉水太热则不可泡太久。

（8）如果在泡温泉的时候，感觉身体不适，就应该离开，不能继续泡温泉。

【步骤三】 告知游客温泉的开放时间，并提醒游客浸泡时间和注意保管个人财物。应提醒游客离店时间或集合时间。一般在酒店的更衣室内有存物柜，可将随身衣物存入，钥匙随身保管，但贵重物品应寄存在前台。

【步骤四】 在游客浸泡温泉时，导游既可陪同前往，也可在前台等候。如果陪同前往，导游可与游客交谈沟通，了解游客感受，并提醒游客注意事项。

课堂训练与测评

（1）请编写贵州黄果树瀑布的导游词。

（2）一个北京旅游团在冬季前往海南三亚旅游，请为旅游团提供海南三亚海滨旅游导游服务。

任务 3 古建筑导游

任务目标

- 了解中国古建筑的历史沿革、艺术特征及文化承载。

- 熟悉中国古建筑的游览方法，掌握中国古建筑导游的要领及其导游讲解基本程序，能够熟练地进行古建筑导游讲解。

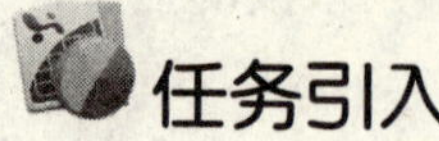

任务引入

➲ 任务 3-1

有一个内蒙古旅游团前往苏州拙政园游览，请你担任拙政园的导游讲解工作，你应如何开展古典园林的导游讲解工作？

➲ 任务 3-2

有一个湖南旅游团前往浙江千年古镇乌镇游览，请你担任此次的导游讲解工作，你应如何开展古镇的导游讲解工作？

任务分析

【任务 3-1】导游员在导游讲解园林的过程中，要综合运用各种导游手段和讲解方法，把握园林的外在美和内在美，再通过有效的路径、适宜的观赏角度、优美生动的语言描述、精练而有趣的讲解内容，引导游客宏观观赏，品味细节，结合中国文化的内涵延伸，让游客真正体验到“世界园林之母”的魅力。

【任务 3-2】导游带领游客游览古镇民居，必须熟悉中国古镇和民居的发展历程，把相关知识有机融入现场导游讲解中，注意突出地方特色。

相关知识

一、中国古典园林的发展与分类

中国古典园林是指以江南私家园林和北方皇家园林为代表的中国山水园林形式，在世界园林发展史上独树一帜，是全人类宝贵的历史文化遗产。

园林是指在一定的区域内，运用艺术手法，通过种植花草树木、改造地形及营造建筑，创造出一个优美的自然环境，具有游憩和调剂生活功能的场所。

中国园林历史悠久，渊源深厚，开始于商周时代的帝王苑囿，秦汉时已初具模仿自然的造园风格，魏晋南北朝时寄情山水的园林盛行，唐宋时又将诗、书、画等艺术引入园林的造景中。经过长期的造园实践，到明清时终于达到了最辉煌时期，皇家园林和私家园林都发展出各具特色的风格。

中国古典园林，从不同角度划分，可以有不同的分类方法。一般有以下三种分类法：

（1）按园林基址的选择和开发方式分为人工山水园和天然山水园。

（2）按占有者身份、隶属关系分为皇家园林、私家园林和寺观园林。皇家园林，如北京的颐和园、北海公园，河北承德的避暑山庄；私家园林，如北京的恭王府，苏州的拙政园、留园，扬州的个园，上海的豫园等。

（3）按园林所处地理位置分北方园林、江南园林和岭南园林。北方园林的特点是范围较大，建筑富丽堂皇，而秀丽媚美则显得不足。江南园林的特点明媚秀丽、淡雅朴素、曲折幽深，但面积小，略显局促。岭南园林的特点是具有热带风光，建筑物都较高而宽敞。

二、中国古典园林的造园手法

中国古典园林常见的造景类型可归纳为借景、对景、框景、漏景、障景、夹景等。

1. 借景

借景是指将园外景象引入并与园内景象相叠合的造园手法，也是中国古典园林最重要的造园手法之一，这种手法可弥补空间尺度小且耗费财力的不足。借景分远借、近借、邻借、互借、仰借、俯借、“应时而借”等。典型的借景佳例，如颐和园昆明湖远借西山、玉泉山，拙政园远借北寺塔，沧浪亭邻借葑溪水等。

2. 对景

对景是指主客体之间通过轴线确定视线关系的造园手法，由于视线的固定，视觉观赏远不如借景来得自由。对景有很强的制约性，易于产生有序、严肃和崇高的感觉，因此常用于纪念性或大型公共建筑，并与夹景、框景相结合，形成肃穆、庄严的景观。

3. 框景

框景是指有意识地设置框洞式结构，并引导观者在特定位置通过框洞赏景的造景手法。框景对游人有极大的吸引力，易于产生绘画般赏心悦目的艺术效果。杜甫的诗句 “窗含西岭千秋雪，门泊东吴万里船”，则是框景效应的最佳写照。

4. 漏景

漏景又称泄景，一般指透过虚隔物而看到的景象。虚隔物包括花窗、栅栏和隔扇等。景物的漏透不但易于勾起游人寻幽探景的兴致与愿望，而且有一种迷蒙虚幻之美。利用漏景来促成空间的空灵与渗透是中国造园的重要手法之一。

5. 障景

障景是指在游路或观赏景点上设置山石、照壁和花木等，挡住视线，从而引导游人改变游览方向的造景手法。障景使园林增添“藏”的韵味，也是造成抑扬掩映效果的重要手段，因此为历代园林所广泛应用。

6. 夹景

夹景是指运用透视线、轴线突出对景的艺术手法。游人泛舟颐和园后湖，在两岸岗阜林木的夹峙下，远处的苏州桥则称夹景。夹景通过控制游人的视线达到增强景深和障丑显美的效果。

三、中国古镇民居景观的特点

（1）注重地理位置和生活环境，追求自然与和谐。无论是古代的半穴居住宅还是明清的成熟四合院，在选址、布局和构成等方面都很注意地理位置、生态环境，如“背山面水”、“坐北朝南”等都体现了这一点。

古代人们喜欢把茅屋竹篱建造在林木之中、小河旁边，就像是自然山水的一部分。例如，湖北、四川地区的吊脚楼以吊脚的高低适应地势变化，最大限度地减少土方开掘，不破坏地貌同时又隔绝潮湿，利于通风。

在市镇的形成过程中，河流、井泉起到了很大的作用，如成形于清代的江南古镇同里、周庄、乌镇、西塘等，都是小桥流水、广栽树木，自然环境幽静，呈现出“九里湾头放棹行，绿柳红杏带啼莺”的秀丽景观。古镇形成这种特点主要是因为古代人们在科学不发达的情况下只能被动地顺应自然，为了在节省物资、人力的前提下能有更好的采光、通风条件，人们就根据有利的地形、气候等来建造屋舍，如寻找温润的地方，依山沿河而建等。而且人们生活也需要水、土、树、光等自然条件，“背山面水”就可以充分利用自然资源。另外，随着科学技术的发展和文化的日益丰富，有关风水的理论也逐渐形成。

（2）从古至今的建筑越来越呈现群体性，并富于变化。与西方单体高大建筑不同，中国古代建筑物单体不大，但群体性很强，民居古镇的建筑物大都以典雅、和谐的群体美、整合美取胜。例如，古代传统民居以院落式为主，除门、堂外还有厢房、附属建筑等，发展到明清时，四合院大多不止一进，多为多进式，甚至还有数条中轴线并列而多进的，俨然是宫殿建筑的缩影。北京的四合院能被列入世界文化遗产，其中一个很重要的原因是其具有群体效应产生的古典、壮美感。

江南的古镇，临河两边的民居白墙青瓦、错落整齐，店铺鳞次栉比，小巷穿梭其中，石桥贯穿河上，又点缀有牌坊、阁楼、戏台等建筑物，构成了鲜明、和谐、古朴的水乡古镇，为世人所瞩目、留恋。

（3）注重布局装饰。古镇民居在布局装饰方面非常讲究。例如，江南天井院屋内布局有月梁、走马楼、窗雕、梁雕、灯笼挂钩、堂屋、卧室等，既实用又美观。又如，浙江东阳明清住宅的装饰中有木雕、石雕、砖雕、泥雕和壁画等，其中木雕全国闻名，材料丰富，技巧多变，显示了高超的建筑装饰水平。另外还通过一些斗拱、藻井等部件以及饰物使空间更富层次和情趣。

（4）类型多样，极富地方和民族文化特色。我国地域广大，民族众多，文化丰富，民居建筑考究，而且种类多样。从北京的四合院到江南水乡民居，从福建土楼到黄河流域的窑洞，再到各少数民族的民居，不胜枚举。因为地理位置、气候状况以及文化习惯的不同，民居和以民居为主要组成部分的古镇其形式就不尽相同，类型丰富，如四合院主要呈方形，土楼呈环形，蒙古包呈圆形等。

同时，不同的古镇民居又具有不同的民族文化特色，如北京作为都城，文化底蕴丰厚，故民居华贵庄重、气势威严；巴蜀文化博大精深又具有浪漫奔放的气息，故民居建筑显露出豪迈而轻巧的特色；云南一些少数民族民风淳朴，民居建筑显得自由、小巧。所以，当我们漫步在明清时留传下来的古代集镇，欣赏着各具特色的民居、牌坊、石桥时，更多的是对深厚、灿烂的民族文化的感慨。

四、古镇民居的类型与特征

1．古镇类型

古镇类型多样，分布极广，人们可以从不同的角度对古镇进行划分。从旅游活动的目的来分析，人们选择古镇作为旅游目的地，主要考虑的是古镇的人文、历史背景，同时注意景观类型和建筑群落。

以人文内涵、文化背景和历史、地理区域来划分古镇，一般可分为：北方型，以大院建筑为其视觉特征，体现富贵大气；西北型，院落封闭性强，体现朴实无华；安徽型（徽派），具有大家风范，自然、大方、典雅；江南水乡型，小巧精致、灵秀恬淡；岭南型，个性鲜明、独树一帜；西南及少数民族型，浪漫、轻巧、豪迈，是民族文化多样性的具体体现，还能体现“异域”景观。

2. 民居的基本类型

中国各地的居住建筑，又称为民居，现存绝大多数是清代以后所建。居住建筑是最基本的建筑类型，出现最早，分布最广，数量最多。它用于满足居住的需要，相对于宫殿、寺庙等建筑类型而言，精神性的功能不太突出，但居住建筑在总体布局、建筑体形、空间构图及其他方面，仍有一定的艺术处理。由于各地区的自然环境和人文情况的不同，显现出多样化的面貌，在建筑艺术中占有一定的地位。

中国汉族地区的传统住宅，按其布局方式大致可划分为规整和自由两类，前者主要见于中上阶层，后者主要见于中下阶层，随各地区情况的不同，它们又有不同的地方形式。南方炎热多雨，多山地丘陵，人稠地窄，住宅比较紧凑，多楼房。

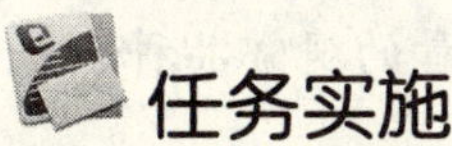

任务实施

任务3-1的实施步骤

【步骤一】在拙政园全景图前介绍拙政园的基本概况和游览路线。

拙政园的基本概况也可在前往拙政园的路上介绍，内容主要包括类型、规模、地位、建园历史、园名来由。游园游览路线应在园林全景图前或导游图前讲解，强调在园林内的游览时间、园林出口位置、集合时间和地点。模拟如下：

各位游客朋友们：

大家好！欢迎大家来拙政园参观。

拙政园和我市的留园、北京的颐和园、承德的避暑山庄合称为我国的“四大名园”。后两个属北方皇家园林，规模宏大，装饰繁复，金碧辉煌；而我们苏州的两个花园是典型的南方文人写意园，宅园紧凑小巧，素朴精雅，是文人现实生活中的桃花源。

拙政园是中国古代造园艺术的集大成者。风格疏朗，创造的山水亲和喜人，蕴含着丰富多彩的人生哲学，是中国最典型的明代园林作品。同时，在中部花园山水处理上的伟大成就，“一池三岛”的格局成为了后世园林创作的范本，被世人誉为“中国园林之母”。

拙政园也是苏州最大的私家花园，占地5公顷。它的创意构思由当时最著名的画家之一、“明四家”中的文征明先生执笔而成。拙政园始建于1509年，从画到园，前后历时16年。历史上几经兴废，园主几经变更，其中包括太平天国忠王李秀成。相传中国最著名的古典小说《红楼梦》的作者曹雪芹先生曾经住在这里，所以有关大观园的许多描写都与拙政园的园景相吻合。

第一任园主王献臣是明朝的监察使，相当于现在的检察官，监督地方官员的吏政情况，职位显赫。官场失意后还乡，在苏州城内东北角置地建屋，就是现在的“拙政园”。王献臣取晋代潘岳《闲居赋》中“筑室种树，灌园鬻蔬，此亦拙者之为政也”之意而命名。他自嘲才学浅薄，不能得到皇帝的赏识而行治国平天下的壮志，只配回家作一农夫，从此不理朝政，享受隐退林泉的雅兴。就像这座“兰雪堂”的名字，取自诗句“清风洒兰雪”，表达主人洁白自持、潇洒大方的志趣。

在这幅漆雕屏风上我们可以清楚地看到拙政园由两条游廊分成三部分：东部以田园风光为主，明代王心一买下后取名为“归田园居”，曾经遭到严重的破坏，保留的建筑很少。如今在这一部分我们可以看到很多高大的珍贵树种和典型的古典建筑。中部是全园的精华所在，又称“复园”，完好地保留了明代简雅而铺张、敦厚而轻灵的风格，在布局设计、建筑造型、书画雕塑、花木园艺上有很高的艺术造诣。西部是清代主人张履谦重修的，称为“补园”，色彩上有了蓝色的装点，风格上带有明显的清代时尚特征。

同时，我们从这幅漆雕画上可以看到，园中绝大部分的建筑都与水相邻，面对水面或者凌空于水面之上，它们的名字也都得灵感于流动着的连接园中各处的水，把江南水乡特有的风致描摹得精彩绝伦。特别是水中遍植的荷花，或拥翠堆绿，或红白点缀，或枯枝待雨，古人赋予它的“出污泥而不染”的高尚情操和园主青睐于它的“香远益清”，这些催发诗人情愁的事物在这里都因园景需要各有表现。如今，拙政园一年一度的“荷花节”，不但汇集了百余种荷花品种，还精心使千年古莲子发芽，并培育出碗莲等珍贵的观赏品种，赢得了游客啧啧称赞。

【步骤二】 导游带领游客入园，以“路”为导，介绍园林的主体构园要素，如园林的山水、建筑、动植物、书画。

中国古典园林的造景手段在不同的园林中有不同的表现形式，不同的造景手段是人们了解和欣赏园林的关键所在。导游应结合园林中实际景物认真分析不同园林的造景艺术手段，同时可根据游客特征，将拙政园的造园理念与西方园林进行对比讲解，宣传中国园林文化及其孕育的深厚文化内涵。模拟如下：

（带领游客出兰雪堂西门，来到缀云峰前）

一来到花园里，园主给我们观赏的竟然是一块巨大的湖石，它遮挡了园中秀丽的景色，反而激起了我们游园的兴趣。进门见山这种处理方法，在造园手法上，称作“抑景”。既是屏障，相当于园门入口处的屏风，又因自身的美感淡化了它本身的实用功能而成为一景。遮遮挡挡的，却使欣赏者更想见识“庐山真面目”了。在拙政园的任何一处看花园，你都看不到它的全部，围墙、游廊、树木等把整个花园分割并连接成一个个相对独立的部分，园中有园，园外还有园，别有洞天。一个个障景，像眼前的“缀云峰”，闭合、展开的过程谱写了游园的节奏之美。而园中道路曲折起伏，连石桥都是曲曲折折，使我们观园的视角时刻发生变化，园林景色在光影变化中精彩纷呈，达到“移步换景”的审美感觉，如同展开一幅描绘主人心迹的山水古画。在这一点来说，拙政园由画而园、由园成画的特色是中国画和苏州古典园林相互结合、相互影响的最好例证。

中西方不同的造园手法体现了中西方文化的不同。法国巴黎的凡尔赛宫园林体现了西方古典主义精神，走出宫殿，整个花园一览无遗，可以一直望到尽头的阿波罗池塘，和西方人的直率不谋而合。在中轴线大道两旁，苗圃以各种几何形图案排列着，工整有序，同时树木也被修成锥形、柱形或圆形。几何对称的造园手法体现了西方园林完整、和谐、鲜明的特征，与中国传统造园手法截然不同。

拙政园和法国的凡尔赛花园都是文化积淀和时代的产物。尽管两者在形式上千差万别，但都是把人类的意志强加于大自然，按主人的审美、情趣加以修饰。只不过我们的花园更自然，已经超越了第一次的抽象，把抽象再赋予具体的自然形式，进入了返璞归真的新境界。同时我们还在建筑上创造了千变万化的建筑形式，优美的建筑曲线与大自然的曲折相映衬，使人类的活动一直处在大自然的怀抱中。整饬山水而使野趣天成，这一理念同时极大地影响了 18 世纪的欧洲造园事业，在德国、法国、英国都出现了仿苏州式的花园。

任务 3-2 的实施步骤

【步骤一】观全景，讲布局，导游员引导游客先从整体着眼，分析讲解古镇建筑的“风水”格局，体验人与自然的和谐共生。讲解内容包括古镇位置、历史发展、现有规模、开发原则等。模拟如下：

各位游客朋友们：

大家好！

欢迎大家前来乌镇观光游览。乌镇是浙江的一个水乡古镇，也是一代文豪茅盾先生的故乡。唐代，乌镇隶属苏州府。唐咸通十三年（872）的《索靖明王庙碑》首次出现“乌镇”的称呼。乌镇称“镇”的历史可能从此开始，由此算来，乌镇的建镇史有 1 200 多年了。京杭运河穿镇而过，历史上曾以河为界分为乌、青两镇。河西为乌镇，隶属于湖州府乌程县，河东为青镇，隶属于嘉兴府桐乡县，直至 1950 年，乌、青两镇才正式合并，统称为乌镇，属桐乡县，隶嘉兴，直到今天。在江南水乡，有不少像乌镇这样的古镇，美丽宁静得像一颗颗珍珠。乌镇除了拥有其他古镇都具备的小桥、流水和精巧雅致的民居建筑之外，更多地飘逸着一股浓郁的历史和文化气息。这可能是它的历史最为悠久、文化最为发达的缘故。

乌镇有“千年古镇”之称，位于浙江桐乡市北部。乌镇地处两省三府七县之间，两省是浙江、江苏，三府为嘉兴、湖州、苏州，七县是桐乡、石门、秀水、乌程、归安、吴江、震泽，战略地位十分重要。乌镇是附近乡镇的经济、文化、交通中心。镇域面积 71.19 平方公里，城区面积 2.5 平方公里，总人口 6 万，镇区常住人口 1.2 万。乌镇地处河流冲积和湖沼淤积的平原，地势平坦，无山丘，河流纵横交织，气候温和湿润，雨量充沛，光照充足，物产丰富，素有“鱼米之乡、丝绸之府”之称。人们常说“一方水土养一方人”，乌镇这块人杰地灵的风水宝地从古到今养育了不少英才，据镇志记载，从宋朝到晚清，全镇出了 64 名进士，161 名举人，近代更出现了一代文学巨匠茅盾，真可谓“人因镇而兴，镇因人而名”。

今天我们要前往的是乌镇东栅景区，这个景区是 2001 年 1 月 1 日正式开放的，虽然开发较晚，但起点较高，保存得非常完整，整个开发过程坚持了“以旧修旧、整旧如故”的原则。现在景区里面依然有老百姓居住，并没有因为旅游开发而让他们全部搬走，他们仍按原来的生活方式生活着，乌镇也因此保留了原汁原味，是生活着的古镇！

【步骤二】选择游览审美的时间，设计有效的游览线路，讲古镇及特殊民居的历史与典故。古镇的美和自身布局、建筑形制等的不同与周边的自然环境有着密切的关系，同时，不同地域又有不同的民风民俗和地方性节日等。因此，不同地区的古镇有不同的最佳游览时间。

不同的游客对古镇的兴趣点也不同，而古镇又是一个综合性旅游目的地，因此，导游员要在了解游客需求和对游览点全面了解的前提下，设计出最佳游览路线。在游览行进中，要重点参观“特色民居”，以此为依托，通过故事和典故的解说突出当地的特殊文化现象。

乌镇东栅景区的游览路线设计如下：逢源双桥—财神堂—江南百床馆—江南民俗馆—高公生糟坊—蓝印花布作坊—传统作坊区—江南木雕馆—余榴梁钱币馆—茅盾故居—修真观及戏台—夏同善翰林第和皮影戏。在景区游览图前，向游客介绍游览路线和游览时间，以及游览注意事项。模拟如下（部分）：

现在我们看到的这条小河名为东市河，水深有 3 米，是活水，连通京杭运河。河对岸的古民居里现在还有老百姓居住，所以，乌镇是一个真正的活着的水乡古镇。今天我们的游览路线是沿着东市河，由东往西，依次游览东大街两旁的江南百床馆、江南民俗馆、蓝印花布作坊、江南木雕馆、茅盾故居等旅游景点，街道全长 1 300 米，我们的游览时间大约为 2 小时。在游览过程中，请大家注意保管好自己的随身财物，同时，为保护大家的人身安全，请不要在河边嬉戏，也不要到河边玩水。

【步骤三】选取重点参观建筑。根据古镇的历史文化和自然背景，结合游客的特点，有机选取参观重点建筑，如祠堂、寺庙、戏台、古桥、名人故居、特色商铺和作坊等。这些实物景观往往已成为固定的参观点，是游客古镇旅游的重点，也是导游讲解的重点。导游员在导游讲解时要根据游览的时间和游客的兴趣，灵活讲解。

讲解内容一般包括：

（1）建筑：建造历史、建筑特征（包括布局、分布、重点单体建筑、建筑构件、各种装饰、结构特色等）、建筑的历史价值及在当地的地位、实际功能、精神价值等。

（2）参观点的功能与地位：如参观祠堂，就要向游客介绍祠堂的历史、发展等；参观当铺，就要通过导游员声情并茂的讲解，向游客再现当年的情景；游览名人故居，则要把“名人”的情况融入到景物当中。

（3）必要时讲解古建筑的保存情况等。

选取茅盾故居，讲解模拟如下：

接下来我们要参观的是茅盾故居。茅盾故居由两个部分组成，一个是立志书院，另一个是故居。

茅盾是我国现代文学史上杰出的作家、文艺理论家、文学翻译家。他以创造进步文化为己任，辛勤笔耕 60 余年，为祖国留下了 1 000 多万字的不朽作品，为我国现代文学的繁荣作出了卓越贡献。茅盾于 1896 年 7 月 4 日出生在乌镇，原名沈德鸿，字雁冰，小名燕昌。1913 年茅盾考入北京大学，1916 年进入上海商务印书馆工作，后游历日本，尽管行踪遥远，却始终与故乡保持着较亲密的关系。在文学创作中，茅盾屡屡以乌镇作小说的故事地，甚至到了不肯割爱的程度。在《子夜》、《林家铺子》、《多角关系》、《霜叶红似二月花》、《春蚕》、《秋收》、《残冬》等小说中，我们都可以看到乌镇的影子，读到乌镇的方言，闻到乌镇的气息。

故居坐北朝南，是一栋四开间两进深的走马楼式民居，总面积600平方米。这个位置不管是在过去还是现在，都是难得的绝佳地段，可见茅盾先生家也算是殷实人家。大门上高悬着的“茅盾故居”匾额是陈云同志的手书；穿过天井，便是老屋第二进的两间楼房。东边楼下是客堂间，西边是厨房，老屋前楼靠东一间是茅盾祖父母的卧室，靠西一间是茅盾父母的卧室。新屋第一进楼下两间与老屋格式一样，但是打通的，是全家用膳的地方。第二进后面是个半亩地大小的院子，有门与老屋相通。1933 年，茅盾回乡时决定用刚刚收到的《子夜》的稿费翻建这三间濒临坍毁的小屋。他亲自画了新房草图，请人督造。1934 年秋，新屋建成，茅盾从上海赶来察看，并在小径旁亲手栽植了一棵棕榈树和一丛天竹。此后，茅盾多次回乡，都住在自己设计的房子里，并从事写作，小说《多角关系》就是他于 1935 年秋在小屋的书房里完成的。现在茅盾故居已被国务院定为全国重点文物保护单位。

【步骤四】留给游客徜徉于古老街道的时间，导游员以“此地无声”法，营造一种“仿古”氛围。

【步骤五】细部观察，重点讲解古镇及古镇民居的细部装饰，引导游客发现古镇民居的地域文化。

【步骤六】参观民居，与当地居民友好交往，让游客感受浓浓的“乡情”、“亲情”。

【步骤七】参与民俗活动，体味地域特色民族文化的多样性、传承性、娱乐性，并从中增长见识，感受民族文化。

【步骤八】购物与饮食服务，突出地方特色，讲解文化含义。

以乌镇姑嫂饼作坊景点为例讲解模拟如下：

首先我们看到的是一家姑嫂饼作坊。姑嫂饼是乌镇的传统名点，据考察，已经有一百多年的历史了。姑嫂饼的形状酷似棋子饼，比棋子饼略大。味道鲜美，油而不腻，酥而不散，又香又糯，甜中带咸。这种充满乡土气息的糕点价廉物美，是馈赠亲友的最佳礼品。有一首民谣这样赞美姑嫂饼：“姑嫂一条心，同做小酥饼。白糖加椒盐，又糯又香甜。”

这种饼为什么叫“姑嫂饼”呢？它又是怎么来的呢？

据说很久以前，乌镇有一家小糕饼店，是一户姓方的人家开的。起先，他们只是从大作坊里批发一些糕饼来卖。后来，他们生下一男一女，靠这小本买卖难以糊口，于是，夫妻俩想做酥饼来卖。他们仿造酥糖的配料，用炒过的面粉、熬过的白糖、去壳的芝麻、煎熟的猪油等细心地拌匀、蒸熟，然后用模具制成一个个小酥饼。由于用料考究，制作精良，他们的酥饼生意越做越好，财源茂盛，镇上的同行十分眼红。为了保住自己的财源，夫妻俩对酥饼的制作方法严格保密，技术只传儿子、媳妇，不传女儿，因为女儿将来要出嫁，制饼方法就会传出去。眼见嫂子得到秘传，他家女儿心中不服气。有一次，嫂子正在做酥饼，女儿有意将嫂子支开，在粉料里撒了一把盐，拌了拌。她想，这样嫂子做的酥饼味道肯定不好，一定卖不出去，可以出出自己心里那口气。谁知歪打正着，坏事变好事，这次她嫂子配料做出来的小酥饼销路特别好，个个赞不绝口。店主查明真相后，灵机一动，借题发挥，将甜中带咸，香味独特的小酥饼改名为“姑嫂饼”，意为由姑嫂合力制作而成。

课堂训练与测评

（1）挑选当地一处古镇民居或古典园林设计导游方案，并进行实景演练。

（2）古建筑游览导游服务的程序是什么？

任务 4 佛寺道观导游

任务目标

- 掌握宗教的本质和宗教文化与旅游的关系。
- 掌握进行寺观导游对导游员的基本要求。
- 掌握汉地佛教寺院导游的基本程序及内容，并能熟练进行汉地佛寺的导游与讲解。

任务引入

一个香港大学生旅游团前往广东韶关南华寺游览，旅行社派你担任本次南华寺的导游讲解工作，你应如何开展佛寺导游讲解工作？

任务分析

旅游与宗教文化有着密切的关系。俗话说：“天下名山僧占多。”宗教文化已成为我国人文旅游资源最重要的组成部分之一。作为一种特殊的文化旅游类型，宗教旅游是宗教文化传播的方式之一。人们在旅游中往往把宗教设施作为一种人文景观加以追求和欣赏。在旅游活动中让游客从历史、宗教、文学、艺术、哲学和民族风俗等不同角度去观赏这些文化古迹，能使游客在陶冶性情、愉悦身心的同时，扩大自己的知识面，增加旅游乐趣。

如何观赏这些佛教文化遗产？应该注意它们的哪些特点？游客是否能在游览宗教旅游胜地时获得相应的知识、审美体验，达到游览目的，关键在于导游员的服务和讲解。

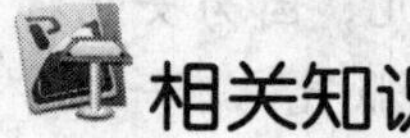

相关知识

一、汉地佛寺

1．佛寺景观的形成

佛寺是中国宗教建筑的主要类型，是供奉佛像、举行佛教礼仪、供僧侣居住的地方，为国古代建筑艺术的重要组成部分。一般认为，佛教是公元 1 世纪前后（东汉初）由印度传入的。在印度，早期佛教并无寺院，佛教徒按照佛陀制定的“外乞食以养色身，内乞法以养命”的制度，白天到村镇说法，晚上回到山林，坐在树下，专修禅定。后来摩揭陀国的频毗娑罗王布施迦蓝陀竹园，印度佛僧才有了第一个寺院。印度人称佛寺院为“僧伽蓝摩”，略称“僧伽”。僧伽蓝摩主要有两种形式：一种是精舍式，另一种是支提式。精舍式的僧伽设有殿堂、佛塔，殿堂内供奉佛像，周围建有僧房。支提式僧伽是依山开凿的石窟，内有佛塔和僧侣居住处。这两种式样的僧伽先后传入了我国。

印度精舍式佛寺传入我国后，很快与我国传统的宫殿建筑形式相结合，成为具有中国建筑风格的佛教建筑，称为佛寺。

2. 汉地佛寺常规路线导游及基本要求

（1）“引子”导游　包括佛教的起源、佛教的传播、中国佛教派别及分布等内容，这一部分可根据游客的具体情况进行选择性介绍，可详可略。

（2）三门（山门）殿前

1）寺庙的外观。从外观上看，汉地佛寺多是殿宇式建筑，与居民住房、官府衙门、祭祀祠庙和帝王宫殿类似。大体形式是屋顶从侧面看去呈三角形，庙宇两边封闭，要进入庙中须先上台阶，跨过较高的门槛。寺庙通常坐北朝南修建，也有一些是依山势而建。

2）内部的布局。中国佛寺的发展经历了三种布局形式。第一种是廊院式，这就是前期以塔寺为代表的佛教寺庙布局形式，往往以一座佛塔或佛殿为中心，四周环绕廊屋、庑殿，形成一个院落，大的寺院可由多个院落构成。第二种是纵轴式，就是将各主要殿堂按一定次序（通常是由南向北）排列在一条纵轴线上，每所殿堂前后左右（或东西）各建一所配殿。各组院落中主体建筑的造型、体制，都结合所供奉的主要神灵在佛教中的地位而呈现不同的变化，一些大型寺院可以并排有两条或三条轴线，在侧轴线上可以兴建禅房、僧房、塔院、花园等设施。第三种是自由式，石窟寺实际上就是最早的自由式布局的佛寺。

3）三门殿。寺院的大门一般皆为三门并立，较大的寺院建有三门殿。“三门”分别为空门、无相门、无作门，象征“三解脱”，也称“三解脱门”。入三解脱门就是入涅槃之门。中国佛寺大多建在山林静僻之处，所以又称山门。

导游员在实际导游中，可结合三门简要介绍佛教的教义。

4）三门殿建筑与匾额、楹联。每一个寺院都有自己的寺名，对寺名的诠释有助于游客了解寺院的历史及所属宗派，有的还包含了神奇的传说和典故，寺名就悬挂于山门之上。山门两侧往往悬有描写风光并暗含禅机的对联。导游员在山门可借寺名、匾额及楹联引导讲解寺院的历史及主题。

（3）天王殿　天王殿为佛寺的第一重殿，因殿内正中供奉弥勒菩萨，又称弥勒殿。弥勒像后供奉的是寺院的守护神韦陀。韦陀手持宝杵，与大雄宝殿中的释迦牟尼像正对。天王殿的两侧供奉有四大天王像。天王殿作为佛寺的第一重殿，有显正驱邪之意。四大天王视察众生的善恶和保护佛、法、僧三宝，韦陀手持宝杵，意为镇压魔军，护持佛法。

（4）放生池　此处讲解主要突出其在佛教寺院中的三大功能：实用功能，蓄水以防火；调节环境的功能，突出宗教园林特色；宗教功能，为香客提供“放生”场所。

（5）钟楼与鼓楼　钟楼位于天王殿左前侧。钟楼下供奉着地藏菩萨，有的在地藏菩萨两旁各侍立一尊比丘和一尊长老像，即闵长者和他的儿子道明和尚。因为钟楼供奉地藏菩萨，所以也有人称之为地藏殿。

鼓楼位于天王殿右前侧，楼上挂大鼓。佛寺有“晨钟暮鼓”之说。鼓楼中有的供奉关羽，有的供奉观音。鼓楼和钟楼建筑造型相同，呈对称状。

（6）大雄宝殿

1）建筑与供奉对象。大雄宝殿也称正殿、大殿，是寺内的主体建筑。建筑形式高大雄伟，气势非凡。讲解内容包括建筑式样、典型部件、色彩、结构、门窗、装饰图案等。

供奉的佛像有一佛、三佛、五佛、七佛四种，最常见的是供奉三佛。

大雄是对佛祖释迦牟尼的尊称，意为大智大勇能镇伏邪魔。大殿前有香鼎，左右两侧有石幢。大雄宝殿供奉的佛像前往往挂有长明灯、幢、幡等，正中佛像头顶处为藻井。大殿两侧常塑有十八罗汉、二十诸天或五百罗汉等。大殿正中佛像背后往往塑有菩萨像，常见的是观音菩萨。

2）佛教礼仪。佛教的礼仪、礼俗有相应的规定，不同的派别有不同的礼仪、礼俗。一般介绍的内容包括出家人的称谓、服饰、课诵、理佛、祭品、节日礼俗、法器、跪拜形式等。

3）佛教常识及相关故事。佛教故事种类繁多，导游讲解时应结合寺院内的塑像和彩画来选取，主要包括佛教的起源、佛祖创教的过程、佛教的派别及特点等内容，故事类型主要包括佛本生故事和经变故事等。

（7）伽蓝殿与祖师殿　伽蓝殿一般位于大殿东边，属配殿，殿正中供奉的是波斯匿王，左边供奉祇多太子，右边供奉孤独长者，以纪念他们护持佛教的功德。各寺院伽蓝殿供奉的护法神也不完全一样，有的供奉十八位护法神，南方各寺院供奉的是三国时的关公（关羽），称为伽蓝菩萨。

祖师殿位于大殿的西侧，以禅宗寺院最为常见。正中供奉初祖达摩，左边是六祖慧能，右边是唐时建立丛林制度的百仗怀海。有的寺院供奉本山开山祖师和历代祖师的牌位，称为祖师堂。有的供奉祖师的舍利，称为舍利殿。

（8）藏经楼　藏经楼是寺庙收藏佛经和文物的地方，又称藏经阁，是佛寺中珍藏佛像、经籍的地方，一般安置在中轴线的最后一进。一般有两层，下层为千佛阁，楼上主要储藏经书。

（9）其他殿宇　除上述殿堂外，佛教寺院一般还有方丈室、斋堂、如意寮（医疗场所）、放生池、佛学苑、念佛堂等建筑。各个寺庙的情况不尽相同。

（10）佛塔　塔，梵文为Stupa，汉语音译为“堵坡”、“塔婆”、“浮屠”等，后统一为“塔”，其原意是埋葬佛骨的坟冢。我国寺院内的塔以其功能而言一般有三种：一是“真身舍利塔”，此类塔以埋藏舍利子而得名；二是“法身舍利塔”，法即佛法，也即佛经，将象征佛教精神和佛陀智慧的佛经卷本藏于塔中，意味着佛陀永驻，法轮长转；三是墓塔，它是为修行高深、功德圆满的历代高僧修建的坟墓。

中国塔的种类繁多、丰富多彩，根据不同的划分标准可将古塔分为若干不同的种类。通常人们根据塔的空间建筑形象或建筑质材来分类。若按空间建筑形象划分，中国的古塔可分为楼阁式塔、密檐式塔、亭阁式塔、喇嘛塔、金刚宝座塔、花塔、傣族塔等类型。若按建筑质材划分，则分为木、砖、石、陶、铜、铁、琉璃、金银等若干种类。

（11）经幢　经幢是刻有佛经、佛号或佛咒等内容的石柱（或石碑），是一种带有宣传性和纪念性的佛教建筑。幢原为一种丝帛制成的伞盖状物，顶装摩尼珠，悬于长杆，供于佛前。据《佛顶尊胜陀罗尼经》记载，将此经书写在幢上，幢影映于人身，则可不为罪垢污染。初唐时，开始用石头模仿丝帛经幢，称陀罗尼经幢，经过五代到北宋，经幢发展到高峰。

二、道教宫观

1. 道教的起源与发展简述

道教是我国特有的宗教，现在普遍认为道教正式产生于距今 1 800 多年前的东汉末年，以张道陵创立的“五斗米教”作为道教正式创立的标志。但客观地说，道教不是由一个人独创的，而是多种华夏文化整合相融、逐步积累的结果。在张道陵创立“五斗米教”以前，道教的核心信仰体系——“道”崇拜和神仙崇拜早已在我国的原始宗教中产生。

道教从本质上说，是一种以“道”为最高信仰，以古代巫术和鬼神崇拜为基础，吸收黄老道、阴阳五行家和儒家学说，同时带有浓厚的万物有灵和泛神论色彩的宗教。

道教的发展经历了创立时期、贵族化时期，隋唐到明朝中叶，为道教的兴盛、发展时期。明代中叶以后，特别是到清代，道教的发展受到了统治者的影响，道教开始走向民间。

2. 道观的类型和分布

中国道教供奉神像和进行宗教活动的庙宇通常称为宫、观、庙。道教建筑主要是庙宇建筑组群，宋代以后也有极少数的石窟和塔。道教建筑的宫观根据其布局及结构形式可以分为均衡对称式道观、五行八卦式道观和自然景观式道观。

（1）均衡对称式道观　按中轴线前后递进、左右均衡对称展开的传统建筑手法建成，以道教正一派祖庭七清宫和全真派祖庭白云观为代表。山门以内，正面设主殿，两旁设灵官、文昌殿；沿中轴线上，设规模大小不等的玉皇殿或三清、四御殿。一般在西北角设会仙福地。有的宫观还充分利用地形地势的特点，造成前低后高，突出主殿威严的效果。膳堂和房舍等一类附属建筑则安排在中轴线的两侧或后部。

（2）五行八卦式道观　按五行八卦方位确定主要建筑位置，然后再围绕八卦方位放射展开的建筑手法建成，以江西省三清山丹鼎派建筑为代表。这是由道教内丹学派取人体小宇宙对应于自然大宇宙，同步协调修炼“精气神”思想在建筑上的反映。

（3）自然景观式道观　建筑在风景名胜点的道观大都利用奇异的地形地貌，巧妙地构建楼、阁、亭、榭、塔、坊、游廊等，造成以自然景观为主的园林系统，配置壁画、雕刻和碑文、诗词题刻等，供人观赏。这些建筑充分体现了道家“人法地，地法天，天法道，道法自然”的思想，“或以林掩其幽，或以山壮其势，或以水秀其姿”，形成了自然山水与建筑自然结合的独特风格。山林道观多结合奇秀险怪的山形地势建造，不仅本身空间灵活，造型优美，而且构成了大面积的环境艺术。现存的木构建和石构建道教宫观大多修建于明清，分布在各名山大川、风景名胜，这主要和道教得道成仙的思想相关联。道教宫观不仅是祖国文化遗产中的宝贵财富，也是当今旅游业中宝贵的资源。

3. 道观布局

道教宫观的建筑形式与佛教相似，主要建筑——神殿都布局于中轴线上，客堂、斋堂、厨库等生活设施都布局于中轴线两侧，在建筑群附近还建有园林。宫观庭院一般分为三个部分：前庭、中庭、寮房。

（1）前庭：包括山门、幡杆、华表、钟楼、鼓楼等象征性设施，以显示宫观威仪和区别于俗界。

（2）中庭：中庭为宫观的主要部分，包括主殿、陪殿、厢房、经堂各部分，宫观的影响和声望很大程度上取决于殿堂的大小和内容。中庭殿堂的设置基本上分为两类：

1）以天尊殿为主殿，陪祀其他仙真。天尊殿一般不外乎三清、玉皇、四御、三官、斗姥这些道教共同尊崇的神祇范围，陪祀除王灵官比较固定外，其余各自有别。这是宫观的基本类型。

2）以祖师殿为中心，陪祀三清、玉皇等大神，道派和地方色彩较浓。这里的祖师，当然也就并非专指一人，或者是重阳祖师、长春真人及全真其他师尊，或者是纯阳祖师或者八仙中其他真圣，或者是真人张三丰、许旌阳，或者是天师张道陵、药王孙思邈。这类宫观往往保留有祖师的圣迹和得道度人的故事，内容更为丰富，如陕西省境内的楼观台等。

1）灵官殿——供奉王灵官、四元帅、青龙白虎、四值功曹等。

2）三清殿——供奉道教最高神，相当于佛教的大雄宝殿，由左到右分别是上清灵宝天尊（手持阴阳镜）、玉清元始天尊（手持宝珠）、太清道德天尊（持扇）

3）玉皇阁——主要供奉玉皇大帝，有的供奉四御。

4）三官殿——供奉天、地、水三官。

5）其他供奉殿。

（3）寮房：寮房属生活区，除生活必需设施外，往往还有一些亭台楼阁，以供道众潜心修炼，焚香诵经。

4．道教建筑特征

由于道教与我国传统文化有密切的关系，反映在建筑上，比佛教寺院更具有民族风格和民俗特色。总的来看，我国的道教建筑主要有四个特征。

（1）以木为建筑材料　道教的宫观布局吸收了阴阳五行学说，根据乾南坤北、天南地北的方位，以子午线为中轴，坐南朝北，讲究对称，两侧月东日西，取坎离对称之意，选址重风水，以便于“聚气迎神”。

（2）注重建筑物与自然环境的联系　为了体现“以自然为美”的“自然之道”，道教宫观建筑十分注重与大自然的联系。

许多宫观建在依山傍水的山峦之中，楼台池榭、山石林苑与自然环境融合为一体，以达到人与自然和谐相处的“天人合一”的最高境界。

（3）运用数的等差关系造型　中国传统建筑几乎都存在着有规律的数字等差关系，这是受道教观念影响所致。道教对数的观念是在《周易》的基础上形成的。《周易》有“阳卦奇，阴卦偶”之说，其中“9”是天数，是阳数之极，为最大。因此，古代建筑房屋间数则以9间为最大，依次递减为7、5、3、1，强烈地表现出古人崇尚“9”的文化主题。

（4）建造反翘的曲线屋顶　中国传统建筑形式以具有浪漫情调的反翘曲线大屋顶为

显著特征，这种反翘曲线屋顶是世界上样式最多、个性最为突出的建筑部分，成为充满审美情趣的建筑艺术杰作。汉代以后，随着道教的传播，这种式样的屋顶在社会上迅速流行起来。反翘曲线大屋顶呈现出轻快、直指上苍的动势，体现了道教飞升成仙的追求。这种大屋顶不但毫无头重脚轻之感，反而使建筑物稳固而结实。因建筑配以宽厚的正身和阔大的台基，使整个建筑呈现出一种情理协调、舒展轻快的韵律美，给人们带来美的享受。

道教“崇尚自然”、“师法自然”的审美思想对中国传统建筑艺术的影响是不言而喻的，它以对人与大自然关系的独特认识和理解开辟了审美意识的新天地，使中国传统建筑艺术在世界建筑史上占有重要的一席之地。

 任务实施

【步骤一】分析游客的兴趣所在，了解游客的宗教信仰。

游客游览寺院的目的因人而异。从总体上来看，游客游览寺院、宫观时，最能吸引他们注意力的是宗教艺术。导游员应通过各种方式和途径了解游客的宗教信仰，可以通过研究游客名单，从游客的客源地、游客的身份和受教育情况等因素分析游客的宗教信仰情况，或通过领队或全陪了解游客的信仰。条件允许的情况下，可以通过与游客的交谈了解游客的宗教信仰情况及其对宗教的认识。分析全程游览线路，了解游客已参观游览过的寺院。

【步骤二】有针对性地设计游览寺院路线计划。

南华寺游览线路设计如下：建寺历史—六祖成道故事—禅宗地位—寺院七进—九龙泉—水松。

【步骤三】根据对游客了解分析的结果，拟订导游服务的方案，提炼、综合出计划讲解的内容，在游客参观游览寺观时，导游员有选择地讲解介绍。

在实际游览讲解中注意察言观色，灵活运用导游讲解方法，适时选择讲解内容，积极引导游容观赏实景、实物，“教”游客审美方法，引导游客自已发现美。需要注意的是，讲解中不得违背国家宗教政策，更不得宣传封建迷信。在实际工作中，可以把佛教中合理的辩证思想，结合实例或故事，宣传利人的精神。

（1）南华寺的背景介绍　应先讲解南华寺的基本情况、六祖慧能成道的故事以及禅宗的地位等背景性知识，这一部分的讲解可以在前往南华寺的车上开展，通过六祖慧能的介绍增加游客对南华宗和禅宗的认识深度，采用虚实结合法讲述相关传说故事，增强讲解的趣味性，激发游客的游兴。模拟导游讲解如下：

各位团友：

大家好！欢迎到韶关市曲江区南华寺参观游览。南华寺始建于公元 502 年，距今已有 1 500 多年的历史。南北朝梁武帝天监元年（公元 502 年），印度智药三藏，经“海上丝绸之路”，渡海来到广州“西来初地”，发现韶关曹溪神似佛祖创立佛教的“宝林初地”。于是，韶州牧侯敬中，以其言上书奏请梁武帝建寺。寺成，武帝赐额“宝林寺”，唐中宗曾改名为“中兴寺”、“法泉寺”，唐玄宗时改名为“建兴寺”，宋太祖赵匡胤名之为“南华禅寺”，沿用至今。现寺名，由前中国佛教协会主席赵朴初所题。南华寺现占地 75 万平方米、建筑面积 2.3 万平方米，是国家重点寺院和国家重点文物保护单位。

南华寺因唐朝六祖慧能的到来而闻名。慧能，俗姓卢，广东新兴县人，三岁丧父，靠母亲为人作嫁衣裳、做针线活维生。家境贫寒，从未读书识字，十多岁即上山打柴，帮补家用。二十四岁那年，他担柴到富贵人家时，听到《金刚经》，听得如痴如醉，当他听到“于无所住处，而生其心”时，觉得同佛法有缘，于是，要求从念经和尚出家。和尚与其对答后，发现慧能是佛教不可多得的天才，于是请他去湖北黄梅东山寺，师从五祖弘忍，以学佛理、成正果。

见到五祖，五祖劈头一句就是：“看你下巴尖、额突骨；你再看看佛祖菩萨，哪个不是慈眉善目，下巴圆、额阔身长？不如归去吧！免了吧！”慧能答：“人虽有南北，佛性本无南北。”五祖见其聪悟，遂允许其留下。慧能不识字，只能在斋堂做些打柴、烧火、舂米、做饭之类的杂役。九个月后，弘忍觉得年事已高，应把祖位传下去了。一般来说，祖位该传给大弟子神秀，且神秀随师多年，是首选。但“莺啼如有泪，为湿最高花”，唐朝以诗考状元，五祖也想以诗觅六祖。于是，他吩咐弟子各写偈颂，以考取祖位。慧能以“菩提本无树，明镜亦非台；本来无一物，何处惹尘埃”的偈颂得到了佛祖亲传的木棉袈裟、紫金钵，成为禅宗第六代衣钵传人。

慧能说法利生三十七载，开讲“直指人心，见性成佛”的不二法门，创立禅宗南宗，完成佛教的中国化。南华寺于是成为新兴的世界佛教中心。东南亚及我国港澳台等地的佛院精舍，直追南华寺为祖庭。韩国佛教最大宗派是曹溪宗，佛教总枢为创立于公元 1395 年的曹溪寺。在日本，佛教更与神道、儒家文化并立为日本三大传统文化，对日本等汉文化亚洲国家有深远影响。“禅”在 1970 年后更成为风行世界的文化。毛泽东曾说过，广东出了两个伟人，一位是孙中山，另一位是六祖慧能。赵朴初亦赞道：“一介樵夫得道，下下人有上上智。”西方学者则尊称孔子、老子、慧能为“东方三圣人”。

（2）南华寺庭院讲解　可按南华寺的寺院布局顺序来讲解，基本上是按曹溪门、宝林门、天王宝殿、大雄宝殿、藏经阁、灵照塔、祖殿顺序来讲解。进入寺院内部要提醒游客寺院内的规定，如不要大声喧哗，在殿内不得摄影、拍照等。同时，如果有游客烧香，要告知烧香的基本仪式。

禅宗佛寺常见的寺院布局如图 8-6 所示。

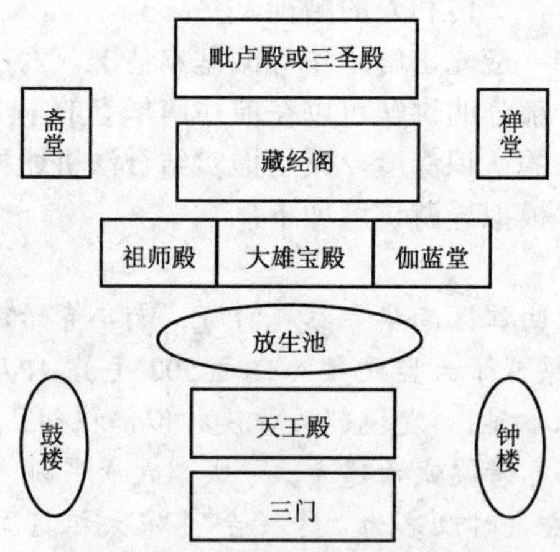

图 8-6　禅宗佛寺常见的寺院布局图

模拟导游讲解如下：

各位游客朋友们，现在我们已到了南华寺，寺门前的河溪就是佛教中鼎鼎大名的曹溪。“曹溪香水”与“南华晚钟”均列曲江二十四景，是无数佛教徒梦寐以求的圣地。

好！我们现在进入南华寺。南华寺共七进，即曹溪门、宝林门、天王宝殿、大雄宝殿、藏经阁、灵照塔、祖殿。

曹溪门高 12.5 米、宽 22.4 米，上有“曹溪”及“南华禅寺”两块木匾额，两侧塑“天龙八部”之第二部神将，俗称哼哈二将，是守护佛法的天神。过五香亭、放生池，即可到达宝林门。门上挂着“宝林道场”匾额，门联是“东粤第一宝刹，南宗不二法门”，道出了南华寺的历史与地位。

天王宝殿正中是笑口常开的弥勒菩萨，弥勒的造型为浙江布袋和尚，是佛教中国化的产物。布袋和尚临终一偈：“弥勒真弥勒，分身百千亿，时时示世人，世人自不识。”时人据此认定布袋即弥勒菩萨的化身。殿两侧是象征“风调雨顺”的“四大天王”，“风”是执剑的南方增长天王，“调”为执琵琶的东方持国天王，“雨”为执伞的北方多闻天王，“顺”为执蛇的西方广目天王。殿后为执降魔宝杵、镇压邪魔的韦陀菩萨。

经过“晨钟暮鼓”的钟楼、鼓楼，进入大雄宝殿，大殿是全寺的主体建筑，举行宗教仪式的主要场所。殿正中供奉三宝佛，佛像庄严、肃穆、宁静、安详，中间为释迦牟尼、左边为阿弥陀佛、右边为消灾延寿的药师佛。四壁上塑有五百罗汉，五百罗汉神态各异，来自社会各阶层，其中最精妙的是南壁西窗下的济公——知觉罗汉，左看为哭，右窥为笑，中观则啼笑皆非。东壁塑文殊骑狮，象征菩萨“智慧如旋风”，西壁塑普贤骑象，手持莲花，莲花之上有佛经，显示菩萨为佛教理论家。殿后侧为“观音独占鳌头”，观音左右分别为“龙女”和“善财童子”。

出大雄宝殿，可见一个直径 2.09 米、高 1.7 米的“千人锅”，铸于元代。它是每年农历二月初八、八月初三南华诞庙会等时候，熬粥施舍用的慈善设施，亦是中国最大的“千人锅”。

向上走，即到了藏经阁。藏经阁为典型的明代建筑风格，藏有许多国家一级文物，一般不对游客开放。藏经阁两侧，均植有一株高大的菩提树。菩提树是佛教无上圣树。再往上走为灵照塔，原供奉六祖真身；真身升座祖殿后，现供奉毗卢遮那佛。灵照塔是南华寺现存最早、最古老、最高的建筑，为楼阁式八角五层砖塔，高 30 米。塔初建于唐先天年间，有 1 200 多年的历史。

祖殿内安放着慧能、明代憨山、丹田大师真身，是镇寺之宝。六祖真身像坐像通高 80 厘米，六祖慧能结跏趺坐，腿足盘结在袈裟内，双手叠置腹前作入定状。头部端正，面向前方，双目闭合，面形清瘦，嘴唇稍厚，颧骨较高。塑像表情生动，栩栩如生，从中可以看出这位饱经风霜的高僧多思善辩的才智和自悟得道的超然气质。

（3）寺院其他景点的介绍　寺院内的其他景点包括九龙泉、卓锡泉、水松林等。导游对其他景点可简要介绍，同时为游客留出时间留影拍照，并提醒游客游览结束后的集合时间和集合地点。

课堂训练与测评

（1）汉地佛寺的一般布局形式是怎样的？请以图示之。

（2）选择当地一座知名佛教寺院或道教宫观，根据模拟的“特殊”旅游团，要求收集相关资料，编写导游词，开展模拟演练。

任务5 民族文化与民俗风情导游

任务目标

- 了解民族、民俗在旅游活动中的作用与地位。
- 掌握民俗的含义及其对游客产生吸引力的要素组合。
- 掌握民俗导游的基本内容和导游讲解的基本要领。
- 能熟练开展民俗、民情导游讲解。

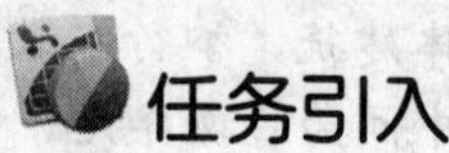

任务引入

有一个江苏旅游团前往广东连南的南岗瑶寨游览，由你担任此次南岗瑶寨之旅的导游讲解，你应如何开展瑶族民俗风情导游讲解？

任务分析

人们外出旅游，除饱览壮观美丽的山水自然风光外，还有一个重要的动机，就是感受不同的文化，体验不一样的风土民情，了解独特的民族风情。游客每到一地，迫切希望了解当地居民以及他们的生活、习俗。由于民族、民俗文化具有多样性、综合性特点，因此，导游员综合全面精彩的讲解，无疑是游客全面了解旅游目的地的民族、民俗的最佳途径。

游客在瑶寨游览，导游不仅要向游客介绍瑶族的分布与发展历程，还要介绍瑶族的语言、文字、经济文化发展以及相关民俗，讲解的详略情况可视游客的具体情况而定。

相关知识

一、民俗在旅游中的应用

1. 物质民俗在旅游中的应用

（1）生计方式在旅游中的应用　各民族、各地区的不同经济生活、生计方式，是导游员和游客需要了解的知识。从事山地狩猎的苗族、鄂伦春族，在世世代代的生产实践活动中形成了一整套习俗，规定了在什么季节、由什么人员、使用什么工具参加狩猎活动，甚至对狩猎的对象和数量都有严格规定。例如，在某种野兽繁殖的季节，禁止捕猎这种野兽，在其他时间也要尽可能保护雌性。这套风俗习惯既保证了民族的生存繁衍，又保护了林区的生态环境，使该民族赖以为生的狩猎生产长期维持下去。

在把狩猎民族的生产生活习俗作为旅游资源开发利用的时候，必须了解这些习俗，尊重这些习俗。旅游部门也必须向游客认真讲解这些内容和作用，要求游客严格遵守民族风俗习惯。否则，不仅会影响民族关系，还会破坏生态环境，不利于旅游事业的可持续发展。

（2）物质生活在旅游中的应用　各民族、各地区的不同物质生活是导游员和游客需要了解的知识。

生活方式、衣食住行，是表征性最强的民俗，因而是最明显的民族特征，也最容易引起游客的注意和兴趣。我国北方游客到南方少数民族地区旅游，首先就会被傣族、壮族等民族的干栏式建筑所吸引。因为这种开放式的居住方式和北方严密封闭式的居住习俗相去甚远。再加上看到身着露脐短衣和短裙短裤的少女，顿时产生身处不同文化氛围的新奇感。同样，南方游客在鄂伦春族特有的“仙人柱”里住宿，乘坐桦皮船，对这种新鲜体验也能产生强烈的兴奋感。

物质民俗具有直观性的特点，便于作为旅游资源加以开发利用。但是，物质民俗所具有的精神象征意义却不是可以从直观上感受到的，有时还会被曲解，得到错误的认识。

（3）社会民俗在旅游中的应用

1）人生仪礼在旅游中的应用。人类和动物的一个重要区别是人类具有社会性。任何人在人生的任何阶段都要扮演某种社会角色，需要通过各种相应的人生仪礼，使其社会身份得到社会承认。人生仪礼具有鲜明的民族色彩，也常常被用作旅游活动的项目。

在旅游活动中安排具有浓厚民族特色的民俗风情表演，对游客具有很强的吸引力。

但同样要由导游员对各种习俗产生的历史背景、民族根源、社会功能给予正确的讲解和引导。

2）交际习俗在旅游中的应用。来自四面八方的游客走到各个地区，免不了要互相接触，还要和各种各样的旅游地居民、导游员相互交往，这样就有机会接触到多种多样的交际礼俗。

3）节庆习俗在旅游中的应用。人类生活随着自然季节的周期更替，也呈现着循环反复的节律。为了调节生活的节律，就产生了各种节日习俗。各种节日都有特定的内容和特定的活动方式，都不同程度地具有综合性，是各民族传统文化的集中展示，因而成为旅游活动不可缺少的重要项目。

2. 精神民俗在旅游中的应用

（1）信仰民俗在旅游中的应用　信仰、崇拜、宗教、祭祀、禁忌、占卜，都是各民族普遍具有的民俗，具有鲜明的民族特色，对吸引游客起着重要的作用。

（2）文艺民俗在旅游中的应用　民间文学和民间音乐、歌舞、戏曲、绘画、工艺等民间艺术具有很强的观赏价值和娱乐功能，是又一个重要的旅游项目。民间艺术最能集中体现一个民族的审美观，也直观地展示了民族精神、民族性格。东北“二人传”的粗犷质朴，闽南戏曲的柔婉低回，无不是北方和南方人民性格在艺术上的体现。民间艺术既有最典型的娱乐功能，又有助于加深游客对民族文化精神的认识。导游员要对民间文艺有广泛的了解和深入的认识，才能精选出最有代表性的民间艺术内容和表现形式，推荐恰到好处的旅游产品。

二、民族、民俗的导游讲解

1. 对导游员的要求

（1）努力学习民族、民俗学知识，成为“专家型”导游员　导游员在游客的心目中是“万事通”、“博学多才的杂家”。而要做好民俗风情的专项导游，导游员除了要是一个杂家外，还应该是一位民俗学“专家”。民族、民俗学知识的涉及面极为广泛，导游员应尽可能地学习并掌握相关知识。

导游员至少应掌握的民族、民俗学内容主要有：民族或地方的简史；地理环境的特征与衣食住行的喜好；婚娶生丧的习俗，节日庆典的仪式、内容及传说；信仰崇拜的缘由；待人接物的禁忌；游娱竞技的规则及风物特产的状况等。尤其要注意学习有关民族或地方人们的服饰、建筑、饮食、节庆和婚恋习俗方面的知识等。同时由于民族和民俗问题的特殊性，在导游讲解中还应掌握国家有关的政策法规。

（2）尽量学习各地方言及民族语言　我国各个民族大部分都有自己的语言，即使使用同一种语言，由于地域的差异，也存在大量的方言，各地方言差异也较大。各地的人们对自己的语言都寄予深厚的感情，作为导游员，除应该懂得自己工作地域的方言外，还应尽可能学会听懂各地的方言。导游员只要会一点当地的语言，就能赢得当地人的友爱与亲近，便于工作的开展。

（3）熟悉相关政策，尊重当地民俗　民族平等政策、民族区域政策、宗教信仰自由政策在《中华人民共和国宪法》中有明确规定，受法律保护。

在熟悉重要政策的前提下，要提醒游客尊重当地少数民族的宗教信仰、风俗习惯和乡规民约，克服大民族主义、大地方主义和都市优越感。

（4）掌握并灵活运用导游讲解方法和技巧　根据长期实践经验，导游员和专家们总结出了丰富的方法与技巧，目前导游员的主要问题在于如何选择和运用这些方法和技巧做好民俗风情导游。在为游客进行民族风情导游时，除灵活运用常规导游讲解方法外，还应根据民俗风情旅游资源的特点，在实际导游讲解服务中，应有针对性地运用一些更有效的方法，如借助声像资料法、载歌载舞法、故事传情法等。

2. 导游讲解的主要内容

旅游目的地的民族、民俗文化中，能对游客产生吸引力的成分极多，游客感兴趣的内容更是无法限定。经过分析总结，本书归纳出导游员在讲解民族、民俗时应涉及的主要内容。

（1）介绍民族的必讲内容

1）族称、族名的来历及其含义或象征。在讲解中，有的内容有史可查，如现在使用的彝族的“彝”；有的则通过神话或传说故事来表达，如“基诺”等。其族名的象征意义，在一定程度上表达了该民族的性格。

2）分布及发展历程。我国现已确定了 56 个民族，每个民族都有其发展的历史。由于地理、历史等方面的原因，在地理分布上同样有一定的规律。我国少数民族的分布特征是以沿边分布和沿山分布为主，其聚居形式与汉族交错，形成大杂居、小聚居的特点。通过地域分布的分析，可以进一步讲解介绍其生产和生活的特征。

3）民族的人口及社会经济现状。

4）语言、文字及文化发展。

5）相关民俗（见民俗必讲内容）。

（2）介绍民族、民俗时的应讲内容

1）神话传说。在民族、民俗文化的宝库中，神话传说故事涉及了历史、地理、生产、生活的方方面面。它们不仅可以帮助游客了解地域和民族文化，同时也可作为研究的对象。许多景物和事件，从表面看极为普通，但一旦它们被赋予了传说故事，它们就像有了灵魂，被赋予了生机。例如，黎族的古代传说，描述了黎乡独有的风物特征，讲述了黎家人的传统习俗，记述了有关人物的传说故事。黎族“三月三”的传说最终演变为一个盛大的节日活动，已经成为我国民俗风情旅游资源的重要组成部分。因此，导游员在为游客提供导游服务前，应该掌握一些特色鲜明，有说服力，能体现优秀民族、民俗文化，引人积极向上的神话传说。在实地游览过程中，结合景物及现象，向游客进行生动讲解。各少数民族都有自己的民俗传说，导游在讲解过程中适当应用神话传说有助于游客了解当地民俗文化。

2）音乐和舞蹈。音乐和舞蹈是一种特殊的语言，向人们诉说着特定地域内人们的生活、意识、精神向往。在我国，不同民族有不同的特色音乐和舞蹈，生活在不同地域的同一民族，其地方特色音乐和舞蹈也不相同。彝族的大三弦和跳月，反映了彝族人民如火一般的性格和山地民族的剽悍；傣族的孔雀舞，舞出了傣家人水一般的柔情；从拉祜族的集体舞中，人们可以清晰地看到他们日常生产劳作的影子。导游员在为游客进行民俗导游时，一定要掌握不同地区音乐和舞蹈的基本旋律、动作及含义等，同时导游员还要会唱会跳，要能掌握要领，必要时还要教游客唱歌和跳舞。

3）戏曲艺术。不同地区有不同的戏曲形式和剧目，如北京的京剧、浙江的越剧、河南的豫剧等。而戏曲本身也是一种特殊的文化，其表现方式和内容都有明显的地方特色。在导游过程中，导游员应熟知旅游目的地的特色曲种及剧目，在游客观赏戏曲时适时向游客讲解介绍。

4）雕塑绘画。雕塑和绘画往往和建筑、宗教、神话故事相关联，导游员在实地导游过程中，要结合具体对象，介绍各地特殊的雕塑和绘画艺术手法、技法及表现内容。

5）民族工艺。民族工艺门类繁多、内容丰富，它不仅是游客的观赏对象，更重要的是，它是旅游商品的重要组成部分。导游员在实际讲解中，要讲表象、讲工艺、讲特色、讲文化承载。

6）节庆游乐。由于节庆和游乐的可参与性较强，常常令游客日夜兼程、兴奋不已。参加民族节庆活动是游客最为向往的民俗旅游活动之一。民俗节日是指约定俗成的具有群体化、模式化活动的节日。而节日民俗是一种复杂的综合性民俗，受多种因素的影响。影响节日民俗的主要因素包括节日所处的时空位置的影响、社会生产和生活的影响、历史事件与传说的影响以及文化传播的影响等，而且各类影响因素往往相互渗透，相互影响，共同对节日民俗的形成发生作用。例如泼水节，该节是东南亚一些民族和我国傣族的新年节，时间在公历每年的 4 月 12 日前后，节日活动有“放高升”（一种小型火箭）、赛龙舟、敲象脚鼓、跳象脚舞、丢包、堆沙等，但以人们相互间泼水为最重要内容。在那里，清澈的泉水象征着吉祥、友爱和祝福，谁被泼得最透，意味着谁最幸运。

7）婚丧嫁娶。爱情是人类永恒的主题，因此，世界上不同民族千姿百态的婚恋方式也就成为游客好奇的内容之一。由于在实际旅游活动中，游客一般没有机会直接参加民族地区的特色婚礼，而特殊的恋爱方式游客是不能去直接观看和参与的。因此，导游员要对旅游目的地地区居民的婚丧嫁娶程序及每道程序的含义等有充分了解，在游览过程中适时向游客讲解介绍。

8）文娱体育。不同地区的人有不同的文娱体育活动方式，作为民俗的一个重要组成部分，有些内容是游客能参与体验的。因此，导游员首先要向游客导游讲解相关内容，若是游客能参与的项目，导游员可引导指挥游客参与相关活动。

9）宗教仪式。不同地区的人们有不同的宗教信仰，而不同的宗教又有不同的宗教仪式。通过观看或参与宗教仪式，可使游客更全面地了解一些地方风俗的来历。导游员在导游讲解中，要严格遵守国家的相关政策和民族政策，尊重民俗习惯和宗教规范。

10）建筑形式。建筑是凝固的音乐，是无声的符号系统，它向人们讲述着历史与文化，向游客展示着主人的地位与财富，同时也向人们叙述着工匠们高超的技艺。导游员在讲解民族传统建筑时，可从建筑选址、结构特色、外形审美、负载文化等不同方面讲解介绍。

11）服饰饮食。导游员在讲解介绍民族服饰时，就直观方面应从服饰（上衣、下装、绑腿、鞋袜等）的形态、颜色、材料、头饰、衣饰、肢体装饰、脚饰、漆齿和纹身等方面全面介绍。

进行民族服饰讲解时要注意民族服饰的功能及其所包容的文化内涵，归纳起来主要表现在：不同民族服饰，是不同的生产力发展水平的标志，民族服饰历史地、全面地反映了社会发展和人类意识的丰富；相当一部分民族服饰是某种自然灵物崇拜或宗教信仰的“遗留”；民族服饰反映出不同民族、不同时代的装饰习俗和其中蕴藏着的审美情趣、审美理想和审美追求；不同的民族服饰，表现出不同民族不同时代的历史。在实际中，民族服饰的具体表现是综合的，导游员在讲解过程中，要针对具体民族的具体服饰进行讲解。

不同的民族，由于生活环境的差异，形成了不同的饮食文化和饮食习惯。例如，藏族喜食藏粑和酥油茶，傣族对生、辣食品情有独钟，维吾尔族的烤全羊，彝族的坨坨肉等。导游员在讲解民族特色饮食时，首先要从地理环境的角度分析特色饮食的成因；其次要从色、香、味、形等不同角度进行分析；第三，讲食品本身的性能，向游客提出品尝建议；第四，讲食品本身及饮食习惯中所包容的文化内涵；第五，条件允许时，让游客动手制作。

12）待客礼仪礼节是人们交往中用来表示敬意、祝愿和友好的惯用形式。特别的礼节能给旅游者留下特别的记忆。在旅游活动中，导游员可根据活动的安排，选择性地向游客介绍当地的各种交际礼节，特别是有到当地人家拜访项目时，必须提前交代注意事项。

任务实施

【步骤一】 在前往南岗瑶寨的路上，根据路程长短，向游客介绍瑶族的历史、分布、发展历程以及旅游目的地的特殊性（即地位或等级）。在进入“景区”前，导游员必须做好相应的介绍和提醒工作，提醒游客必须注意尊重当地居民及其生活、生产的方式。在与居民交往的过程中，要注意交往礼节，注意各种禁忌，主动积极地保护文物古迹。模拟如下：

各位游客朋友们:

大家好!

今天我们前往的景点是南岗瑶寨。南岗瑶寨的传统名称，叫南岗排，是连南“八排二十四冲”当中的首领排。瑶语当中，“排”是大寨子，“冲”是小村子。定居在“排”里的瑶民，就叫“排瑶”。连南是广东“排瑶”最集中的地方，南岗排则是连南，也是广东最大的瑶寨。

瑶族共有 213.4 万多人，有着悠久的历史和灿烂的民族文化，瑶族人民能歌善舞、勤劳勇敢，世代生息在祖国南方的广西、湖南、云南、广东、江西、海南等地的山区，是中国南方一个比较典型的山地民族。瑶族有自己的语言，但情况比较复杂，无本民族文字，一般通用汉文。受居住地域限制，多数瑶族至今仍保留着原始的狩猎、捕鱼和农耕文化，以及精美的瑶锦、瑶服，古老的传说，动听的瑶族歌曲，优美的舞蹈，独特的婚俗和宗教信仰。

公元前 3 世纪到公元 2 世纪，瑶族先民主要生活在湖南北部；5～6 世纪时，向北迁徙；13～17 世纪，他们大量南迁，广东和广西成为他们的主要居住区；17 世纪，部分瑶族人又从广东、广西分别迁入贵州和云南的南部山区，形成了今天的分布。

南岗排是中国现存最古老的瑶寨。根据历史资料记载，至少在宋代，瑶民已经开始在南岗居住了，算起来已经有一千多年的历史，南岗瑶寨称得上是千年古寨。据考证，南岗排在明末清初，建有房屋 700 多幢，住着 1 000 多户，共 7 000 多人。新中国成立后，南岗排也有过 600 多户，2 600 多人的规模。

南岗排还是广东保存最为完好的古瑶寨。寨内的房屋建筑风格统一，布局整齐，街道工整，供水设施完善，南岗瑶民仍然保留着排瑶古老而独特的传统文化与习俗。

有专家说，从规模、历史和文化三方面看，南岗排堪称是“中国瑶族第一寨”。接下来，就请大家领略一下“中国瑶族第一寨”的风采吧!

【步骤二】到达旅游目的地，在瑶寨的游览图前或瑶寨入口处，向游客说明在瑶寨的游览路线和游览时间，以及游览结束时的集合时间和集合地点。模拟如下：

各位游客朋友，现在我们来到了南岗瑶寨寨门口，今天我们游览的路线是：寨门—瑶练屋—歌堂坪—南岗古庙—石棺墓—瑶王屋。全程游览时间大约是 2 小时，11 点整我们回到寨子门口集合。

【步骤三】进入瑶寨游览时，要根据游览的景点向游客介绍瑶族的风俗习惯、主要建筑物及功能等内容。在实地游览时，导游员要注意游览路线和参观点的分布；在具体导游讲解时按具体的景物和文化承载有选择地组织导游词进行讲解介绍，导游员可以运用生动的语言，通过神话传说故事采用虚实结合法把深奥的哲理简单化，让游客轻松地掌握相关知识。

带领游客参与民族节庆或民俗游乐活动，导游员最重要的是向游客进行提示和安全警示。此类活动通常参与人员多，游客容易发生散乱掉队的情况，同时大部分节庆游乐活动往往与民族的习俗有关，因此，参与这样的旅游活动，必须遵守相关规定，服从指挥，尊重当地民俗，避免游客与当地居民发生不愉快。

以南岗瑶寨寨门的导游为例，模拟如下：

当游客朋友们走近寨门的时候，瑶族同胞就会以瑶族特有的方式欢迎大家。首先是一阵铜锣、号角之声，接着就有漂亮的莎腰妹（即未婚女青年）手端米酒，唱着瑶歌敬酒。瑶家米酒，20度左右，清淡醇香，多饮不醉。

敬酒之后，瑶族阿贵（即未婚男青年）向天鸣枪放炮。鸣枪是告诉全寨，有客人来访，而四响礼炮，则是瑶家迎待客人最隆重的礼节。紧接着，阿贵跳起长鼓舞，迎接大家的到来。

长鼓舞，是连南排瑶最具特色的传统舞蹈。长鼓，瑶语叫“汪都”，鼓身用沙桐木制作，约1.3米长，两头大，中间小，两端蒙着牛皮或者羊皮。跳舞的时候，把长鼓横挂在腰间，右手五指并拢，用手掌拍鼓，发出“咚”声；左手持一竹片，敲打鼓面，发出“比”音。表演者随着舞蹈动作，变换打鼓的节拍。长鼓舞有36套程式，能够表现丰富的内容，它可以是单人舞、双人舞，也可以几十个人一起表演。

南岗排有两道寨门寨墙，第一道寨门寨墙在山寨外500米的地方。眼前看到的是第二道，也是保存比较完好的寨墙。寨门高约7米，宽约2米，过去有粗木挡拦，未经允许，任何人都进不了山寨。寨墙用坚硬的大石头垒成，高约6米，厚约1米，高大坚实。

课堂训练与测评

（1）请选取我国一个少数民族，进行民族相关知识（包括民族人口与分布、语言文字、宗教信仰、服饰、饮食、禁忌、节日、神话传说故事等方面）的收集，并进行模拟导游讲解。

（2）分组讨论民族、民俗文化对游客的旅游吸引力。

参 考 文 献

[1] 国家旅游局人事劳动教育司．导游业务[M]．北京：旅游教育出版社，2005.

[2] 周彩屏．模拟导游实训[M]．北京：中国劳动社会保障出版社，2008.

[3] 窦志萍．导游技巧与模拟导游[M]．北京：清华大学出版社，2006.

[4] 倪小钢．中国公民出境游全程指南[M]．北京：中国轻工业出版社，2007.

[5] 李娌，王哲．导游服务案例精选解析[M]．北京：旅游教育出版社，2007.

[6] 李祝舜．旅游服务礼仪实训教程[M]．福州：福建人民出版社，2003.

[7] 刘爱月．导游讲解[M]．北京：中国林业出版社，2008.

[8] 王连义．幽默导游词[M]．北京：中国旅游出版社，2003.

[9] 蒋文中．导游部操作实务[M]．北京：旅游教育出版社，2006.

[10] 魏芬．导游业务[M]．北京：中国物资出版社，2007.

[11] 李红，韩力军．导游业务[M]．武汉：华中科技大学出版社，2008.

[12] 黄明亮．导游实务[M]．北京：高等教育出版社，2004.

[13] 广东省导游人员考评委员会办公室．广东导游词[M]．广州：广东旅游出版社，2007.